O CIDADÃO DE BEM

O CIDADÃO DE BEM

MAURICIO GOMYDE

1ª Edição

Santa Catarina - 2020

Qualis

Editora Responsável	Simone Fraga
Produção Editorial	
Preparação de Texto	Bianca Carvalho Simone Fraga
Revisão Ortográfica	Bianca Carvalho Simone Fraga
Capa	Cosmo X
Projeto Gráfico	Qualis Editora
Diagramação	Marcos Jundurian

DADOS INTERNACIONAIS PARA CATALOGAÇÃO NA PUBLICAÇÃO (CIP)

G634o

Gomyde, Maurício - 1971 -
O Cidadão de bem / Maurício Gomyde. — [1. ed.] —
Florianópolis, SC: Qualis Editora, 2020.
266 p. : il. ; 23 cm.

ISBN Impresso 978-65-87383-23-1
ISBN Digital 978-65-87383-25-5

1. Literatura Nacional 2. Romance contemporâneo
3. Drama 4. Ficção I. Título

CDD – B869.3
CDU – 821.134.3(81)

1ª edição – 2020

Qualis

Qualis Editora e Comércio de Livros Ltda
Caixa Postal 6540
Florianópolis - Santa Catarina - SC -
Cep.88036-972

www.qualiseditora.com
www.facebook.com/qualiseditora
@qualiseditora
@qualiseditora
contato@qualiseditora.com

Este é um drama de ficção. Qualquer semelhança com a realidade, entretanto, não é mera coincidência. As falas racistas, homofóbicas, misóginas, aporofóbicas e pró-armas contidas nesta história são transcrições quase literais de falas proferidas por personagens das vidas públicas brasileira e mundial.

Dá pra viver, mesmo depois de descobrir que o mundo ficou mau
É só não permitir que a maldade do mundo te pareça normal

(Kell Smith – Era uma vez)

IndignadosOnline ...

1h · 🌎▾

"As minorias que se dobrem às maiorias. Se não se adequarem, que desapareçam!".

10,6 mil 4,5 mil comentários 3,4 mil compartilhamentos

1

O último dominó tombou
a peça final encaixou
o estampido ecoou
o corpo envergou
o escuro ocupou
o sangue jorrou
o sorriso partiu
o miado surgiu
o medo caiu.

O futuro tiquetaqueou
suspendeu
sufocou
pendeu.

Relatório do Inquérito nº 1008451/21 – pág. 2

Este procedimento policial investigatório, iniciado por meio de cognição imediata, teve por finalidade apurar, em toda a sua dimensão, os fatos e as circunstâncias do tiro que atingiu a vítima descrita na Seção 1, e que será denominada apenas VÍTIMA. Para efeitos processuais, fundamental a análise minuciosa da cena e a compreensão da conjuntura. Foram colados depoimentos das testemunhas, laudo balístico e resultados das análises dos materiais coletados, assim como a descrição de cada item probatório presente ou não no local. Elementos que subsidiaram a inequívoca determinação da autoria do disparo, bem como a imputação das responsabilidades.

2
ROBERTO

DOIS MESES ANTES.

Noite. O plano-sequência iniciava no ponto de vista rente ao chão, acompanhando os pés do assassino a partir da saída do Galaxie 500, com destaque para a calota envaretada preta e prata. Seguia no craquear da brita do estacionamento, corria pelo marinho reluzente da lataria de um velho Jaguar e invadia a janela da cozinha providencialmente entreaberta. Esgueirava-se por quartos, salas e banheiros, e penetrava na fechadura da sala de estar, abrindo-se num *long shot* do protagonista de costas em uma *Petit Modèle* Le Corbusier vermelha. Penumbra, *congo blue* inserido na edição. Copo de conhaque, um gole, um pigarro, o meio-cigarro. A mão empunhando a arma tremia na luva em camurça marrom-escuro, sutil pista a indicar não se tratar de um profissional. Disparo à queima-roupa na nuca, o copo e o corpo esmigalhados no chão. Plano *plongée* de alguns segundos, silêncio enfim quebrado pela trilha sonora *a la* Bernard Herrmann. *Fade out*. Créditos.

O Doutor Alberto Lins pausou o filme, encostou um indicador na TV e apontou o outro para a mancha de sangue falso pretejada num porcelanato no chão (e que fizera questão de nunca limpar). — Viram? Foi exatamente ali onde o corpo dele caiu.

O assassinato havia sido filmado na sala onde acontecia o jantar daquela noite. A casa do Doutor Alberto Lins, locação para o longa de não muito sucesso "Rumos Cruzados", era literalmente de cinema. Envidraçada de ponta a ponta e com vista para uma encosta de tirar o fôlego, tinha numa das paredes apenas um quadro com o pôster do filme assinado pelo diretor e uma foto da cena. *Spots* em posições estratégicas iluminavam-no. Diante do quadro e abraçado à esposa, o proprietário do Hospital Alberto Lins contava sobre a transformação feita na casa para adaptá-la às exigências da produção. Roberto e sua esposa Laura soltavam comentários admirados a cada pausa no relato. Os dois casais então se juntaram e Laura pediu:

— Filho, tire uma foto nossa pegando a mancha.

Mateus desligou o kindle, levantou-se do sofá com o semblante entediado, angulou o celular de cima e fez o registro. Angélica – a filha de sete anos de Roberto e Laura – corria atrás de um Shih-Tzu dourado.

— O jantar está servido — anunciou a esposa do Doutor Alberto Lins.

Quando todos se sentaram diante de duas morangas com bobó de camarão escorrendo pelas bordas, o anfitrião pediu a palavra:

— Abrimos as portas da nossa casa para esta família amada por um motivo ainda mais especial do que o de celebrar a amizade. — Segurou a mão da esposa, trocaram sorrisos. — Roberto, dado o seu inestimável trabalho voluntário nos últimos vinte anos, pessoalmente escolhi seu nome para batizar a nova ala do meu hospital. As obras estão aceleradas e ninguém melhor do que você para representá-la.

Roberto estufou o peito.

O Doutor Alberto Lins ergueu a taça. — Um brinde à nova ala Doutor Roberto D'Albuquerque Ramos.

O público-alvo do Hospital Alberto Lins ocupava o topo da pirâmide. Diversos médicos de renome, porém, ofereciam as segundas-feiras ao mutirão de atendimentos a pacientes de baixa renda, com casos graves e sem mais tempo de esperar vaga em hospitais públicos. Só naquele trabalho voluntário, o cardiologista Roberto fizera perto de sete mil consultas.

— Minha esposa pediu para eu não estragar a surpresa, mas... — seguiu o Doutor Alberto Lins, virando-se para Angélica: — Seu papai vai ganhar uma placa de prata maravilhosa e você vai ver como todo mundo gosta dele.

Angélica sorriu.

— Roberto, passo a palavra a você, que compreende como poucos o inestimável valor de uma sociedade plural e inclusiva.

Roberto tomou um gole do tinto, limpou a boca com o guardanapo de pano bordado e se levantou. Segurou a fala por intermináveis dez segundos.

Mateus revirou os olhos.

— Nada acontece ao acaso. Tudo na vida vem para revelar a verdadeira natureza de quem somos, porque... — O tom solene do discurso seguiu destacando a importância do papel de cada um em fazer deste um mundo melhor.

Laura derrubou algumas lágrimas.

Mateus voltou a revirar os olhos.

3
RAFAEL

Rafael passou a manhã trancado no apartamento. Da janela do segundo andar, a vista das nuvens negras não era nada estimulante, assim como a das paredes atrás da mesinha de trabalho, que pareciam, agora, uma idiotice. Preenchidas por sua inabilidade com o pincel, no início deram orgulho, o registro de uma fase criativa surgida num rompante de um sábado qualquer. Uma azul, para relaxar e abrir a mente a novas ideias; outra amarela, para estimular a inteligência e o raciocínio. As pinceladas irregulares, acentuadas pela luz diagonal da rua, chegavam a irritar. Retoques mal ajambrados, a linha de encontro entre as paredes claramente esverdeada, os respingos na mesa, a incompetência, a solidão, o futuro, a vida. Nada parecia certo.

Quando a porta bateu às suas costas e o estrondo ecoou pelo corredor (que ele jamais notara como era escuro e comprido), a interminável queda começou...

À luz do monitor, Rafael relia a frase e ansiava pelo milagre da ressurreição da inspiração falecida dez dias antes. Até chegar àquele ponto da trama, ele percorrera o caminho sob relâmpagos de criatividade e trovões de reviravoltas. Parágrafos em alta tensão, linhas pegando fogo, entrelinhas ardendo em chamas. Cada diálogo! Personagens, argumento, cenários, ganchos, *plot* e *crashing points*, peças encaixadas num quebra-cabeças que, modéstia à parte, vinha se moldando num romance daqueles de amolecer corações e disputar prêmios. Entretanto tudo se tornara um deserto após a cena final do capítulo quarenta e um, do marido arrastando a mala pela casa ao guincho de uma rodinha engastalhada, lamento observado de forma impassível pela agora ex-esposa, pela filha mais velha soltando fogo pelos olhos e pela filha pequena chorando. *(...) a interminável queda começou...* Um penhasco a partir do qual Rafael enxergava um abismo de páginas brancas, uma brancura de dar nos nervos. O cursor piscava abaixo do 42 em Book Antiqua dezoito, negritado e centralizado, a sinalizar sua mais mal acabada incapacidade criativa. Nem Bob Marley, convidado de honra naquela jornada, andava plantando ideia. Com o *deadline* da editora se aproximando, Rafael já se questionava se deveria ter aceitado o adiantamento que impunha a obrigação contratual de colocar no papel o que o corpo insistia em negar.

Perto do meio-dia, após finalmente fazer algo produtivo – deletar dois adjetivos na abertura do capítulo um –, ele vestiu a camisa polo, perfumou-se, colocou o melhor relógio e saiu no velho Civic azul claro. Debaixo de uma chuva torrencial, do tipo que afoga carburadores e destronca árvores centenárias, estacionou duas ruas antes da escola Santa Mônica e calculou a rota menos prejudicial para o couro do sapato. Uma sexta-feira a cada quinze dias ele buscava Alice, a filha de sete anos, para passarem juntos o fim de semana. Encontrou-a sozinha. Bastou olhar o bico da filha para saber que a tarde começava tensa. Na saída do portão, abraçados embaixo do guarda-chuva, atravessaram uma sinfonia de buzinas direcionada a uma SUV preta, com o pisca-alerta ligado e ninguém dentro, trancando vários carros na fila diante do portão. Rafael balançou a cabeça e seguiu.

— Eu adoro este bicão — disse, ao colocar o guarda-chuva no piso do carona e sair com o carro.

— A tia pediu pra gente falar sobre a família e eu não queria falar mas a tia mandou falar e eu falei que você não mora lá em casa e a mamãe não mora com você e eu só vejo você de vez em quando e daí a Angie disse que eu não tenho família.

— Nossa, fiquei até sem ar! Quem é Angie?

— É a minha amiga que tem um chaveiro dourado na mochila.

— E você acreditou nela?

— Ela falou que todo mundo tem que ter o pai e a mãe casados e você e a mamãe não são casados e se os pais não são casados isso não é família e...

— Ei, ei, ei, segunda-feira você explica pra sua amiga que o importante é o amor entre as pessoas.

A filha seguia de cara amarrada.

— Ah, quer saber...? — Rafael a encarou através do retrovisor, levantou e abaixou as sobrancelhas várias vezes.

Após alguns segundos, ela sorriu. — Hambúrguer?

Rafael deu uma guinada no volante e entrou à esquerda.

4
ROBERTO

— Opa, quando o sujeito nasce com sorte, ele sempre tem sorte — sussurrou Roberto, ao estacionar a SUV exatamente sob a marquise diante do portão do Santa Mônica.

Como em todas as sextas-feiras, pais e mães cruzavam a escola ávidos pelo início do fim de semana. Roberto demorou a encontrar Angélica, não se apressou. Os dois retornaram ao portão, ao som de buzinas que pioravam o já pesado clima trazido pela tormenta. Ele prendeu a filha no cinto do banco de trás, ligou o rádio, sintonizou a primeira estação à esquerda e finalmente saiu da fila de veículos.

— Por que tá todo mundo buzinando, papai?

— Porque são uns desocupados, Angie. Ninguém percebeu o pisca-alerta ligado? Como se *eu* fosse estacionar lá longe e vir a pé. Se nem no sol eu faria isso, imagina debaixo de um temporal desse.

— Ia molhar o uniforme.

— Isso mesmo, imagina como seria o papai trabalhar todo amassado.

— Tem um guarda-chuva aqui no chão.

— Aprenda uma coisa: quem se deixa passar para trás faz parte do time dos perdedores. E você não vai querer ser perdedora.

Angélica fez uma *selfie* com sua minicâmera cor-de-rosa flamingo de filme instantâneo. A foto saiu impressa, ela sorriu. — A tia falou que perder também é bom, porque a gente aprende e...

— Perder nunca é bom. Esta é uma lição pra sua vida.

Ao atravessarem o portal do condomínio Diamond Garden, Angélica dormia de cabeça virada para cima e boca aberta. Com duas buzinadas curtas, Roberto cumprimentou os agentes responsáveis pelo controle de acesso, todos devidamente armados. Cruzou as alamedas ladeadas pela ciclovia e a sequência de pinheiros que dava ao condomínio um ar quase nórdico. Roberto não cansava de admirar a lagoa à margem, os patos azuis trazidos da Nova Zelândia e as casas tão boas quanto a sua, de telhados com múltiplas águas e jardins com paisagismos assinados. Uma vizinhança segura e de categoria sempre seria o item a encabeçar sua lista de prioridades.

5
RAFAEL

Rafael esperava. Esperava o dia de ver Alice, um telefonema de Marcela perdoando-o, a madrugada em que Luciana ressurgiria para os dois fazerem amor imersos em uma substância cor-de-rosa esverdeada e ao som de uma sinfonia de elefantes, gaivotas e golfinhos. Costurando tudo, a esperança do retorno da inspiração, da descoberta de novos prazeres, do instante em que se convenceria de que era melhor seguir adiante e o que passou havia passado. Da coragem de trocar para "Luciana" o contato em seu celular, ainda escrito como "Amor". Compostela, Rishikesh, Fátima, Shikoku e Kilimanjaro, as peregrinações que ele fez em busca de reconexões que, fundamentalmente, estavam dentro de si, pareciam agora uma grande bobagem diante das intermináveis peregrinações da sala para o quarto e do quarto para a sala.

Roda gigante, patinete elétrico, algodão-doce e pipoca, o sábado no parque da cidade foi dedicado a Alice. Mesmo o casamento tendo acabado pouco menos de dois anos antes, Rafael não aparecia com outra mulher na frente da filha. Em parte, porque não havia encontrado a merecedora do posto de "nova namorada do papai", em parte porque achava melhor nem sequer abrir possibilidades de a filha se apegar. Já bastava a menina conviver com o "tio" Jorge, o novo marido de Luciana. Rafael ainda acreditava remanescerem lascas de brasa sob as cinzas, no tacho de cobre onde ardeu sua história com a ex-mulher. Tentando jogar lenha seca e assoprar com força, enquanto Luciana atirava galhos verdes e úmidos, ele mantinha a esperança de que um dia os dois novamente se tornariam fogueira.

No fim da tarde, no estacionamento, Rafael percebeu um tumulto junto a um carro de polícia com o giroflex ligado. Aproximou-se devagar, mãos dadas com a filha. Um grupo de curiosos rodeava um menino negro, de chinelos e camiseta puídos, sentado no asfalto fervente e com mãos para trás e cabeça baixa.

— O garoto fez alguma coisa? — perguntou Rafael a um rapaz.

— Não fez porque não deu tempo. Ele tava perto do carro da senhora ali.

— Como assim, perto? — Rafael franziu a testa.

— Ah, meu amigo, não pode facilitar. Ela se antecipou e chamou a polícia, agiu muito bem. Se bobear, fica sem o carro, sem a bolsa, sem o celular e, de repente, até sem a vida, né?

— Mas ele ameaçou, tentou roubar alguma coisa, tava armado?

— E precisava?

— Papai, eu tô com medo. Eu quero ir embora — interrompeu Alice.

Rafael tirou uma foto da cena, abraçou a filha e os dois se afastaram.

— O que o menino fez de errado?

— Nada, meu amor. — Suspirou. — Ele não fez nada de errado.

Assistir ao mesmo desenho animado pela enésima vez jamais seria problema para Rafael. Ele sabia os diálogos de cor, mas adorava observar Alice rindo das mesmas cenas. Naquela noite, logo após os créditos iniciais a filha já estava derrubada no sofá. Cobriu-a com a colcha, admirou-a dormindo de boca aberta. "A cara da mãe, graças a Deus", repetiu na mente a brincadeira dos amigos.

Vinte anos antes, Rafael andava à beira da loucura, em razão da cena que apertara o gatilho da depressão. A derrota parecia iminente, ninguém capaz de resgatá-lo de um buraco de profundidade infinita, até conhecer Luciana num *self service* ao lado da redação do Diário da Manhã, onde ele ainda cobria o caderno policial. Em meio ao caos do centro da cidade, ao som de uma canção chiada nas caixinhas presas ao teto, ele aguardava na fila o garçom repor a bandeja de couves. O discreto balançar de ombros da menina à sua frente capturou seus sentidos. Os planetas estavam alinhados, pois, de outra forma, um trocadilho sobre couves jamais teria sucesso. Mas a ousadia de fazer um trocadilho sobre couves a uma desconhecida, Luciana confessaria mais tarde, foi justamente o diferencial que fisgou seu coração. Comentários espirituosos, entretanto, foram insuficientes para manter de pé um casamento de dezoito anos e com um sem-número de momentos memoráveis. Tampouco os sonetos de perdão que ele compôs e nunca soube se ela leu. Rimas ricas e estrofes de amor jamais serão páreo para duas linhas no WhatsApp enviadas por uma colega de trabalho na madrugada. Rafael e Luciana continuaram amigos, apesar de tudo. Ele saiu de casa só com a mala e um álbum de fotografias da família, deixando para trás tudo o que construíram juntos, incluindo o apartamento, a guarda das filhas e uma pensão mais alta do que a determinada pelo juiz. Por ter magoado o amor de sua vida, decidiu engolir calado a dor e fazer de tudo para expiar parte de algo imperdoável. Jornalista premiado, vivia agora do que recebia como articulista semanal de um portal de notícias, dos *freelas* para diversos veículos e das possibilidades de uma incipiente carreira literária.

Junto à parede tomada por rabiscos e adesivos de unicórnios, ele largou o chinelo, estirou as pernas num pufe, abriu as portas para Bob Marley e voltou a ligar o notebook. *(...) a interminável queda começou...* Desistiu em dois minutos, após corrigir a posição de uma vírgula ali e excluir um advérbio acolá. Então acessou a GentilezaOnline, sua comunidade no Facebook. Um canal com pouco mais de oitenta mil seguidores, onde ele promovia postagens anti-intolerâncias de toda ordem. "A

Gentileza é a mais poderosa arma já inventada" – frase da capa e mantra pessoal. Criou-a ao conhecer uma página chamada IndignadosOnline, com um milhão e meio de seguidores, cujo post mais recente trazia a abjeta fala de uma figura pública pregando o desaparecimento das minorias como punição pela inadequação às maiorias. Davi contra um exército de Golias, a GentilezaOnline ocupava a trincheira de resistência ao ódio presente nos computadores e celulares de bilhões de pessoas mundo afora. Tarefa hercúlea, Rafael bem sabia que, parafraseando Mark Twain, o ódio pode dar a volta ao mundo no mesmo tempo em que o amor calça seus chinelos. Mas se necessário cumprir a travessia descalço, assim ele faria.

Bob Marley cantou "tanto problema no mundo, tudo o que você tem a fazer é dar um pouco" e a cena presenciada mais cedo ressurgiu vívida: o menino sentado no asfalto pelando, a cabeça baixa como alvo de dedos engatilhados em fúria e preconceito. Rafael postou a foto desfocada, escreveu um texto sobre desigualdade social e foi dormir com Alice.

6
ROBERTO

— Senhor, abençoe o alimento que colocas em nossa mesa, para que, nutridos, possamos servir-te e amar-te — rogou Laura.

Roberto badalou o sininho dourado, a senha para Nazaré vir da cozinha com a travessa de lasanha. O corpo de Nazaré, mais uma vez, não passou despercebido. "Vocês precisam ver a neguinha que tá trabalhando lá em casa", frase dita aos amigos do clube, em meio a gargalhadas, doses de uísque escocês e charutos cubanos.

— E aí, Mateus, como vai a escola? — perguntou Laura. Serviu primeiro o prato de Roberto.

— Formatura, provas finais, essas coisas. Segunda-feira vamos ter um debate sobre o plano de direitos humanos. O professor de filosofia vai dividir a sala em dois grupos e...

— Você está no grupo de ataque ou de defesa? — interrompeu Roberto.

— De ataque... — Mateus pigarreou. — Claro.

— Posso ajudar com argumentos que não vão deixar nenhum defensor de bandido se criar pra cima de você. Vou te encaminhar uns links.

— É um debate, não é uma guerra.

— Toda oportunidade é boa pra treinar. O mundo é uma selva, um tentando passar a perna no outro. Se os recursos são escassos, fique você com eles. — Roberto deu um gole no suco. — Defender nossas convicções é uma missão.

Mateus não deu sequência, Laura e Angélica apenas escutavam. Quando este assunto subia à tona, na dúvida se viria a explosão que já havia acabado com outros almoços, ninguém contestava.

— Aula de filosofia... Um monte de inúteis doutrinando nossos filhos com teses de outros inúteis. — Roberto olhou para Mateus. — Você colou na escola o cartaz com os seis deveres do professor?

— Colei, mas tiraram.

— Pois agora vou imprimir um bolo de cartazes e você vai colar todos os dias até eles aprenderem. *Eu* pago a escola, eles precisam entender que são *meus* contratados, não o contrário.

— Não é melhor deixar isso pra lá? — ponderou Laura.

— Meus filhos, minhas regras — a voz saiu ríspida. — Se ninguém tomar providência, esses caras fazem lavagem cerebral na juventude e todo mundo sabe onde vai parar.

— O que é lavagem celebral, papai? — perguntou Angélica, a boca cheia de molho.

— Cerebral — corrigiu Roberto.

Laura passou o guardanapo nos lábios da menina. — Depois a mamãe te explica, meu amor.

À primeira batida, logo após as dez da noite, o sangue de Roberto voltou a ferver. Segundo fim de semana seguido. Pouco importava que festas estivessem liberadas aos sábados, por ironia uma cláusula do estatuto aprovada justamente em sua gestão como síndico. Se o projeto dos novos vizinhos era tornar a convivência insustentável, eles estavam conseguindo com rapidez e eficiência.

Roberto subiu ao segundo andar. Da janela de seu quarto, a visão do quintal vizinho era ampla. Apagou as luzes e passou a espreitar por entre a persiana. Moças e rapazes na casa dos trinta se amontoavam ao redor de uma piscina coberta por balões coloridos. Um DJ no canto do terreno mandava um som que, na concepção de Roberto, nunca poderia ser chamado de música. Homens de blazer sem gravata e mulheres em roupas provocantes dançavam e gargalhavam numa celebração tosca, tudo separado de sua família por apenas um muro. Sua filha não podia presenciar aquilo, sua mulher não merecia morar ao lado de uma casa onde imperava a balbúrdia.

Abriu o armário, digitou o código 1970 no cofre e pegou a arma. Apagou as luzes. O peso reconfortante do artefato transmitia segurança, envolvia-o em uma armadura de coragem. Com registro de atirador desportivo, ainda que nos últimos meses andasse furando a necessária habitualidade no estande, no fundo o revólver fora adquirido com o propósito de proteger seu patrimônio e, claro, só seria usado caso algum vagabundo entrasse em sua propriedade ou ameaçasse sua família. Mas, naquela noite, ele teve a vontade absurda de descarregá-lo na cara de alguém. Mirou-o para os convidados da festa, escondido na penumbra. Fingia disparar e imitava o som do tiro, até os passos da esposa interromperem a diversão. Roberto voltou a arma para o cofre e acendeu as luzes. Laura trazia Angélica adormecida.

— Deixa ela dormir hoje na nossa cama. — Ele puxou o lençol e deu um beijo na testa da menina.

— Vou me deitar também — disse Laura.

— Não sei como você consegue. Nesta semana vou me apresentar aos vizinhos e mostrar o significado da palavra respeito.

— Ah, nem está tão alto assim. E, de mais a mais, os sábados à noite estão liberados.

— Este aqui é o *meu* condomínio. — Roberto travou os dentes. — E não vou tolerar baderna, sendo ou não regra aprovada por algum desocupado.

Preparou uma dose dupla do Cavalo Branco aberto havia menos de uma semana, e já quase no fim, e foi para o escritório. Em meio às notas primitivas do couro da cadeira e ao adocicado óleo de peroba sobre a mesa, tentaria se desligar do problema navegando na internet. Acessou o Facebook e na linha do tempo surgiu a publicação de uma comunidade chamada GentilezaOnline, que ele não conhecia. Relatava o caso de um menino acusado de "pré-roubo", no parque não muito longe dali do condomínio. Discorria sobre as origens e implicações do termo, trazia estatísticas e demonstrava indignação por alguém ser condenado previamente apenas em razão da cor da pele. Publicada havia alguns minutos, tinha poucas curtidas e ainda nenhum comentário. Roberto aproximou a foto desfocada e enquadrou o menino sentado no asfalto, de cabeça baixa e braços para trás.

Em homenagem à sua família, que o encarava da foto no jantar de gala em um cruzeiro pelo Mediterrâneo, e inspirado pela velha carabina de pressão eslovaca pendurada na parede, ele nem precisou pensar para deixar sua opinião.

DoctorBob GentilezaOnline
Perceba o jeito do delinquente batedor de carteira. Parabéns a quem chamou logo a polícia.

Relatório do Inquérito nº 1008451/21 - pág. 12

Transcrição de trecho do depoimento da primeira testemunha a chegar ao local

"Sabe, Doutor, o barulho de um tiro de revólver demora a sumir nos ouvidos de quem não tá acostumado. Até hoje aquele som me assombra e eu mal consigo dormir direito. Quando percebi de onde tinha vindo, um mal-estar me invadiu e eu dei um pulo quase automático. Meu coração disparou, eu tinha certeza, eu tinha ouvido um tiro, uma coisa seca e grave. Um som de morte, sabe? A sensação de vazio foi muito forte e então eu percebi tudo. Saí correndo pela escada, desci do segundo andar até o térreo e fui pulando de dois em dois degraus. Atropelei tudo no caminho, rasguei o joelho, até sangrou. Claro, eu não sabia o que tinha acontecido lá, eu não tenho bola de cristal. E até... até...". (*Depoente solicita um tempo para se acalmar. Suspensas as gravações. Gravações retomadas após dez minutos.*) "Como eu ia dizendo, até, sei lá, eu mesmo podia ter levado um tiro, foi um risco enorme. Mas a gente age por instinto, sabe? Não pensa, não pensa, só o que a gente quer é saber se tá tudo bem. Eu precisava chegar lá a tempo de evitar uma tragédia. Claro, se ainda tivesse algum jeito de ser evitada".

7
MATEUS

Mateus atravessou o portão do DaVinci e esperou a SUV contornar a esquina, para, assim como nas vezes anteriores, amassar e jogar na lixeira o cartaz impresso por Roberto. Dirigiu-se à quadra de esportes. Sentado na arquibancada atrás do gol, abriu o kindle nas palavras finais de um ensaio de Thoreau, aguardando o sinal da primeira aula. Vinha evitando ao máximo cruzar com Nuno, da turma B. Mesmo irresistível, amar outro homem era um fardo de uma tonelada sobre os ombros. Aos amigos do pôquer, Roberto se vangloriava da profusão de meninas que ligavam para o filho e jamais aceitaria não passarem de amigas. "Homem não tem amiga", lição número um de Roberto quando levou Mateus a um puteiro de luxo para o garoto perder a virgindade em alto estilo. Aos quinze anos, Mateus tinha até gostado. Mas agora, aos quase dezoito, odiava se lembrar do cheiro das prostitutas sentadas em seu colo e no colo do pai.

— Ei, já bateu o sinal. Acorda! — gritou Marcela.

Ele se levantou e seguiu ao lado dela.

— Tá difícil não notar como você anda estranho, amigo.

— Qual a novidade, então?

— A gente se forma no fim do ano, você vai conviver com o fato de não ter expressado seus sentimentos?

— Como se fosse simples.

— Só vai saber se arriscar.

— Até outro dia ele tava namorando.

— "Tava" é conjugação passada, Mateus.

— Não sei se você considera esta uma informação relevante, mas era uma namorada, com A, não um namorado, com O.

Nuno passou ao longe e acenou.

— De fato, ele é bem interessante e ninguém é capitão do time de handebol à toa. Mas tem cara de quem é aberto a experimentar — Marcela fez sinal de aspas e sorriu — "outras emoções".

— Duvido.

— Sinto que ele gosta de você.

— Gosta é das minhas ajudas com História.

— E quando vão estudar juntos outra vez?

— Próxima sexta, na casa dele.

— O "não" você já tem...

— Clichê horrível!

— Se não der em nada, você parte pra outra.

— Você tá tentando bater o recorde mundial de clichês?

— Só não quero ver meu melhor amigo triste.

Bateram o punho, entraram na sala e se sentaram no fundo.

— Você tá no grupo de ataque ou de defesa? — retomou Marcela.

— De defesa, claro — a voz saiu animada.

— Sortudo.

— Não tenha raiva de mim, mas estudei por vários posts da comunidade do seu pai.

— Você segue aquilo? — Marcela ergueu uma sobrancelha.

8
MARCELA

No intervalo, Marcela e Mateus se reuniram com o resto dos Excluídos para o lanche compartilhado, na mesa próxima ao muro no fim do pátio, sob a mangueira-coquinho plantada após a inauguração da escola. Logo no início do ensino médio, quando descobriram o mesmo gosto por filmes, séries, livros e teorias da conspiração, os seis se fecharam num grupo do qual agora muita gente adoraria participar. Infelizmente, era tarde, eles diziam. Faltava pouco para o fim do ensino médio e ninguém de fora entenderia as piadas-merda que funcionavam como um código de aceitação. Explicá-las daria muito trabalho.

Ana e Dado: começaram a namorar antes de nascer, ninguém se lembrava de tê-los visto separados. Uma exceção à regra de não existirem mais paixões duradouras entre jovens; Espiga: ruivo, alto e magrelo. O fato de nunca ter beijado a boca de ninguém não teria problema algum, se ele próprio não repetisse isso a todo momento. O sujeito mais gente boa e com a risada mais estridente da história do DaVinci; Sthéfanny: ésse-tê-agá-é-éfe-a-eneene-ípsilon, com acento no é. Negra, olhos cor de mel, piercing dourado no nariz e penteados criativos nos cabelos cacheados. Desde pequena reclamava da escolha do nome e das muitas vezes que precisava soletrá-lo. Todo mundo achava exagero, Marcela descobriu o significado: *coroada*. "Caguei pra isso", foi a resposta. Se era para soletrar, por que não algo de origem africana significando *guerreira* e não um nome-merda de origem grega? Coroada coisa nenhuma! Os Excluídos deram a ela o apelido de Badu, que, numa pesquisa na internet feita por Espiga, significa *poderosa*.

Os seis abriram as mochilas e despejaram o lanche sobre a mesa. Iogurte, kombucha, um cacho de uvas verdes, pão de queijo, *croissant* e um maço de brócolis.

— Brócolis? — Marcela franziu a testa.

— Precisamos viver experiências memoráveis antes do fim do ano. Depois, nunca mais — respondeu Espiga.

Ana pegou um talo e o comeu numa mordida. Colocou um na boca de Dado, seguido de um beijinho. Os outros deram de ombros, cada um pegou um pedaço e comeu. Espiga não pegou.

— Você não comeu, Espiga — acusou Marcela.

— Deus me livre, eu odeio brócolis.

— Esta *não* foi uma piada-merda. — Mateus deu um encontrão no ombro de Espiga.

Todos concordaram. A não ser Espiga, que não parava de gargalhar.

Na mesma noite, encolhida na cama, Marcela pousava o olhar perdido no porta-retrato digital, presente de aniversário de Jorge — o padrasto. Sobre a cômoda, alternavam-se imagens suas, de seus amigos, de Luciana, Alice e das viagens recentes. Nenhuma de Rafael, nas cem fotos carregadas. Ele não cabia como personagem daquela história.

Atualizava o WhatsApp a cada minuto, nenhum garoto jamais havia provocado nela aquele tipo de vício. Mas tinha de ser logo ele? Melhor opção não seria partir para outra e evitar encarar emoções que esmagavam a solidez de convicções usadas em inúmeras discussões travadas com pessoas que pensavam diferente? Amigos com quem ela deixou de falar e de seguir nas redes sociais? Admitir a fragilidade, agora, jogaria por terra a imagem construída na decisão de abrir mão de muito e de muitos. O enorme adesivo com a imagem da Mafalda segurando um livro e uma lâmpada, Marcela havia decalcado ao centro da parede do quarto como um tributo à liberdade de escolha, pensamento e ação. Preciosas lições de Woolf, Adichie e algumas autoras de menor expressão, mas com vozes não menos combativas, sempre à mão na prateleira acima da escrivaninha. Deslealdade – a palavra que a assombrava desde a noite em que Rafael saiu de casa e, pela fresta da porta, ela viu Luciana chorar sozinha na cama de casal. Agora, após tanto brigar com o pai, embates que elevaram seu desprezo a um nível impossível de ser resgatado, Marcela mesma vinha fazendo o que sempre condenou. A mensagem recebida no celular, "Hoje você estava ainda mais linda na escola", era prova de um crime. Misto de prazer e medo. Altíssimo o risco de estragar uma grande amizade e, pior, ser taxada de hipócrita. Não fazia a menor ideia de como se livrar da situação. Responder e dar corda a algo fadado a dar errado no fim ou não responder e suportar calada a dor?

Digitou "Obrigada" e enviou.

9
LUCIANA

— Azul Indonésia, verde petróleo, laranja halloween, amarelo girassol — balbuciava Luciana, enquanto conferia no sistema a encomenda para uma festa infantil e pegava, na prateleira, os corantes necessários para misturar e obter as tonalidades contratadas. Para aquela festa eram quatrocentas unidades com recheio de ganache de chocolate branco.

A paleta de cores exclusivas dos macarons de Luciana fora obtida após inúmeros testes e muito corante desperdiçado. Para aguçar a imaginação de Alice, ao forjar um segredo misterioso, ela rabiscou a fórmula secreta de cada tom em um caderninho e o fechou numa caixa. "Quando você crescer, vai entender as fórmulas e ser uma grande doceira", frase ouvida por Alice com olhos esbugalhados e um leve sorriso. Luciana usou a criptografia das brincadeiras de criança, quando trocava cada letra pela subsequente no alfabeto. O "a" tornado "b", o "b" trocado por "c" e assim por diante. Azul Indonésia virou Bavm Joepoftjb. Uma estratégia boba, claro, pois os verdadeiros segredos de seus doces estavam na massa e nos recheios.

O negócio de macarons foi decorrência da insuportável ausência de Rafael em sua vida, logo após a separação. Absolutamente sem forças para se reconectar às filhas, e à beira de um colapso, encontrou na bebida um refúgio perigoso e eficiente. No início, para se distrair, fingindo falsas comemorações de liberdade. Em seguida, para enterrar um sofrimento suficientemente grande para queimá-la por dentro, mas insuficiente para fazê-la reconsiderar os pedidos de perdão de Rafael. Numa noite fria de domingo, trancou-se no quarto e tomou um copo de Tanqueray com um caminhão de remédios para dormir. Na manhã seguinte, foi acordada pelo porteiro do prédio arrombando a porta e as meninas chorando ao verem-na estirada no chão sobre uma poça de vômito. Naquela mesma noite, após o jantar silencioso no qual Luciana mal conseguiu encarar as filhas, a sobremesa terminou com um voucher de um curso de macarons entregue por Marcela, junto a um cortante "Saia de casa, mãe, produza alguma coisa, qualquer coisa, tenha seu próprio negócio, passou a vida se anulando e olha o resultado, se você ficar trancada neste apartamento mais um dia, eu juro, vou embora de vez, mude, pelo amor de deus, mude, ninguém aguenta mais olhar sua cara de choro vinte e quatro horas por dia, a Alice tá morrendo de medo e eu também tô começando a ficar". Palavras mais fortes do que Luciana jamais imaginaria virem da filha de quinze anos e que, naquele tempo, foi muito mais madura do que ela própria. Pois a tarde chuvosa aprendendo a fazer massas e recheios mudou tudo. Os macarons aos poucos alteraram a escala de cinza de seus dias e, passados menos de dois anos, os doces já eram disputados por clientes que pagavam valores mais altos do que os praticados pelo mercado.

Após a separação, a vida de Luciana foi uma sucessão de histórias vazias e malsucedidas, proporcionadas por um aplicativo de encontros. Homens que não almejavam nada além de sexo, que tratavam a palavra "compromisso" como tóxica e a ideia de casar como a última das fronteiras, entravam e saíam de sua rotina como num passe de mágica. Ela nem se importava em voltar para casa sozinha depois das baladas, pois a ojeriza ao termo "casamento" transformara seu coração numa pedra de gelo, libertando-a das algemas imaginárias tantas vezes presas pelo matrimônio aos seus pulsos. Contrariando as teses de o aplicativo servir apenas para aventuras fugazes, conheceu Jorge na que ela tinha prometido ser a última vez no aplicativo. Ironicamente, aquela havia sido a única vez dele, um solitário acesso apenas para os dois se conhecerem. Um conto de fadas moderno e digital. A decisão de colocar outro homem dentro de casa, todavia, seria rebatida pelos pais e amigas. "Loucura, você mal o conhece, não é melhor esperar um tempo?". Mas ela tanto queria quanto precisava. E o troco bem dado em Rafael estava no fato de Jorge ser um sujeito muito bacana, mesmo sem a sagacidade para bolar trocadilhos sobre couves. Sócio de uma empresa de segurança predial especializada em circuito fechado de TV, Jorge ganhava relativamente bem e revertia tudo para o conforto da família de um jeito que Rafael, com sua eterna promessa de escrever um livro de sucesso, jamais seria capaz de oferecer. Juntos havia pouco mais de oito meses, nada como outro amor para esvaziar o coração dos sentimentos ruins surgidos de uma traição. A despeito de Marcela ter tomado suas dores e se manter distante de Rafael, de todo modo ele seguia se esforçando para ser um bom pai.

Um dia tudo se ajeitaria. Tudo sempre se ajeita.

10
LAURA

Sentada no sofá de couro do escritório, Laura acompanhava a performance da nova cliente. A serenidade do olhar de advogada mais cara do Bueno&Scorzzini e o quadro com o diploma de doutorado em Direito de Família, logo abaixo do crucifixo, garantiam-lhe ser um caso tranquilo. Como estratégia, deixar a cliente botar para fora toda a raiva e só então iniciar as perguntas.

— Não tem negociação, Doutora. Não vou ceder um milímetro. Quem ele pensa que é? Fez o que fez, faz o que faz, e a bonitona, aqui, vai aceitar? — A cliente caminhava em círculos, o cigarro apagado entre dedos trêmulos.

Laura seguia impassível. A cliente parou no meio da sala, encarou-a. — A senhora não vai falar nada?

— Só depois de você se acalmar. — Laura colocou um sachê de açúcar num copo d'água e o entregou. — Tomar decisões de cabeça quente nunca é boa estratégia.

— Cansei de ser diminuída, rebaixada e humilhada. — Ela bateu o indicador na mesa de mogno a cada sílaba: — Hu... mi... lha... da.

— Defina humilhação.

A cliente colocava e tirava o cigarro da boca.

— Não vai acender?

— Tô tentando parar de fumar, Doutora.

— Bom, vamos lá... Humilhação. — Laura passou a fazer anotações num tablet.

— Ser humilhada é o pior que pode acontecer a uma pessoa.

— Os humilhados serão exaltados.

— Estou falando de humilhação mesmo, no sentido literal da palavra.

— Ele te bateu?

— Nem precisou.

— Como diz a Palavra, o amor tudo sofre, tudo crê, tudo espera, tudo suporta. Reflita sobre isso.

— Isso quando é amor, o que não me parece o caso.

— Defina amor.

— Ah, doutora, eu não consigo definir nem quem eu sou hoje.

— Não é um sentimento que você já teve por ele e a rotina enterrou na vala comum?

— Pode ser, pode não ser.

— Dá pra desenterrar?

— Não sei de mais nada. — A cliente acendeu o cigarro.

— Não ia parar de fumar?

— Outro dia eu paro. — Ela deu um trago fundo e assoprou para o teto.

Laura se levantou e abriu a janela. — Vou te mostrar uma coisa. — Dobrou a manga da camisa e revelou uma pequena tatuagem na parte interna do pulso direito, com as letras RMA. — Sabe o que é isso?

— Uma tatuagem.

— É o amor na carne. São as iniciais dos nomes do meu marido e dos meus filhos. Para eu nunca me esquecer das pessoas a quem devo lealdade. Serenidade e resiliência são duas virtudes essenciais numa relação. Todo relacionamento é complicado.

— Falar isso é fácil quando você não tem um marido como o meu.

— Olha, estou tentando dizer que se o Bueno&Scorzzini pegar o caso, se eu entrar nele, é pra valer e não vai ter choro depois. Pense nos seus filhos, no que já construiu até aqui, em todas as consequências de um divórcio litigioso. Minha experiência garante que separações mal refletidas geram danos irreversíveis. Se o que você me contou é verdade, a probabilidade de eu perder um caso desse é mínima, beirando o zero, pode apostar todas as suas fichas.

Temida no mercado por sua verve afiada, com domínio absoluto de todas as falácias lógicas e um raciocínio do tipo serpente — envolver o oponente de um jeito imperceptível, até o golpe que tritura o argumento mais sólido —, Laura era uma estrategista processual. Em razão da altíssima taxa de sucesso nas causas de divórcios litigiosos, a ela eram reservados os casos mais espinhosos e com maior potencial de faturamento. Ainda assim, resguardar o núcleo familiar era prioritário, nada poderia se sobrepor à solidez daquela convicção. Se o núcleo familiar não estava sólido, certamente era consequência do afastamento dos mandamentos divinos, mesmo famílias que não acreditavam no deus de Laura, ou não acreditavam em deus nenhum.

A cliente caminhou devagar até a janela, o cigarro definhava entre os dedos. Os olhos embotaram, ela suspirou. — Doutora Laura, pensando bem, eu...

— Shhhh, você não está em condições de pensar bem em nada neste momento. — Laura pousou a mão sobre o ombro da cliente e a voz saiu maternal: — Acho melhor você voltar para casa e repensar seu papel no casamento, como mulher, esposa e mãe. Se tiver certeza de que não dá para ceder, volte amanhã.

Muitas não voltavam.

11
RAFAEL

"Quando terei a primeira versão? O prazo tá se esgotando e não vi nada ainda. Mande alguma coisa pra eu já ir dando uma olhada", a pressão do editor. "Estou avançando, em breve mando", a resposta de Rafael.

Havia dias ele não enfrentava o livro, ocupado em finalizar um artigo para o site dos Jornalistas da Democracia sobre escravidão moderna em fazendas no interior. Por dois meses entrevistara familiares de jovens cooptados para trabalhar em condições sub-humanas, em sua maioria mulheres, revelando casos de trabalhos análogos à escravidão, casamento forçado, servidão por dívida e tráfico de seres humanos. "Quanto mais conheço as pessoas, mais gosto dos cachorros", a frase que por muito tempo achou de mau gosto, a cada dia mais lhe fazia sentido. E já vinha publicando imagens de suas andanças infiltradas pelo interior, à cata dos personagens daquela história, tudo sob condição de anonimato. Um país dentro do país, completamente à margem das leis, uma realidade desconhecida, sufocada, proibitiva nas redações. As ameaças para cima de quem se atrevia a furar a bolha não chegavam a intimidar Rafael, as denúncias precisavam ser feitas e ele ainda acreditava no papel transformador do jornalismo.

A postagem sobre o menino preso por expectativa de crime teve boa repercussão e um tanto considerável de compartilhamentos. O primeiro comentário, de um tal DoctorBob, por acaso era um dos poucos negativos. Envolvido pelo clima do artigo que acabara de escrever, Rafael respondeu:

GentilezaOnline DoctorBob
Delinquente batedor de carteira? Explique, por favor, como chegou a essa conclusão...

Em pouco tempo, a resposta veio:

DoctorBob GentilezaOnline
Não devo explicações a ninguém sobre o que acho ou deixo de achar. Se você não consegue olhar para o marginal e perceber que é um batedor de carteira, isso não é problema meu. Devia estar na escola e não vagabundando no parque.

GentilezaOnline DoctorBob
"Vagabundando" é um juízo seu, meu amigo. E sábado é, sim, dia de ir ao parque.

DoctorBob GentilezaOnline
Deixa de ser iludido, rapaz. Não sei da conduta social dele, mas, seguramente, em razão da raça, este tipo de gente não vai a um parque no centro da cidade para brincar ou passear. ÓBVIO que ele não estava ali para "curtir o sábado". KKK. E bons tempos, né? Onde o menor podia trabalhar...

Rafael travou os dentes, respirou fundo, não acreditava na estupidez daqueles comentários. Aliás, acreditava. Cada vez mais gente, infelizmente, pensava daquela forma e não tinha vergonha de se expor. Optou por não dar holofote ao sujeito, não colaborar para transformar a GentilezaOnline em mais um palco de ódio, tampouco acabar com sua noite. Fez nova postagem, um *quote* da matéria sobre escravidão moderna: a fala de uma mãe que perdera os filhos de quinze e dezesseis anos, cooptados pelo dono de uma carvoaria para trabalhar em condições degradantes e ameaçados por dívidas impagáveis.

Finalmente reabriu o arquivo de seu livro e, passados quinze minutos, nenhuma nova ideia surgiu. Substituir palavras por sinônimos, juntar parágrafos, excluir diálogos, diminuir descrições e cenas, descartar frases outrora geniais, tudo indicava que, se mantivesse o ritmo, em não muito tempo a história se desintegraria. O livro andava para trás, assim como a certeza da própria incompetência literária. Jornalista, não escritor. Incapaz de sugerir muito com pouco e deixar a imaginação fluir na mente do leitor. Chegou a deletar o maldito *a interminável queda começou*, mas prontamente o reescreveu, pois era exatamente naquela posição onde o personagem precisava se encontrar, despencando em um buraco de miserabilidade, à espera do momento em que se esborracharia na rocha que o fragmentaria em micropedaços impossíveis de serem juntados na forma original. A vontade de mandar um FODA-SE em garrafais berradas pelo personagem veio e passou. O erro do marido-personagem se igualava ao que ele cometera na vida real e a esposa-personagem se transbordava em mágoa, exatamente como Luciana quando os dois se separaram.

A cada dia, mais ele se convencia de ter perdido a habilidade para falar de coisas do coração e jamais conseguiria terminar o romance. As paredes do quarto, naquela noite, pareceram-lhe mais próximas umas das outras. Demorou mais do que o habitual para cair no sono.

Relatório do Inquérito nº 1008451/21 – pág. 4

Além do estojo deflagrado, foram encontrados, espalhados pelo chão, quatro cartuchos de calibre .38 intactos (ver locais circulados em vermelho na fotografia nº 17 anexa).

12
NAZARÉ

O som do sininho dourado era a senha para Nazaré entrar na sala de jantar com a lasanha. Da cozinha, ela esperava o sinal do patrão.

Plim Plim Plim, os badalos surgiram e ela foi.

— ... porque o avô de vocês só pagou a minha faculdade de medicina e nenhum tostão além. Ne-nhum! Eu segui com minhas próprias pernas e agora vou ser homenageado com meu nome numa ala de um hospital importante. Como se chama isso tudo, Angie?

— É meri não sei o quê.

— Tocracia, muito bem.

"De novo esse assunto?", pensou Nazaré, enquanto colocava a travessa na esteirinha de madeira. Roberto parecia um disco riscado. Inacreditável os filhos ainda aguentarem ouvir aquilo. Se bobeasse, Angélica seria capaz de dar aulas sobre a tal meritocracia. De tanto escutar por trás da porta da cozinha, Nazaré já sabia tudo de cor, ainda que não conseguisse compreender como seria possível, à espera de um sino para servir o almoço, ela chegar ao mesmo lugar de jovens sortudos por nascerem em berço de ouro e morarem naquele mesmo condomínio.

Nazaré trabalhava havia três anos na casa dos D'Albuquerque Ramos. Quando uma amiga de Laura comentou que uma menina de 16 anos de idade, sobrinha da empregada de uma conhecida e residente numa cidadezinha do interior, estava disponível para trabalhar em casa de família, Roberto ofereceu casa, comida e 80% do salário mínimo.

Direitos suficientes, ele dizia. Sem formalização. Nazaré já o tinha ouvido dizer aos amigos do clube que não assinar a carteira era uma tremenda vantagem. Para o empregador. Entretanto uma lei recém-aprovada obrigava o patrão a recolher garantias, a pagar horas-extra e limitava a jornada semanal a quarenta e quatro horas. Isso fez Roberto decidir demiti-la. Deixou a escolha a cargo de Nazaré: todos os direitos e desemprego, ou menos direitos e emprego. Como frisou às claras, numa conversa de menos de cinco minutos, ele não carregaria em seu lombo mais um custo que deveria ser do governo. De forma que ela aceitou prosseguir sem carteira assinada e não receber tais benefícios.

Quando Nazaré partiu do interior, sua mãe impôs que ela prometesse só reaparecer quando tivesse vencido na vida. Sob hipótese nenhuma queria rever a filha pobre e sem rumo. Filho é como passarinho, a gente só dá de comer até ele aprender a voar, a sabedoria da velha mãe analfabeta. Poderia demorar a eternidade, mas a filha que não se atrevesse a voltar como saiu. Por diversas vezes, porém, Nazaré pensou em quebrar a promessa. Chorou sozinha em seu quartinho dos fundos, nos dias em que o patrão deu olhadas nada discretas para seu corpo. Ter resistido criou a casca e o tempo transformou o medo em asco.

Plim Plim Plim.

13
ROBERTO

— Muito bem, dona Celeste. Está tudo certo com os exames da senhora. — Roberto conferiu o resultado do hemograma. — Marque retorno para daqui a um mês.

— E quanto ao valor da consulta?

— Veja isso com minha secretária.

A determinação de Roberto era a secretária oferecer a vantagem de o paciente pagar vinte e cinco por cento a menos do sugerido inicialmente, desde que não pedisse recibo. Uma irrelevante quebra de protocolo, dizia Roberto. Preciosa dica recebida de seu pai, ao ganhar de presente de casamento a chave do primeiro consultório: "Conselho meu e eu faço, meu filho: sonegue tudo o que for possível, porque o dinheiro vai pro ralo, pra sacanagem. Se pagar tudo o que o governo pedir, seu negócio vai pro buraco".

Quando dona Celeste saiu, ele passou a ensaiar a conversa com os novos vizinhos, momento em que detalharia o rol de condutas dos moradores do Diamond Garden. Inadmissível recém-chegados perturbarem a vida de quem tanto lutou para estabelecer um senso de ordem na comunidade. Imprimiu duas cópias do estatuto. Teria uma janela de quarenta e cinco minutos até a próxima consulta. Acessou o Facebook e surgiu nova postagem da tal GentilezaOnline: uma denúncia sem pé nem cabeça sobre escravidão moderna. Em tese, pelo fato de já ter interagido com a página, as publicações passariam a surgir em sua *timeline* com frequência. E como, aparentemente, ali só se publicavam bobagens, uma boa estratégia seria mostrar aos seguidores que ainda há gente decente neste mundo, capaz de compreender o óbvio e acabar com a alienação reinante. Clicou para seguir a página e digitou um comentário:

DoctorBob
Vá você empreender, vire dono de uma fazenda e descubra a quantidade de impostos a pagar. Vá lidar com chuva demais, sol demais e a maior praga de todas: os vagabundos invasores de terras. Eu sei o que eu tô falando, passei minha infância e adolescência numa fazenda.
É fácil falar que o emprego (isso mesmo, EMPREGO) oferecido pelos fazendeiros é escravidão. Essas pessoas precisam levantar a mão pro céu e agradecer por terem onde trabalhar. Se não estão satisfeitos, deem oportunidade a quem quer ralar. Esse povo é assim: você bota uma enxada na mão, manda capinar e o que gritam? "Escravidão!". KKK.

14
RAFAEL

Meses de pesquisa, depoimentos de especialistas e entrevistas com vítimas, o risco de ser morto por algum fazendeiro e, agora, precisar rebater aquele típico caso de superioridade ilusória chegava a ser desestimulante.

> **GentilezaOnline** DoctorBob
> Sugiro aguardar a matéria que será publicada esta semana no site dos Jornalistas da Democracia. São informações, depoimentos, histórias reais de pessoas forçadas a exercer atividades insalubres mediante detenção, ameaças, violência física ou psicológica, retenção de documentos e dívidas inexistentes, que devem ser pagas com trabalho gratuito. É realmente um problema seriíssimo. Valerá a pena ler.

A resposta não demorou a chegar:

> **DoctorBob** GentilezaOnline
> Parei de ler no "Jornalistas da Democracia". KKK tá de brincadeira, né?

Rafael preferiu sair do debate, internautas passaram de pronto a rebater o tal DoctorBob. Se havia uma habilidade dominada pelo sujeito, essa era a capacidade de irritar até o mais calmo dos seres humanos.

15
ROBERTO

Da clínica para um lava a jato e de lá com a SUV reluzindo para a casa vizinha. Roberto abordou o rapaz negro ajoelhado no jardim, de luva grossa, bermuda e descalço, que revolvia a terra com uma colher de jardineiro:

— Chame seu patrão.

O rapaz colocou a muda de árvore no buraco, completou com terra e pressionou com as mãos. Calçou o chinelo e entrou na casa. Pela porta entreaberta, Roberto tentou esquadrinhar a sala, móveis e objetos, mas não conseguiu ver nada além do primeiro sofá. Um gato magrelo se enroscou em sua perna. Não havia nada que Roberto abominasse mais do que gatos. Um empurrão com o pé fez o bicho gritar e se afastar num salto. Em pouco tempo, um homem loiro e alto chegou à porta.

— Pois não.

— Meu nome é Roberto D'Albuquerque Ramos, seu vizinho da direita.

— Muito prazer. — Ele sorriu e estendeu a mão. — Marcos.

Roberto apertou com força, mirando fixamente o espaço entre os olhos de Marcos. Ele bem sabia que gestos dizem muito mais do que palavras, e a forma de cumprimentar delimitava subliminarmente quem estava no comando.

— Vim aqui informar que o condomínio tem normas, não sei se vocês já ouviram falar.

— Normas?

— Códigos, regras, especialmente sobre silêncio. Trouxe de presente cópias do estatuto. — Entregou-as. — Uma pra você e outra pra sua esposa.

Marcos passou os olhos na papelada. — Estamos fazendo alguma coisa errada?

— Só espero que compreendam o conceito de condomínio de família. — Roberto se virou em direção à SUV.

— Roberto — gritou Marcos —, minha família gostaria de convidar a sua para um jantar na próxima sexta-feira. Oito horas? Prometemos já ter lido o estatuto.

O interesse em ver a casa por dentro foi maior do que a vontade de não ter nenhum tipo de relação com aquela gente. E um dos mantras de Roberto, "mantenha os amigos perto e os inimigos ainda mais perto", falou alto.

— Combinado.

— Que cara é essa? — perguntou Mateus quando Roberto entrou em casa.

— Mostrei pros vizinhos que isso aqui não é um cortiço, mas um lugar onde as pessoas se respeitam. Na sexta vamos jantar lá.

— Combinei de dar aula pra um amigo.

— Pode desmarcar, vamos mostrar que somos uma Família com F maiúsculo.

— Mas eu não...

— Precisava ver a cara de pavor do sujeito, quando esfreguei o estatuto na cara dele.

Mateus suspirou e baixou os ombros.

— E o cartaz, colou?

— Colei.

— Arrancaram?

— Continua lá.

— Ótimo.

16
MATEUS

O time da casa venceu a semifinal do campeonato de handebol com um gol nos últimos segundos. Numa jogada digna do capitão, Nuno chamou para si a responsabilidade pela decisão, voou a uns bons metros do chão por cima de dois adversários e o ginásio veio abaixo quando a bola entrou no contrapé do goleiro. Restava uma vitória em jogo único contra o Pitágoras para o DaVinci levantar, pela primeira vez em sua história, a taça do campeonato metropolitano. Mateus e Marcela assistiam da arquibancada aos jogadores amontoados sobre Nuno.

— Vocês vão estudar juntos depois de amanhã, né? — perguntou Marcela.

— Vou precisar ser rápido. Meu pai inventou um jantar na casa do vizinho.

— Não tem como fugir?

— Você não conhece o meu pai. — Mateus suspirou.

— Duvido que seja pior do que o meu.

— Só se o seu pai for um troglodita insensível.

— O conceito de troglodita insensível é muito amplo.

— Pelo menos você não é obrigada a conviver diariamente com o seu.

— A culpa não foi minha.

— Vai demorar quanto tempo pra perdoá-lo?

— No fim de semana ele foi levar a minha irmã, mas saí antes, pra não precisar olhar pra cara dele.

— Credo, Marcela!

— Adianta meu pai só postar coisas inspiradoras se na vida real a conversa foi outra?

— Não me leve a mal, amiga, mas todo mundo tem direito a no mínimo um arrependimento na vida. Seu pai ter traído sua mãe pode ter sido só um escorregão.

— Que sofra a dor do tombo.

— Cruel, cruel.

Ainda na quadra, Nuno parou na reta da arquibancada, apontou em direção aos dois e bateu no peito. Eles se levantaram e começaram a aplaudi-lo.

— Não falei que ele gosta de você?

Mateus gargalhou e a empurrou de leve com o ombro.

17
LAURA

Laura estacionou na garagem do edifício Central Park, onde ficava o escritório, e se dirigiu ao elevador social. Apertou o botão do segundo andar e, pouco antes de a porta se fechar, uma voz grave surgiu:

— Segura, por favor.

Ela colocou o braço no vão e a porta reabriu. Um homem jovem, cabelo de lado, terno grafite e perfume de menta deu bom dia.

Laura teve a sensação de já tê-lo visto em algum lugar, mas não por ali. Cumprimentou-o sutilmente com a cabeça. Sempre achou constrangedor dividir elevador com desconhecidos, como se imperativo forçar sorrisos ou apertar lábios para concordar com um comentário que não foi feito e, ainda assim, flutuou no ar. Pior ainda quando a pessoa assobia uma melodia, então Laura manteve a cabeça baixa e fingiu conferir o celular. Qual o nome da canção, mesmo? Do Frank Sinatra? Começou a balbuciar a letra e, ao reparar que o sujeito a encarava através do espelho com um sorriso de satisfação pela parceria, ela pigarreou e torceu o pescoço. Ao chegar ao segundo andar, ele segurou a porta para Laura e saiu atrás em direção à recepção.

Enquanto aguardava o sistema interno de processos carregar, ela ergueu os olhos acima do monitor e notou, através dos vidros entre os ambientes, um abraço demorado entre o rapaz e Bueno, sócio do escritório.

— Igor — Laura chamou o estagiário do setor. — Já viu aquele sujeito alguma vez aqui no escritório?

O garoto negou com a cabeça. Ela deu de ombros e partiu para o inventário do proprietário de um conglomerado de indústrias do setor de cimento, com três filhos ávidos para meterem a mão na herança. Em algum tempo, a linha direta com o chefe tocou.

— Espero a senhora para uma reunião em 5 minutos.

Na sala de reuniões, Bueno, Scorzzini e os outros oito advogados-sênior riam de algo que o sujeito do elevador contava. Laura pigarreou e o silêncio se fez.

— Como já estamos todos aqui, gostaria de apresentar o novo advogado do escritório: Eduardo Bianchi — disse Scorzzini. — Conseguimos roubá-lo do Mills&Miller. Vai trabalhar diretamente nos casos de divórcios com a presença de filhos menores de idade ou incapazes.

Eduardo encarou Laura. — Eu e a Doutora Laura já nos conhecemos no elevador.

Ela respirou muito fundo.

— Perfeito — interveio Bueno. — É a nossa advogada mais experiente.

— A joia do escritório, em todos os sentidos. — Eduardo piscou em direção a ela, acompanhado de sorrisos de aprovação dos outros presentes.

Laura se mexeu na cadeira, torceu o pescoço. Durante a reunião de alinhamento, não dirigiu o olhar a Eduardo nem sequer uma vez. Ao final, bateu os pés de volta para sua sala e fechou a porta com força.

Já em casa, colocou Angélica para jantar na cozinha e foi para o chuveiro. Envolta pela fumaça da água quente, travou os dentes e imitou a voz de Eduardo:

— Joia do escritório, em todos os sentidos...

Relatório do Inquérito nº 1008451/21 – pág. 12

Transcrição de trecho do depoimento da primeira testemunha a chegar ao local

"O corpo estava caído de costas no chão, com o peito ensanguentado. Imagem horrível, Doutor! Olha, eu não desejo a ninguém passar pela experiência de ver aquilo na vida. Fiquei praticamente sem reação, a perna endureceu, o coração parecia que ia pular pela boca. A gente se acostuma com essas cenas na TV e nos filmes, já nem se impressiona. Mas olhar assim com os próprios olhos? Não, não, a gente nunca tá preparado pra ver isso, sabe? E eu tentei fazer tudo que estava ao meu alcance".

18
MATEUS

— Ah, meu professor preferido — disse Nuno, em meio a um abraço forte em Mateus, ao abrir a porta de sua casa no início de sexta à noite. — Não sei o que seria de mim sem sua ajuda.

— Você continuaria o aluno mais popular do DaVinci. O que significa uma simples prova de História, diante de um gol nos últimos segundos?

— Golaço.

Subiram ao quarto de Nuno, no segundo andar, onde Mateus já estivera outras vezes para estudar.

— Não vou ficar muito. Pintou um compromisso de família impossível de faltar. Vizinhos novos, boas-vindas, aquela cerimônia toda.

— Programão...

— E seus pais?

— Num hotel no meio de uma floresta, tomando banho de cachoeira e fotografando passarinho. — Nuno mirou o infinito e gritou: *Freedom*! — Baixou a voz. — A propósito, comprei cerveja e consegui uma erva de alta qualidade.

— Vai ser difícil assimilar alguma coisa nessa mistura.

— Mateusão careta, como sempre.

— Já fui mais. Virei frequentador assíduo do Porão.

— Naquela espelunca só vai maluco.

— E os Excluídos. — Mateus riu.

— Ah, sim, sua turminha. A propósito... E a Marcela?

— Oi? Eu... Como assim?

— Você e ela já...? — Nuno ficou levantando e abaixando as sobrancelhas.

Mateus se empertigou. — Não, não. É só minha amiga.

Nuno riu e deu um soquinho no ombro de Mateus. — É linda.

— Ah, sim. Bastante.

Enquanto Mateus pegava os livros na mochila e os ajeitava sobre a mesa de estudos, Nuno tirou a blusa e a calça. Só de cueca, escolhia a bermuda e jamais imaginaria que cenas parecidas já haviam povoado a mente de seu "professor preferido".

— Me conta aí, tô sabendo que terminou o namoro...

— Senti falta de fortes emoções. — Nuno vestiu a bermuda e seguiu sem camisa.

— De que tipo?

— Ter alguém pegando no seu pé o tempo todo é péssimo. Tô fora desta coisa de liberdade vigiada.

— Compreendo. Eu... Bom, vamos começar?

Nuno acendeu o cigarro, deu um trago demorado e ofereceu a guimba. Mateus negou com a cabeça e apontou para o livro.

19
LAURA

A sexta-feira foi dedicada ao estudo da melhor estratégia para um caso de pensão alimentícia e ao preparo de uma petição a ser remetida à vara de família. Certos casos litigiosos chegavam a ser estressantes até para advogados experientes como Laura, e ela decidiu antecipar o fim de semana a partir do meio da tarde. Desligou tudo, apanhou a bolsa e foi à copa pegar um café na saída. Diante da nova máquina italiana, indecisa quanto às várias opções, escutou a voz por trás:

— Eu escolheria o *macchiato*.

— Ãhn? — Virou-se.

— O *macchiato*. — Eduardo apontou para o primeiro botão à direita. — No meu último escritório não tínhamos estas benesses.

— Vou aceitar sua sugestão. — Laura apertou o botão.

— Aproveito pra lhe dar outra: Florian, na *piazza* San Marco, em Veneza. O café mais antigo do mundo.

Laura pegou o copinho de isopor e mexeu com a pazinha de plástico. Assoprou e deu um gole olhando para Eduardo.

— Balzac, Rousseau, Goethe, Proust e Dickens frequentaram. Foi cenário para um dos meus filmes favoritos, O Talentoso Ripley. Peça um *Caffè Impero a infusione* — ele falou com sotaque italiano.

— Vou anotar. — Laura sorriu e se virou em direção à porta da copa.

Eduardo tocou-lhe o braço. — Fique mais um pouco, Laura, pra gente discutir um caso.

— Eu... Preciso ir. Tenho um jantar com meu marido e meus filhos.

Ela saiu segura de as palavras "marido" e "filhos" terem sido pronunciadas com ênfase maior do que as outras. Para não pairar nenhum tipo de dúvida.

20
RAFAEL

O grupo de WhatsApp dos colegas do ensino médio até havia despertado interesse de Rafael no início, mas passada a empolgação do reencontro tudo lhe pareceu tão somente a tentativa de recriar sensações de um passado frágil que implorava para não morrer. Contribuir para um mundo decente e inclusivo parecera um ideal inquebrantável, representado pelos discursos emocionados na cerimônia de colação de grau. Vencidos tantos anos, entretanto, a maioria dos colegas se transformou em gente cuja preocupação gravitava apenas ao redor do que se podia obter em razão do dinheiro. O grupo era praticamente de mensagens desinteressantes e compartilhamento de matérias sem fontes minimamente confiáveis. Difícil para quem dedicava a vida ao bom jornalismo. E após diversas discussões acaloradas sobre temas polêmicos, que por um triz não implodiram o grupo, a estratégia de Rafael foi silenciar as notificações. Muito raramente dava uma passada.

Naquela noite, um meme encaminhado por uma colega pródiga em *spams* e petições para salvar elefantes e tigres brancos capturou sua atenção: a imagem de duas mãos segurando uma flor e a frase: *Pedir perdão é ato de grandeza. Se você será ou não perdoado, isso já deixou de ter importância.* Pensou em Marcela. Segundo ela, Rafael havia traído não só a mãe, mas a família toda, ao ponto de "hipócrita" ter sido o xingamento mais suave berrado nos telefonemas. E o que mais doeu escutar. Havia muito deixara de encaminhar mensagens à filha. Por algum tempo mantivera aberto um canal via mensagens no celular, pois conversar ao vivo se tornara impossível. Nas vezes em que encontrou textos interessantes, fotos antigas dos dois, reflexões sobre a vida ou até piadas, não pensou nem duas vezes antes de compartilhar. Jamais obteve resposta, de modo que veio perdendo energia para tentar restabelecer a relação. A frase sobre perdão parecia boa para uma nova tentativa de reaproximação. Encaminhou-a com a legenda "Saudade enorme de você, minha filha". Da gaveta da cômoda ao lado da cama tirou o álbum de fotografias. Conexão remanescente com a melhor parte de sua vida, o sentido de pertencimento se desintegrava em lembranças cada vez mais embaçadas e instáveis. Como eram mesmo os cheiros, os sons, a força dos abraços em cada foto? Suas meninas ainda se lembrariam daqueles momentos? Melhor nem pensar no que, certamente, acontecia: as três tirando fotos com Jorge, o novo "pai" da família, título recebido de bandeja com o bilhete premiado jogado fora por Rafael, em troca de viver uma aventura com uma colega de trabalho que, logo ele descobriu, nunca teve nada a lhe oferecer.

Apostando na hipótese de Marcela acessar a comunidade, procurou em seus arquivos um texto para se conectar à filha. Encontrou um que pregava a equidade e relativizava comparações entre homens e mulheres. Postou-o e finalizou: "Homens, abracem a causa feminista".

21
LUCIANA

— Mamãe, por que você e o papai não são mais casados? — perguntou Alice, dentro da banheira, enquanto Luciana a ensaboava nas costas.

Alice não costumava fazer perguntas sobre a separação. No início, a menina demorou a compreender o porquê de o pai não a acordar mais todas as manhãs com beijos, como fazia desde quando ela nasceu. Em seguida, considerou ter duas casas algo bem divertido e uma vantagem sobre a vida sem graça das amigas. Quando Luciana apresentou Jorge, um amigo que eventualmente aparecia com os cabelos desgrenhados no café da manhã, Alice achou estranho, mas não se importou. Com o jeito gentil do "tio", deixou de lado a desconfiança e passou a vê-lo como alguém que fazia bem à mãe.

— Não dá pra vocês casarem outra vez?

Luciana riu e deu um tapinha na água, molhando o rosto da filha. — E você acha que o tio Jorge ia gostar?

— O papai podia ficar no meu quarto.

Luciana baixou os ombros. — Filha, a gente já conversou sobre isso.

— A Angie falou que toda família tem que ter o pai e a mãe casados e você e o papai não são casados e se os pais não são casados isso não é família.

— Hum, precisamos chamar a Angie para vir aqui em casa.

— O papai vem pra gente fingir?

Luciana franziu a testa. — Não, mas é só você mostrar a poesia que ele escreveu na sua almofadinha. Ah, canta a música que ele fez.

— O tio Jorge pode fingir que é o meu pai?

— De jeito nenhum, mas você pode dizer pra Angie que tem um pai e outro quase um pai. Isso não é uma coisa legal?

O rosto de Alice finalmente se iluminou. — Ela pode vir amanhã?

— Vou ligar pra mãe dela.

Jorge entrou no banheiro.

— Tio, você pode fingir que é quase meu pai?

— Isso eu já sou, não preciso fingir nada. — Ele fez cócegas na menina, ainda com o corpo ensaboado.

Luciana olhou com ternura o jeito como os dois se davam bem.

22
MARCELA

Pedir perdão é ato de grandeza. A mensagem encaminhada por Rafael trazia uma dúvida à cabeça de Marcela: um perdão pedido por ele, ou uma indireta para ela pedir? No fundo, também sentia falta do pai. Saudade das brigas terminadas em sorveterias, das inúmeras lições de vida, dos livros e filmes que ele indicou e ajudaram-na a moldar seu caráter. De quando os dois dividiam fones de ouvido e ele explicava as letras de Bob Dylan. De todas as vezes em que ele cuidou, velou o sono ou torceu por ela. Que passou noites em claro colocando toalhas molhadas em sua testa para baixar febres de quase quarenta. Das viagens e apresentações da escola, que ele filmava, aplaudia e gritava como um doido. De quando ele se fantasiava de monstro e corria atrás dela pela casa. Incompreensível o motivo de Rafael ter rompido aquele pacto. A certeza que restara: ela poderia até tentar perdoá-lo, mas nunca pediria perdão por algo que não fora sua culpa.

— Ah, quer saber? Vem de hipocrisia pro meu lado, não. — Arquivou a mensagem.

Procurou outro contato e digitou: "Já está sozinho em casa?"

"Só te esperando...", a resposta chegou pouco depois.

Marcela pulou da cama, escolheu uma *lingerie* branca. Admirou-se no espelho e ajustou o meia-taça. Maquiou-se, borrifou o perfume e saiu. Melhor não pensar. Pensar às vezes atrapalha.

Relatório do Inquérito n° 1008451/21 - pág. 6

A camisa de gola polo embebida em sangue (item probatório nº 5) foi recolhida e encaminhada à perícia, com resultados descritos na Seção 16.

23
ROBERTO

Roberto levou bom tempo examinando os rótulos das garrafas na adega.

— Que indecisão é essa? — indagou Laura, enquanto penteava os cabelos diante do espelho da sala.

— Vamos impressionar. — Roberto escolheu, enfim, um tinto trazido de uma viagem à Itália, num simpósio bancado por uma farmacêutica.

— Bobagem, nem todo mundo se preocupa com rótulos.

— Aprenda uma coisa: sinais são fundamentais.

— Curiosa pra conhecer a decoração e convidá-los para a equipe de casais da igreja.

— Com o tipo de baderna que fazem, duvido frequentarem uma igreja decente, se é que frequentam alguma.

— Achei muito simpático da parte deles este jantar. — Laura ajeitou a gola polo da camisa de Roberto e o beijou.

— O Mateus já chegou?

— Se ele prometeu vir a tempo, virá.

— Vamos chegar lá às oito em ponto, nem um minuto a mais ou a menos.

Mateus entrou em casa às cinco para as oito. Roberto o fuzilou com o olhar.

— Não cheguei a tempo pro seu jantar?

— Nosso, da nossa família.

Angélica tocou a campainha. Marcos abriu a porta e um sorriso.

— Que honra, vizinhos!

— Muito prazer, Marcos. — Laura o cumprimentou. — Obrigada pelo convite.

— Ah, é muito bom a gente ter esta convivência bacana de vizinhos. No que precisarem, qualquer coisa, estamos à disposição.

— Igualmente. — Laura sorriu.

— E estes meninos lindos?

— Mateus e Angélica.

— Angie — corrigiu a pequena.

Roberto entregou a garrafa. Estufou o peito e a voz saiu empostada:

— Barolo di Borgogno, 2013.

Marcos conferiu o rótulo. — Não entendo nada de vinhos, mas, vindo de vocês, já deu água na boca.

Roberto mandou um olhar triunfal de soslaio para Laura.

O anfitrião escancarou a porta e apontou para a sala clara, de pé-direito duplo e com um lustre candelabro de cristal clássico reluzindo suas dezenas de lâmpadas nos espelhos e nos metais dos móveis. O chão de granito brilhava e a cena era ornada por uma série de objetos sobre estantes, mesa de centro e aparadores: um moai em madeira, um calendário asteca em pedra-sabão, um olho grego, um buda amarelo e uma máscara carranca aborígene.

— Que casa colorida! — disse Angélica.

— Sim, minha jovem e simpática vizinha. Quanto mais cores tem a vida, mais divertida ela é — comentou Marcos. Em seguida, gritou em direção à escada: — Amor, os vizinhos chegaram.

O gato atravessou a sala com os pelos eriçados. – Marcos o pegou no colo.

Roberto olhou com desprezo.

— Deixa eu passar a mão nele, deixa? — pediu Angélica.

— É uma gatinha. — Marcos se abaixou e Angélica fez carinho nela. — Nós recolhemos a Lady na rua. Parecia um monstrinho, coitada, mas agora é a rainha da casa. Toda noite vai lá se deitar na nossa cama.

— Eu sempre quis ter um gatinho, mas o papai não gosta.

— De repente a Lady faz o papai mudar de ideia... — Marcos piscou para Angélica.

— Impossível — retrucou Roberto.

Laura foi rápida:

— O cheiro está divino, Marcos.

— Estou tentando uma vitela com limão siciliano. Aprendi num curso na própria Sicília, mas nunca acertei. Estou confiante nesta noite.

Marcos conduziu os quatro até a cozinha, com piso de porcelanato branco e uma ilha de mármore Carrara ao centro, de uns 2x2, onde ficavam o forno e o fogão embutidos. De uma trempe metálica, presa ao teto por quatro fios de aço alinhados com as bordas da ilha, pendiam escumadeiras e colheres de cozinha em cobre reluzente.

— Que cozinha! — Laura apertou a boca em direção a Roberto.

Ele não concordou, tampouco discordou. Marcos abriu o forno, puxou a travessa e levantou um cantinho do papel alumínio. — Mais dois minutinhos e estará pronto.

— Huuummm. — Angélica passou a língua nos lábios.

— Já percebi que vamos nos dar muito bem, senhorita Angie. — Marcos levantou a mão e ela bateu.

Roberto respirou fundo e estalou o pescoço.

— Ah, finalmente, amor. Pensei que não ia descer nunca — comentou Marcos, em direção à porta da cozinha.

Os quatro se viraram.

— Olá, olá, sejam muito bem-vindos à nossa humilde residência. — O rapaz que jardinava no outro dia entrava perfumado. Vestia calça jeans, camisa de gola polo amarela, sandálias de couro e um belo relógio. Abraçou Marcos de lado. — Meu nome é Lucas.

Roberto apertou a mão de Laura com força quase suficiente para esmagar-lhe os ossos.

— Família linda! — continuou Lucas, com um sorriso aberto. Abaixou-se. — E você, doçura, qual seu nome?

— É Angie, tio.

— Você é um anjo, sabe? Seus pais escolheram muito bem o seu nome.

Roberto já suava frio. Laura apertou sua mão várias vezes, parecendo pedir pelo amor de Deus que ele não comentasse nada. Mateus deu um passo em direção aos vizinhos, provavelmente já antecipando que a noite terminaria muito mal, caso não preenchesse o enorme buraco cavado pelo meteoro derrubado no meio daquela cozinha.

— Parabéns pela casa tão bonita.

— Ah, o Lucas é o responsável por tudo isto aqui — interveio Marcos. — Tem um olhar clínico para garimpar verdadeiras pérolas em brechós e antiquários da cidade, né, amor? A gente divide bem as tarefas: cozinha, eu; decoração, ele; reparos gerais, eu; jardinagem, ele. Um bom segredo das relações duradouras.

— Ele é sempre assim, exagerado. — Lucas piscou na direção de Laura e Roberto. — E vocês?

— Eu... É... Sou a Laura e este é o Roberto.

— Muito prazer. — Lucas estendeu a mão a Roberto, que não se moveu.

Laura automaticamente o cumprimentou.

— Vamos servir? — perguntou Marcos, abrindo a porta do forno. — Mateus, me ajude aqui.

Todos se sentaram à mesa.

— Bem macia e saborosa a carne, Marcos — disse Laura ao provar.

— Ah, finalmente acertei. Vocês nos deram sorte.

As histórias da viagem pela Península Ibérica foram deglutidas por Roberto com a mesma dificuldade que a vitela, que descia arranhando as paredes de sua garganta e largava o gosto rançoso das mãos de Marcos temperando a carne. Foi monossilábico, não perguntou nada e a cada gargalhada dos vizinhos ele se ajeitava na cadeira. Os dois de mãos entrelaçadas sobre a mesa, ao fim do prato principal, foi a gota d'água.

— Agora, a sobremesa — anunciou Marcos. — Eu preparei um...

— Chega, é melhor a gente ir — interrompeu Roberto. — Minha pressão caiu.

— Sério? Amor, pegue rápido uma colherinha de sal — disse Lucas.

— Sal? Sou médico, faça-me o favor!

— Mas, papai, a gente nem...

— Agora, Angélica!

Ele puxou a esposa pelo braço e empurrou os filhos pelas costas.

— Roberto, a gente pode ajudar e...

— Não precisa. Muito obrigado pelo convite.

Ao entrarem de volta em casa, Roberto bateu a porta com violência. — Tanto tempo sem ninguém alugar a casa e tinha de ser justamente por duas aberrações? É muita falta de sorte. Muita. Falta. De. Sorte.

— Eu não tô acreditando que fizemos isso — disse Mateus.

— Nenhum pio! — gritou Roberto.

— Nunca senti tanta vergonha na minha vida!

— Uma pouca-vergonha desta exatamente no *meu* condomínio, na *minha* rua, e você vem me falar em vergonha, Mateus? Dois barbudos se esfregando ao lado da *minha* casa? Estes desgraçados estão me afrontando.

— O que eles fizeram de errado? Estavam na casa deles, a propósito.

— Ainda preciso explicar? — o grito saiu alto.

Laura não se atreveu a entrar na discussão. Angélica abraçou-a.

— Eles não estão fazendo absolutamente nada de errado, foram supergentis e se colocaram à disposição para qualquer coisa.

— E que tipo de... — Roberto fez sinal de aspas — "coisa" eu posso vir a precisar deles? Alguém consegue imaginar algo minimamente decente que estas duas "coisas" possam fazer de bom pra nossa família? — Ele deu um sorriso nervoso do próprio trocadilho infame. — Ha ha, poupem-me.

— Eles não nos destrataram em momento algum e...

— Não nos destrataram? Um chama o outro de "amor" na frente da minha família e isso é o quê? E a mãozinha dada sobre a mesa? Ah, eu devia ter desconfiado daquelas festas. Eu sei muito bem o que eles fazem lá...

— Diversão, agora, é proibido?

— Pronto, meu próprio filho defendendo gayzismo.

Mateus o encarou. — Inacreditável você dizer essa palavra.

— Não comece a ser politicamente correto, por favor.

— Só tô defendendo o direito de todo mundo ter a vida que quiser.

— Não no *meu* condomínio.

— O condomínio também é deles. Eles pagam o aluguel e a taxa? Pagam água, luz, telefone e os impostos?

— Eu não tenho preconceito nenhum, nada contra os gays, nada contra quem usa seu orifício infra-lombar para... você sabe, né? Mas não venham se esfregar à vista da minha família.

— O que é orifício infra...

— Nada, meu amor — interrompeu Laura.

— Eu adorei os dois, papai, achei superlegais.

Roberto afinou a voz. — Quanto mais cores tem a vida, mais divertida ela é. — Engrossou novamente e apontou o indicador na direção da casa vizinha. — E aquele monte de símbolos de crendices?

— Isso prova que são viajados, nada mais — retrucou Mateus.

— E o pior, trazendo bicho de rua pra empestear a vizinhança.

— Meu amor, se acalme. — Laura tentou baixar a temperatura.

— Você ouviu bem as palavras: ele, ou ela, estava — Roberto fez novamente sinal de aspas — "tentando" um prato que nunca tinha acertado. Isso bem demonstra a falta de caráter da pessoa.

— Eu gostei — comentou Angélica.

— Meu Deus, Roberto, você está procurando motivo pra reclamar.

— Quinhentos paus a garrafa. Quinhentos! Mateus, volte lá e pegue a porcaria o vinho.

— Jamais, não vou me submeter a isso.

— Papai, eu achei eles uma família muito...

— Família? — gritou Roberto. — Família é quando tem um homem e uma mulher, com ou sem filhos. Ponto final. Se alguém mudar a Constituição, daí eu falo das outras famílias. Até lá, vou acreditar só na família tradicional.

— O que é Constituição?

— Nada importante, Angie — disse Laura. — Depois a mamãe te explica.

— Papai, minha amiga falou que o importante é o amor entre as pessoas. Não é?

— Nem se atreva a pensar em achar normal, Angélica! Cala a boca, aquilo é uma anomalia.

Angélica começou a chorar. Laura foi com a filha para a sala de TV. Mateus, para o quarto. Roberto, para uma dose dupla de uísque.

24
MATEUS

Mateus bateu a porta e se jogou de bruços na cama, o travesseiro por cima da cabeça. Boca grudada no colchão, soltou um berro.

Do interior daquela redoma coberta com tinta a ódio diluída em hipocrisia, o pai nunca enxergaria que a força da humanidade estava justamente nas diferenças entre as pessoas. Se Roberto aparecesse ali, Mateus regurgitaria todas a mágoa engolida tantas vezes calado embaixo do chuveiro e provaria, na ótica torta de um homofóbico clássico, seu retumbante fracasso como pai. Deixara de estar onde seu coração pedia para, mais uma vez, satisfazer a necessidade de autoafirmação social de Roberto e Laura, a coisa mais tosca com a qual alguém poderia se preocupar na vida. Aquele maniqueísmo, aquele zero e um, a obrigação de se mostrarem pessoas ungidas, como se, de fato, houvesse uma separação entre *nós* — os sempre certos — e *eles* — os ignorantes —, tudo aquilo chegava a lhe dar nojo.

O perfil de Nuno no Instagram era o lugar onde Mateus desejava morar. Desintegrar-se, desaparecer do mundo, reduzir-se a bits e bytes, penetrar no universo de cada imagem e se confundir com cada traço. Tornar-se um. Sentir cheiros e sons, banhar-se em cada gota de suor das fotos dentro das quadras de handebol, encaracolar-se nas mechas encaracoladas de Nuno e se verdejar no verde dos olhos mesclado ao verde dos mares claramente editados para parecerem ainda mais esverdeados. Nunca tinha curtido nem uma foto sequer dele; curtir fotos era o código da modernidade para demonstrar interesse por alguém. Ser nada além do professor preferido teria para sempre o gosto amargo de uma derrota que nem todas as curtidas do mundo seriam capazes de superar. Gastou bom tempo em fotos que já conhecia de cor. Telefonou para Nuno, na esperança de reconsideração quanto ao programa da noite. Experimentar pela primeira vez a erva pareceu altamente tentador, talvez até se enchesse de coragem para fazer e dizer o que a caretice impedia. Nuno não atendeu. Ligou para Marcela, que também não atendeu. Estranhou. Sobrou Espiga.

"Tá de bobeira?"

"Sempre."

"Preciso sair, o ar da minha casa tá me sufocando."

"Podrão?"

"Vou ligar pra Badu."

Saiu sem se despedir de ninguém. Deteve-se diante da casa vizinha, adoraria ter ficado mais tempo lá. A gata, em frente à porta principal, perscrutava-o tal qual um juiz a condená-lo por fazer parte de uma família com f minúsculo. Mateus sentiu vergonha até do bicho. Olhou para o outro lado da rua e seguiu adiante.

Podrão era como os Excluídos rebatizaram o bar Porão, em razão da cerveja barata, dos pratos de aparência duvidosa e do gosto musical do DJ residente — o bêbado e folclórico tio do dono, a cara do Ringo Starr —, especialista em tocar as músicas mais chatas de todos os tempos. Copos de requeijão, mesas de madeira descascadas, paredes de azulejo e quadros com frases de canções de protesto, a combinação explosiva tornava nula a chance de aparecerem os playboys da cidade, num ambiente altamente tóxico para quem procura azaração e músicas da moda. Por todas essas qualidades, o local, no alto de um morro e com vista para a linha do horizonte, fora escolhido como ponto de encontro oficial dos Excluídos.

Para uma sexta-feira, o lugar estava tranquilo. As caixinhas de som, pródigas em frequências médias e chiados, tocavam *A Horse With No Name* e o DJ batia a cabeça por detrás das *pick ups*. Em transe, balançava um copo longo com algo vermelho dentro. Mateus e Espiga chegaram praticamente juntos.

— O que tava te sufocando? — Espiga juntou duas cadeiras e se estirou.

— O quê, não. Quem. Meu pai, pra variar.

— Qual a última?

— Um casal gay se mudou exatamente para a casa ao lado da nossa. Você nem imagina o que meu pai fez... — Mateus descreveu em detalhes seu "momento mais vergonhoso da vida".

O garçom colocou sobre a mesa os chopes e uma porção de Criaturas da Areia, prato preferido dos Excluídos, feito de bolas de carne-seca escondidas na farofa.

— Você já perguntou ao seu pai por que toda esta raiva de gays?

— Pra dar chance de ouvir o que não tô a fim?

— Aposto que algum deu em cima e ele gostou. — Espiga sorriu e espetou uma criatura da areia.

— Já pensou? — Mateus gargalhou.

Sthéfanny chegou, puxou a cadeira com força e se sentou.

— Nossa, Badu, tô até com medo de perguntar — comentou Mateus.

— Eu dou a resposta: familiares que se odeiam por política. Todo dia tem uma briga no grupo, ninguém se entende. Bendita hora em que vocês me ligaram. Tô de saco cheio.

— Bem-vinda ao clube. — Espiga ergueu o copo. — Metade da minha família não fala com a outra metade. Um dia quase saíram no tapa numa festa de casamento, porque meu tio encheu a cara e tentou convencer o resto da turma de que a Terra é plana com um experimento: jogou cerveja num prato e numa bola de queijo e disse: "Me digam qual dos dois objetos reteve a cerveja".

— Ô preguiça!

— Minha prima de treze anos fez uma explicação didática, mas a convicção do meu tio nem se abalou.

— Se Pitágoras, Aristóteles, Galileu, Copérnico, Kepler, Newton e Einstein foram incapazes de convencer seu tio, não será sua priminha.

— Pra você ver o nível de loucura da turma.

— Ih, Terra plana é nada quando você tem parentes contra vacinas e eles infestam o grupo com teorias da conspiração. — Sthéfanny fez uma voz sombria: — Vão implantar um chip no seu céééérebrooo, vão controlar sua meeeente. — Ela retornou a voz ao normal. — Tá bom pra vocês?

— Desisto, você ganhou de goleada. — Espiga apontou para ela.

— Saí de todos os grupos, é muita energia negativa.

— Daí pra começarem a queimar livros é um pulo.

— Sabe aquele papo de a gente viver experiências memoráveis antes do fim do ano? — Sthéfanny tomou um gole do chope do Espiga. — A minha seria fugir pra uma ilha deserta e deixar um bilhete na geladeira com a palavra "Fui".

— É um problema mundial, só mudaria o lugar do sofrimento. Em dois tempos apareceria um náufrago nesta ilha só pra discutir. Melhor seria mudar de planeta.

— Uma nova arca de Noé.

— Uma nave de Noé.

— Do jeito que vai a coisa, metade da humanidade ia brigar com a outra metade pra se sentar na janela dentro da nave.

— O mundo não precisava passar por isso.

— É.

— Pode crer.

Durante um tempo caçaram em silêncio criaturas na areia. Sthéfanny retomou:

— E vocês, qual experiência memorável gostariam de viver antes do fim do ano?

— Uma namorada — Espiga foi rápido. — Mas isso não vai acontecer, já me convenci.

— O Nuno... — Mateus olhou para o teto. — Também não tenho esperanças.

— Pessimistas. — Ela sinalizou um chope ao garçom.

Os alto-falantes começaram a tocar *Don't Worry Be Happy.*

— Ringo Starr nunca decepciona... — comentou Mateus e os outros dois concordaram prontamente.

25
LAURA

Laura se deitou sem dar boa noite a Roberto, após acalmar a filha e velar algum tempo seu sono ainda perturbado por soluços. Àquela altura, o marido já devia estar com a cara enfiada em doses sequenciais de uísque, resmungando impropérios para justificar sua atitude mais cedo. Por mais que não se surpreendesse com o ocorrido, pois o conhecia suficientemente bem para saber que ele jamais engoliria a humilhação de ter como vizinhos um casal gay, achou a cena constrangedora e deselegante acima do limite. Se não precisavam conviver intimamente, e ela também preferia não conviver, pelo menos não fizessem deles inimigos.

Havia, porém, algo mais importante com o qual ela andava preocupada. Segurou firme o crucifixo pousado sobre o criado-mudo e emendou uma oração atrás da outra, na vã tentativa de eliminar as cenas que ocupavam sua mente desde o fim daquela mesma tarde, na copa do escritório.

26
NAZARÉ

Mateus entrou na cozinha logo cedo, arrastava os pés. Nazaré secava um copo.

— Fruta, iogurte natural e suco... — resmungou ele. Jogou-se na cadeira, cabeça para trás e olhos fechados. — Não, eu preciso de gordura, daquela de entupir veia e não passar nem pensamento.

— Seu pai vai chiar se entrar na cozinha e sentir cheiro de fritura logo cedo.

— Foda-se o meu pai.

— Desculpa, não tá mais aqui quem falou. — Nazaré guardou o copo. — Ovo frito?

— Ah, esquece. Naza, sente-se aqui comigo. — Mateus puxou uma das cadeiras.

— Seu pai também vai chiar, não vou estragar meu fim de semana.

Ele jogou iogurte sobre pedaços de maçã cortados numa cumbuca e mexeu lentamente. — Você já reparou que seu fim de semana é igual ao seu meio de semana, que é exatamente igual a todos os seus meios e fins de semana da vida? Você só trabalha, Naza. Arruma, serve, limpa, seca, limpa, serve, arruma, seca e limpa o que vai secar, arrumar, limpar e servir de novo. Não acha isso uma vida sem sentido?

Nazaré pegou outro copo e esfregou o pano de prato. — Eu sei o meu lugar e até onde eu posso ir.

Mateus mirou-a por um tempo, franziu a testa. — Sabe nada. Você pode chegar onde quiser.

— Se eu tivesse a sorte de não nascer numa família pobre seria mais fácil.

— Ok, a culpa não foi sua. A pergunta, então, é: o que vai fazer pra mudar isso?

— Acha que é fácil, seu Mateus? Eu sou parte da gente que é invisível pro mundo.

— Invisível, nada. Eu não tô te vendo bem aqui na minha frente?

— Vixe, o senhor não faz ideia de como é miserável o lugar de onde eu vim e como o povo lá nasce tudo invisível. Lá, migalha é refeição. Tem gente que passa a vida toda sem nunca ter nenhuma consideração dos outros, entende?

— Pois com você pode ser diferente.

— É?

— É. Comece nunca mais me chamando de *seu* Mateus, nem de senhor, por favor. — Ele massageou as têmporas.

— Hoje você acordou bravo. — Nazaré riu.

— Adivinhe por quê...

— Ouvi os gritos ontem à noite.

— Nunca senti tanta vergonha.

— Olha, seu Mateus. — Pela fresta da porta, ela conferiu que não vinha ninguém.

— Mateus — ele corrigiu.

— Semana passada o seu Lucas, o vizinho novo, veio pedir uma xícara de açúcar. Um amor de pessoa, a gente conversou um pouco. Mas eu logo pensei: vai dar problema com o seu Roberto.

— Meu pai não tem que aceitar ou deixar de aceitar porra nenhuma. Ele pensa que é dono do mundo? — Mateus travou os dentes.

Nazaré secou mais dois copos devagar, respirou fundo e confessou, num tom quase inaudível:

— Eu... Sei tudo que o senhor sente.

Mateus segurou a colher no ar.

— Lá na minha cidade, um amigo também passava o que o senhor passa.

Os dois se encararam por algum tempo.

— Ninguém faz a menor ideia do que eu passo ou sinto.

— O senhor pode até tentar esconder, mas...

— Vamos mudar de assunto.

— Quando o senhor, você, quiser conversar, eu tô aqui.

Mateus colocou a colher na boca e lançou um olhar fixo em Nazaré, que pôde percebê-lo concordar levemente com a cabeça. Angélica entrou na cozinha esfregando os olhos.

— Veja só quem acordou — disse Nazaré, com uma voz maternal. Pegou a menina no colo e a colocou na cadeira.

— Naza, eu mesmo vou fritar um ovo pra Angie e empestear esta cozinha de gordura. Se alguém vier reclamar, manda conversar comigo. Ela precisa de proteína pra ficar inteligente. — Virou-se para a irmã e disse: — Cadê meu "bom dia"?

— Bom dia, Teus. — A pequena bocejou e ganhou um beijo demorado.

A conversa com Mateus e a força do abraço da menina fizeram, ao menos naquela manhã, Nazaré se sentir parte de um mundo que a vida insistia em provar que não lhe pertencia.

27
LAURA

A lasanha de todo sábado encontrava um prato vazio sobre a mesa.

— Cadê o Mateus? — perguntou Roberto.

— No quarto, não está se sentindo bem — respondeu Laura.

— Espero que não seja por causa do ultraje que os vizinhos nos impuseram ontem.

— Senhor, abençoe o alimento que colocas em nossa mesa, para que, nutridos, possamos servir-te e amar-te. — Laura serviu o prato do marido e passou a servir o de Angélica. — Na minha opinião, nós devemos desculpas a eles, porque...

Roberto largou os talheres, encarou a esposa por longo tempo e foi para o quintal. No caminho, puxou o guardanapo de pano preso à gola, amassou e o atirou no espelho da sala.

— O que é ultraje, mamãe?

— Nada, meu amor. Depois a mamãe te explica. — As mãos tremiam.

Plim Plim Plim.

— Nazaré, lave tudo e vamos dar uma volta no parquinho com a Angie. Prepare um suco de laranja.

O flamboyant carregado de flores alaranjadas sombreava os pensamentos de Laura, que observava como a filha e a empregada interagiam de um jeito natural, num pega-pega divertido que, ao contrário das tantas vezes com Mateus, ela e Roberto pouco haviam dedicado à filha. Outras coisas vieram em primeiro plano: escritório, consultório, mestrado, congressos, processos, cirurgias, festas no clube e reuniões da igreja, mas, principalmente, os políticos que eles tanto odiaram e, nos últimos anos, levaram-nos a dedicar boa parte de suas energias à doutrinação de amigos e familiares, na tarefa de derrotar os inimigos da família tradicional. A missão assumida por todos os casais que moravam no condomínio, de impedirem que o país seguisse rumo à extinção da moralidade e, assim, garantirem o futuro seguro dos filhos, roubara preciosos momentos de convivência com Angélica. Mas, como bem dizia Roberto, se o preço a pagar havia sido a pouca conexão com a filha, um dia ela compreenderia que fizeram por um bem maior. E perdoaria.

Uma notificação no WhatsApp interrompeu as reflexões, um número ausente em sua lista de contatos.

"Bom dia, Laura. Acredito que, por este canal, poderemos agilizar nossas colaborações do escritório."

O processo de compreensão da mensagem foi lento. O tratamento informal e o emoji de sorriso ao final pareciam extrapolar o contexto profissional. Dedo nervoso por cima do celular, ela vacilou sobre responder ou ignorar. Franziu a testa e digitou:

"Oi, Eduardo. Que bom que poderemos."

Corrigiu:

"Oi, Doutor Eduardo. Pode ser."

Apagou e digitou, por fim:

"Agradeço por adicionar, Doutor Eduardo Bianchi."

Salvou o número em sua agenda de contatos, como Advocacia Bueno&Scorzzini.

28
LUCIANA

Das inúmeras qualidades de Jorge, o filé ao molho de mostarda era a número um. Naquela noite de sábado, o risoto ao alho-poró brigaria pelo primeiro lugar, se cumprisse em sabor a promessa do cheiro. Enquanto ele regava com o brodo italiano, Luciana abria um rosé sul-africano e Alice, deitada no chão, coloria uma folha. Marcela entrou na cozinha, provou o risoto com uma colherinha.

— Pena eu não jantar aqui.

— Vai sair? — perguntou Luciana.

— Com uma pessoa.

— Hum... E essa pessoa tem nome? É a mesma de ontem?

— Ô, mãe enxerida. — Marcela riu. — Aliás, me deem licença, vou tomar banho e me arrumar.

— A cada dia a gente perde os filhos um pouco... — suspirou Luciana.

— É o ciclo da vida. — Jorge entregou a colher de pau a ela. — Mexa aqui, enquanto vejo se chegou o e-mail de um fornecedor.

— Sábado à noite? — O semblante caiu.

— Jogue o caldo aos poucos e mexa. Não deixe secar — orientou ele e saiu para a sala com o celular.

— Que desenho é este, meu amor? — perguntou Luciana.

Alice mostrou a folha. Uma família formada por uma mãe, dois pais, uma adolescente e uma menininha, todos de mãos dadas. O intrigante da imagem era Jorge e Rafael com os mesmos altura, roupas e cabelos, embora na vida real Rafael fosse mais alto e mantivesse constantemente a barba por fazer, mais por estilo do que por desleixo.

Em pouco mais de dez minutos, Jorge retornou à cozinha. — Tudo certo.

— Finalmente vai ser só meu esta noite?

— De mais ninguém.

O perfume doce de Marcela preencheu o ambiente algum tempo depois. De cabelos molhados e vestido justo, ela se despediu e saiu porta afora.

— Mas é linda esta minha filha.

— Puxou a mãe — devolveu Jorge, com um beijo em sua nuca. Pegou a colher de pau e finalizou o risoto.

29
ROBERTO

Na mesma noite, Roberto desceu as escadas com as mãos na cabeça. — Porra, eu não acredito nisso. Dois carros acabaram de estacionar em frente aos vizinhos.

— E...? — retrucou Laura, sentada diante da TV.

— Não é possível outra festa. — Ele andava em círculos. — As bonecas não leram a merda do estatuto?

— Se leram, sabem que é permitido festa sábado à noite. É uma briga inútil, Roberto, só vai trazer desarmonia pra dentro da nossa casa.

— Em que mundo você vive? A harmonia do condomínio desapareceu no exato instante em que os dois se mudaram pra cá. Se começar o barulho eu vou lá, só digo isso.

— Quanto mais você se preocupar com nisso, mais vai se aborrecer. Melhor deixar pra lá, porque...

Roberto puxou o controle da TV da mão de Laura, aumentou muito o volume e passou a zapear entre os canais. Não queria ouvir ponderações da esposa. Na verdade, preferia que ela tomasse um chá de sumiço. Não fosse para apoiá-lo, não viesse abrir a boca com argumentações sobre aceitação de coisas impossíveis de serem toleradas. O olhar fixo na televisão era a senha para ela cair fora dali. Assim foi. Laura podia ser a melhor advogada do planeta, mas jamais conseguiria confrontá-lo a respeito de temas cujo posicionamento dentro de casa já estava definido.

— Ah, quer saber? — Roberto desligou a TV poucos minutos depois.

O calor subia do peito ao rosto, ele precisava de ar fresco. Pegou a revista semanal e saiu para o quintal. Deitou-se numa espreguiçadeira ao redor da piscina, para decifrar os barulhos produzidos do lado de lá do muro. Incrivelmente, o casalzinho estava até comportado. Sobressaíam apenas sons de copos, talheres e risadas altas e histéricas.

— Por que todo viado ri de forma espalhafatosa? — resmungou e prosseguiu com uma voz fininha: — Claro, não podem agir como pessoas normais e decentes.

Uma falsa demonstração de alegria, arquitetada com a sordidez de um insulto explícito. Roberto, um leão rodeado por hienas; Marcos e Lucas, rejeitados pela sociedade, duas aberrações pródigas em atazanar um vizinho educado à base de sólidos valores familiares. Vieram morar ao lado de gente honrada, gente que não aceitaria aquilo de forma pacífica. Os dois não faziam ideia da própria estultícia ao escolherem justamente o Diamond Garden para viver. Passou a folhear a revista. Os mesmos e velhos conteúdos, nem sabia o porquê de ainda manter a assinatura. Uma matéria de quatro páginas, todavia, chamou sua atenção. Sobre o novo Diretor-Geral do hospital mais conceituado da França, um cardiologista de ponta e referência mundial, à frente de uma importante pesquisa sobre a utilização de anti-inflamatórios após o infarto do miocárdio, com sucesso na redução de riscos de morte cardiovascular e parada cardíaca. Uma ótima notícia, não para Roberto. Ele bem conhecia aquele médico, aquele maldito médico. Amassou a revista e a jogou longe.

— Só me faltava essa, agora. — Travou os dentes.

Acessou a GentilezaOnline para conferir as novas bobagens publicadas. Uma postagem sobre feminismo, e aí, sim, o sangue ferveu.

DoctorBob GentilezaOnline
"Homens, abracem a causa feminista?".
Que idiotice é essa? É a favor da igualdade?
Então seja coerente e brigue pelo
alistamento militar obrigatório das
mulheres, seja contra a mulher se
aposentar mais cedo e contra a licença-
maternidade de seis meses, lute para
acabar com as Delegacias da Mulher
e, claro, quando precisar abrir um pote de
maionese não venha chamar um homem
pra fazer o serviço.
KKK
Ser mulher já tem vantagens demais,
não é possível você não perceber. Esse
papinho aí eu chamo de Femimiminismo.

Praticamente uma droga de efeito imediato, um comprimido para combater a doença dos discursinhos rasos e sem embasamento. Em pouco tempo, vários comentários de seguidores bateram forte. Roberto não teve dúvidas e encerrou a participação no debate:

> **DoctorBob**
> Mulher decente, como a minha, entende
> e respeita o papel de seu homem.
> Não vou perder meu tempo discutindo
> com feminazis.

Naquela noite, Marcos e Lucas não perturbaram, restringindo-se às risadas histéricas. Aparentemente, um progresso. Para satisfação de Roberto, deviam ter entendido o recado.

Às três da manhã, ao se virar de um lado para outro na cama, ouviu um som estridente. Levantou-se no susto e foi até a janela confirmar a suspeita: a gata, sentada no muro entre as duas casas, miava justamente em direção ao seu quarto. Roberto travou os dentes e acordou a esposa com um cutucão.

— Oi? — resmungou ela.

— Não tá ouvindo?

— O quê?

— A gata vira-lata dos vizinhos. Agora a gente não dorme mais.

— Ah, nem dá pra ouvir. — Laura se virou, puxou a coberta e apagou.

Roberto se manteve acordado para ver até que horas miaria a maldita. Quanto mais robustos os elementos para comprovar a impertinência da presença dos vizinhos no condomínio, melhor.

Relatório do Inquérito nº 1008451/21 – pág. 13

Transcrição de trecho do depoimento da primeira testemunha a chegar ao local

"Se eu ouvi algum barulho ao chegar lá, doutor?" (*Testemunha, nitidamente abalada e balbuciando frases desconexas, solicita a interrupção da gravação. Gravação retomada após o intervalo de quinze minutos.*) "Algum barulho? Sim, aquele miado fino, parecendo um berro de dor vindo das entranhas. Eu nunca vou esquecer daquele miadinho, doutor, nunca".

30
LAURA

O Country Club era a segunda casa dos D'Albuquerque Ramos. Sócios por mais de vinte anos, praticamente toda a vida social do casal girava em torno das piscinas, quadras e salões onde aconteciam os bailes organizados pela diretoria de eventos. Os quatro anos em que Roberto presidiu o Conselho Diretor, tempos de glória, angariaram prestígio. A implantação do sistema de bolas pretas, brancas e vermelhas para admissão ou rejeição de sócios foi a medida memorável, merecendo elogios de todos os que partilhavam da exclusividade da lista de sócios do Country. Todo domingo cedo, a família carregava o porta-malas com o necessário para passar boa parte do dia: a *squash bag* de Roberto, a bolsa térmica de Laura com o espumante e uma taça imersos em gelo, a mochila de Angélica com cremes, roupas e brinquedinhos para Nazaré se ocupar integralmente da menina e o casal relaxar com os amigos. A empregada, claro, vestia o uniforme branco e a touca sobre os cabelos presos, imposição da diretoria para segregar visualmente sócios e criadagem, possibilitando aos seguranças a delimitação dos locais a serem acessados, especialmente a piscina. Mateus, por sua vez, desistira de frequentar o clube, mesmo sob protesto dos pais, que achavam importante o ciclo de amizades do filho ser composto prioritariamente por gente influente e de boa família.

Roberto seguiu para o setor das quadras de squash, atrasado para uma partida do torneio interno; Nazaré e Angélica, para a área das piscinas; Laura, para o gramado próximo ao bar e longe da algazarra das crianças, ponto de encontro dos casais de amigos de longa data. Esposas numa mesa, maridos em outra.

— Laura, querida — gritou a esposa do dono do hotel-fazenda, levantando a taça de espumante. — Finalmente chegou a atrasadinha. Vamos fazer a primeira *selfie* de domingo.

Laura imprimiu uma corridinha em passos curtos e se posicionou por trás. Segurou a taça junto da esposa do empresário do setor de óleo e gás. As quatro fizeram um biquinho e a foto foi feita. O privilégio de participarem daquele universo glamoroso foi concretizado na hashtag #VidaDifícil das postagens imediatas. A esposa do dono do hotel-fazenda deu batidinhas com o anel em sua taça e anunciou:

— Falei com meu marido e vocês estão convidadíssimas para irem ao nosso hotel no próximo fim de semana. Com as respectivas famílias, claro.

— O hotel só para nós? — perguntou a esposa do empresário do setor de óleo e gás.

— Exclusividade é tudo, né, meu amor? Se não, de que adiantaria conhecer os donos? Ah, um pedido importante: nada de serviçais — reforçou a anfitriã. — Já dispomos de todo o serviço necessário.

— Ouviu, né, Laura? — A esposa do cardiologista sócio de Roberto riu. — Nada de levar a babá da Angie. Não quero gastar o fim de semana administrando pra onde meu marido olha.

— Um corpo daquele, minha filha, é pra dar dor de cabeça — corroborou a esposa do dono do hotel-fazenda. — Não sei como você fica relaxada em casa.

— Ah, o Roberto não é disso.

— Sortuda!

— A propósito — interveio a esposa do empresário do setor de óleo e gás —, tenho uma ótima recomendação de empregada. A dona Geralda é da igreja, gente competente e de família. Se souberem de alguém que precise, me falem e...

Assuntos rotineiros, as próximas viagens ou a última fofoca a respeito dos sócios do clube, nada capturou o interesse de Laura. A ausência de contato do novo advogado era compreensível, pois, em tese, aos finais de semana ninguém se ocuparia de processos. Mas quem teria fornecido a ele o número de seu celular? Uma notificação no WhatsApp então soou e ela saltou em direção à bolsa, derrubando sua taça no gramado.

— Nossa, quanta fúria — comentou a esposa do dono do hotel-fazenda. — Tá tudo bem?

— Coisas urgentes do escritório.

A mensagem, contudo, não vinha de Eduardo, mas de Luciana, uma das mães do grupo da escola. Um convite para Angélica passar a tarde da segunda-feira na companhia de Alice, uma das coleguinhas. Embora preferisse a filha nos limites da segurança do condomínio, Laura autorizou. As oportunidades de ficar no escritório durante o horário de almoço eram quase nulas e surgia a chance para debater algum caso mais complexo. Com o novo advogado, claro.

— Você trabalha demais, Laura. Podia diminuir o estresse. Você e o Roberto têm dinheiro de sobra pra ficarem em casa até morrer.

— Tenho muita gente pra ajudar ainda.

— Laura e seus ideais...

— Quem não os tem? — A esposa do empresário do setor de óleo e gás levantou sua taça.

— O meu é terminar a vida numa cobertura em Nova York — retrucou a esposa do cardiologista sócio de Roberto.

— Mônaco.

— Paris.

Laura sentiu um cutucão. — E você?

— Eu o quê?

— A cidade?

— Ah, não sei. Nunca pensei nisso.

— Diga uma.

Ela voltou a mirar o infinito. — Veneza.

31 ROBERTO

A *squash bag* caiu com força no gramado ao lado da mesa dos maridos. Roberto se sentou, tirou os tênis e os trocou por um par de chinelos.

— Ih, Robertão tomou uma lavada — comentou o cardiologista, seu sócio na clínica.

— Três a zero, fora o baile.

O empresário do setor de óleo e gás coçou a barriga caída por cima da sunga e bateu na mesa. — Toma uma cerveja e relaxa. Não se ganha todas.

— Como se já não me bastasse a derrota da minha noite de sexta.

— Ué, você saiu do trabalho todo animado. Não ia jantar nos vizinhos? — perguntou o cardiologista.

— Pra você ver como podemos ir do céu ao inferno em poucas horas.

O garçom colocou sobre a mesa um balde com *long necks* imersas em gelo e um prato de carpaccios. Filé mignon de corte nobre.

— Vocês não imaginam como foi o maldito jantar. Previsível, considerando a verdadeira pu-ta-ri-a que são as festas naquela casa.

O grupo ficou em silêncio, à espera da continuação.

— O casal vizinho é uma aberração.

— É o que eu tô imaginando?

— Do tipo que um chama o outro de meu amor.

O dono do hotel-fazenda abaixou a voz e olhou de soslaio para a mesa das esposas. — Fossem duas mulheres, você teria tirado a sorte grande. Já pensou?

O empresário do setor de óleo e gás gargalhou. — Robertão agora é vizinho da gaiola das loucas? — Levantou a garrafa e propôs: — Um brinde à desvalorização-relâmpago do seu imóvel.

— Não tem nada mais nocivo para um empreendimento do que duas bichinhas morando ao lado. Eu, se fosse você, me mudava pra um lugar onde o ar é mais puro.

— Aquele é o *meu* condomínio, sou praticamente fundador. *Eu* vou prejudicar toda a *minha* vida por conta de quem não sabe o seu devido lugar?

— E qual a solução?

— Minha vontade é de, na próxima festinha deles, dar uns tiros pro alto pra ver se desconfiam.

— Um bom susto é um santo remédio.

Pegaram lâminas do carpaccio descansadas sob lascas de grana padano.

— Adotaram, veja só, uma gata de rua cheia de bicheiras na pele. A propósito, minha derrota hoje esteve diretamente relacionada ao fato de a desgraçada miar na minha janela até cinco da manhã.

O dono do hotel-fazenda, em meio a um gole de cerveja, engasgou com uma gargalhada. O empresário do setor de óleo e gás deu tapas em suas costas.

— Já imaginou? Dois barbudos de mãos dadas, passeando alegres e saltitantes com a bichana pelas alamedas do Diamond Garden? Como é que, de repente, sua filha de sete anos vai chegar pra você e dizer: "papai, eu vi dois homens se beijando aqui"?

— Vira essa boca pra lá. — Roberto bateu três vezes na madeira da mesa. — Não vou discriminar, mas se eu vir os dois se beijando na rua, vou bater. E sabem o pior? São um loirinho e um crioulo.

— Quando você acha que já chegou ao fundo do poço...

— Esse, sim, um comportamento inadequado.

— Estamos sob ataque. Nossas tradições e modo de vida estão em risco.

— Agora, em todo lugar a gente se sente um estranho.

— Como vai ser o dia em que o homem branco e hétero for minoria?

— Preparem seus filhos, porque, do jeito que vai, não demora nada pra isso acontecer. Aposto que daqui a pouco vai ter empresa fazendo seleção exclusiva pra gente de cor ocupar espaços de chefia, vão vendo.

— Vamos precisar instituir o Dia da Consciência Branca.

— Vidas brancas importam.

— Na minha humilde opinião, até mais.

— Querem saber? As minorias que se dobrem às maiorias. Se não se adequarem, desapareçam.

— O problema, sabe qual é? Sistematicamente tentam acabar com a meritocracia, inventando cota pra tudo.

— No meu entender, quem se utiliza de cotas já atestou a incompetência.

— Trabalhar duro e se esforçar ninguém quer, né?

— Parasitar é sempre mais fácil.

— Eu jamais teria coragem de entrar num avião pilotado por um cotista. Já pensaram no risco?

— Ah, lá na clínica este é o primeiro critério da entrevista para seleção de novos médicos: entrou por cota, tá fora. — Roberto bateu várias vezes a ponta do indicador na mesa. — Não dá para nivelarmos por baixo. Como vamos vender um bom serviço se nós mesmos não fizermos o corte da competência? Depois um paciente morre na mão de um sujeito deste, hipótese nada improvável, e como fica? A clínica toma um processo e já sabemos quem vai ter de arcar com o custo.

— Não sou racista, Roberto, mas a coisa tá preta na sua vizinhança — disse o cardiologista.

— Longe de mim ser preconceituoso — interveio o empresário do setor de óleo e gás —, só que o Diamond Garden acaba de entrar pra lista negra dos condomínios.

— Isso é o que eu chamo de — o dono do hotel-fazenda fez sinal de aspas — "denegrir" a imagem de uma comunidade ordeira.

A gargalhada foi geral. Cada um pegou um carpaccio, que estava especialmente bem temperado, ao ponto de serem notadas tonalidades mediterrâneas nas alcaparras.

— Mas e aí, Roberto, o que você faria se sua filha se apaixonasse por um negro? — perguntou o dono do hotel-fazenda.

— Não vou discutir promiscuidade, minha filha tem uma educação de primeira linha.

A aprovação da resposta foi unânime.

— Se nenhuma pessoa da minha família foi buscar navio negreiro na África, não vou ter dívida com esse pessoal. Não tenho e não vou aceitar, só porque tem cara de coitadinho.

— Roberto, precisa mudar isso daí, tá ok? Se fosse eu, dava um jeito de impor restrições à circulação das bonecas nas áreas de convivência.

— Boa ideia, vou convocar uma reunião do Conselho do condomínio. A não ser uma velhinha quase morta, todos os membros têm filhos na idade da Angie. Vamos mostrar ao — Roberto repetiu o sinal de aspas — "casalzinho" que não são bem-vindos ali.

Nazaré chegou de mãos dadas com Angélica.

— Seu Roberto, licença. A Angie pode tomar picolé?

— Pode. — Roberto deu um beijo na filha. — Vá lá, minha linda.

— Obrigada, papai. — A menina saiu em disparada.

Tão logo Nazaré se virou e foi atrás da menina, o cardiologista abaixou a voz:

— Mas essa sua empregada, hein?

— Minha mulher jamais deixaria eu ter uma desta em casa — comentou o empresário do setor de óleo e gás.

Roberto conferiu a distância segura de Laura. — Um dia a pretinha não me escapa.

Gargalharam outra vez, bateram os copos e voltaram a se concentrar no carpaccio, de fato supremo no quesito picância da mostarda de Dijon.

No início da noite, Roberto, Laura e Angélica chegaram ao templo, a tempo de pegarem a primeira fila diante do belo palco todo em mármore. Ao fim da pregação do pastor, palavras muito bem ditas sobre a importância do perdão, a banda atacou louvores com a competência e a afinação habituais. Diante das letras no telão ao fundo do palco, Roberto e Laura cantaram em agradecimento por suas vidas prósperas e cada uma das tantas graças alcançadas.

32
MARCELA

— Marcela, Marcela, chegou pra você.

Marcela se revirou na na cama. Alice trazia um buquê de rosas e empurrava a irmã com o corpo. — De quem é? Quem mandou? Você tem namorado?

— Deixa de ser enxerida. Me dá isso aqui.

“Você está me deixando louco”, dizia o cartão. Dispensava assinatura, obviamente. Marcela se manteve encolhida debaixo das cobertas e das imagens das noites de sexta e sábado. Sorriu.

— De quem é? Quem mandou? Você tem namorado?

— Nossa, você tá parecendo um arquivo com defeito. — Ela puxou a irmã para cima da cama e começou a beijá-la. — Não é de ninguém.

— Eca, me larga! A mamãe mandou você levantar, lavar o rosto e ir almoçar.

— Vou só tomar uma chuveirada. — Deu um beijo na irmã e apertou suas bochechas.

Luciana e Alice já haviam iniciado os trabalhos com a sobra do risoto. Jorge apareceu logo depois.

Marcela se sentou à mesa. — Foi mal a demora no banho.

— Pra quem chegou de madrugada duas noites seguidas, você tá com a cara ótima.

— Agora deu pra vigiar meus horários, dona Luciana?

— Considerando o barulho que você fez, impossível não saber a hora. Bebeu?

— Um pouquinho.

— Tá tudo bem?

— Por que não estaria?

— Não sei, só perguntando. Você não é de beber...

— Relaxa, mãe. Já sou bem grandinha pra saber diferenciar o certo do errado. — Marcela provou o risoto e olhou de soslaio para Jorge. — Arrebentou, tá uma delícia.

— E as flores, de quem são?

Marcela gargalhou. — São minhas, ué.

"Pôr do sol no Podrão?". A mensagem encaminhada por Mateus no grupo dos Excluídos foi respondida prontamente por todos, à exceção de Marcela, tomada por um mal-estar instantâneo. Relutou, mas cedeu. O grupo era mais forte com ela, sempre seria.

Marcela entrou no Podrão ao som de *Shiny Happy People*, do R.E.M, capaz de colocar no rosto dos poucos clientes uma tristeza de dar pena. A garoa e o céu nublado frustraram os planos do pôr do sol. Ainda assim, Mateus, Espiga, Sthéfanny e Dado davam risadas ao redor de garrafas pela metade, de um prato de mandioca e outro de criaturas da areia.

— Ei, Marcela, onde você tava na sexta à noite? — Mateus franziu a testa. — Liguei, mandei mensagem e até sinal de fumaça.

— Eu... Ah, eu não tava muito bem. Desliguei o celular e dormi cedo.

— Alguma coisa com seu pai? — Sthéfanny deu um gole na cerveja.

— Pode ser, ele vem tentando se conectar. Postou até um artigo sobre feminismo pra chamar minha atenção.

— E chamou, pelo visto.

— Nem li.

— Achei fofo ele conclamar os homens a abraçarem a causa. — Sthéfanny levantou seu copo. — Seu pai é dez e a comunidade dele também.

— Também acho — concordou Mateus e bateu seu copo.

— A matéria sobre escravidão moderna foi uma pancada — comentou Dado, enquanto caçava uma criatura da areia embaixo da farofa.

— Ei, ei, ei! Nós viemos aqui pra falar do meu pai? — Marcela interrompeu, com um tapa na mesa. — Tanto assunto interessante...

— Ok, vamos mudar a prosa — disse Mateus. — Alguém tem um vestido e um par de sapatos de salto alto pra me dar?

— Festa? — perguntou Marcela.

— Sempre... Meninas, alguém se habilita?

— Tenho um chemise vermelho pra doar.

— Tem um par de sapatos que não uso mais — completou Sthéfanny. — Ia até botar pra vender na internet.

— Só peço uma coisa — interveio Espiga. — Vai mandar foto. Esta não perco por nada.

— Envio pro grupo, pode deixar.

— A maquiagem você pega com a Ana — sugeriu Dado.

— A propósito, quando ela volta de viagem?

— Não sei ainda, a avó tá nas últimas. Não passa desta semana, coitada.

— Vamos ligar pra Ana agora. — Espiga fez uma chamada de vídeo.

— Tá fazendo falta aqui, mulher — gritou Sthéfanny.

— Volta logo, meu amor — disse Dado.

Espiga e Mateus fizeram juntos um símbolo de coração com os dedões e indicadores. Os alto-falantes passaram a tocar *Strange Days*, do The Doors.

— Arrebenta, Ringo! — Espiga soltou uma gargalhada e todos concordaram prontamente que o DJ nunca decepcionava na arte à qual se dedicava com afinco.

33
LUCIANA

Alice mal conseguiu dormir de domingo para segunda. A ansiedade pela visita de Angélica segurou-a até onze da noite organizando bichos de pelúcia, bonecas, livrinhos e jogos de tabuleiro. Após tanto trabalho, pediu para dormir com Luciana e Jorge, para não desfazer a cama, que tinha a almofadinha com o poema escrito por Rafael posicionada estrategicamente sobre o travesseiro.

Luciana sorriu ao ver Jorge dormir abraçado à Alice durante a madrugada. Independentemente da preocupação com as dúvidas da filha sobre o conceito de "família de verdade", a menina conseguiria tirar de letra os questionamentos das amigas.

Ao chegarem da escola, Alice correu para mostrar o quarto à Angélica.

— Vão brincando, enquanto preparo o almoço — disse Luciana e saiu para a cozinha, a tempo de ouvir a pergunta de Angélica:

— Sua mãe é a empregada?

Luciana freou atrás da porta, não podia deixar de acompanhar a conversa.

— Não, ela não... Por quê? — retrucou Alice.

— Quem faz almoço sempre é empregada.

— Minha mãe faz almoço e ela arruma a casa, também. A gente nunca teve empregada.

— Lá no meu condomínio todo mundo tem empregada. E como você brinca, se não tem empregada pra brincar com você?

— Ué, minha mãe brinca comigo.

— Minha mãe nunca brinca comigo.

— Ela não gosta?

— Não sei. Ela é muito importante, tem um monte de gente que trabalha com ela. O que sua mãe faz no trabalho?

— Doces.

— Então sua mãe é tipo uma empregada.

— Não é e eu também vou ser doceira quando eu crescer. Tem um segredo que são as receitas da minha mãe e um dia ela vai me mostrar. Ela escreveu de um jeito que ninguém entende.

— Nossa, será que ela mostra pra gente?

— Não, ela só vai mostrar pra mim, porque é um segredo e ninguém pode saber, nem o meu pai.

— Seus pais não são casados, então sua família...

— Minha família tem dois pais.

— Não pode ter dois pais. Meu pai falou que família só pode ser se for um pai e uma mãe. Tá numa tal de... Constituição, acho que é esse o nome.

— O que é isso?

— Não sei, minha mãe ainda vai me explicar. Seu pai não quis mais casar com a sua mãe porque ela é uma empregada?

— Ela não é empregada, eu já falei.

— É, não pode ser. Porque ela não é pretinha e todas as empregadas são pretinhas.

— É? Eu acho que não.

— Sim, pode acreditar. Todas são pretinhas.

Ao perceber o estranho rumo da conversa, Luciana irrompeu no quarto. — Opa, opa, tive uma ideia melhor: vamos sair pra comer sanduíche? Deu preguiça de fazer o almoço.

Alice gritou de felicidade e ficou pulando sobre a cama.

Na lanchonete, os cheesebúrgueres, batatas fritas e Coca-Colas não demoraram a chegar. Alice avançou na bandeja, enquanto Angélica apenas observava.

— Perdeu a fome, querida? — perguntou Luciana.

— Não, tia. É que... O meu pai, ele não deixa eu comer sanduíche e eu tô com medo dele ficar bravo comigo. É melhor eu ligar pra ele e pedir.

Luciana ergueu as sobrancelhas. — Bom, se ele acha isso, é melhor a gente perguntar, sim. Aposto que ele vai abrir uma exceção. Uma vez não vai fazer mal a ninguém, né? Você quer usar meu celular?

Angélica tirou um telefone da bolsinha. — Ele mandou trazer, tia, porque ele não te conhece e ficou com medo de acontecer alguma coisa comigo.

Em meio minuto, Luciana percebeu ser quase impossível gostar do pai de Angélica. Respirou fundo. — Tudo bem, querida, ligue pra ele. A gente espera.

A menina deu passos para o lado e começou a falar baixinho. Luciana pediu para Alice devolver o lanche à bandeja. Em algum tempo, Angélica retornou com o rosto vermelho de choro.

— Quer saber? Seu pai está certo. Sanduíche não faz bem.

— Mas, mamãe, eu queria...

— Vamos embora. — Luciana pegou os lanches e se levantou. As meninas vieram atrás.

Na rua em frente à lanchonete, uma jovem sentada na calçada e encostada ao muro vendia panos de prato. Uma criança ao lado e um bebê no colo.

— Cada uma de vocês dê o lanche pra a menina ali e vamos comer em outro lugar — orientou Luciana.

Alice foi decidida, mais acostumada àquele tipo de contato com a realidade. Angélica seguiu atrás e entregou o lanche com os olhos arregalados e um semblante de medo que chegou a dar pena em Luciana.

Já de volta ao apartamento, Luciana pediu apoio a Marcela na preparação de 500 macarons pretos, dourados e brancos encomendados para uma festa de bodas de ouro dali a dois dias.

— Mamãe, mamãe, deixa a gente ajudar. Por favor — gritava Alice, as mãos juntas como numa prece.

— Claro, vou ensinar e vocês fazem da cor que escolherem.

— Tia, eu posso ligar pro meu pai pra saber se eu posso fazer isso? Ele não gosta que eu...

— Não, não precisa, querida — interrompeu Luciana. — Esse vai ser o nosso segredo. Você vai meter a mão na massa, vai se lambuzar e ver como é gostoso.

— A pergunta é: você está com vontade de ajudar? — interveio Marcela.

Angélica concordou devagar com a cabeça.

— Pois então eu vou ensinar uma coisa pra vocês duas: desde que não machuquem os outros, vocês podem fazer tudo o que quiserem na vida. Se quiserem ir pra cozinha fazer comida, podem. Se preferirem ir pra cozinha só pra comer, podem. Se quiserem jogar futebol, dar a volta ao mundo, ser donas de empresas gigantes, pilotar aviões e foguetes, ou se quiserem até construir um foguete, também podem.

— O meu pai fala que a menina precisa ser linda o menino tem que proteger a menina.

— A lindeza está dentro do seu coração e você mesma deve aprender a se proteger. — Marcela colocou o indicador no peito de Angélica. — Você e a Alice podem fazer o que os meninos fazem e até muito mais. Podem brincar de tudo o que eles brincam. Tanto o menino quanto a menina podem ser sensíveis e fortes. Vocês não têm que ter medo de se sentirem poderosas e valentes.

Luciana apenas observava a conversa, orgulhosa das palavras da filha. Juntou os ingredientes e passaram a preparar a encomenda, enquanto explicava para as pequenas o passo a passo e elas metiam a mão na massa.

34
LAURA

Laura havia muito não almoçava no trabalho, como tanto fez no início da carreira, fruto da ambição por se tornar uma das melhores. Pediu salada e suco verde pelo aplicativo de entregas. Emagrecer parecia urgente, assim indicava, com a nitidez jamais percebida, a imagem refletida na tela do computador. Pela primeira vez desde a mudança para o Diamond Garden, frequentar a academia do condomínio não soou algo patético. Por trás da pilha de livros ao lado do monitor ela empurrava a sutil papada para cima e esticava com o indicador a lateral do rosto, para suavizar a bolsa sob o olho direito, ligeiramente mais proeminente que a do esquerdo. Rugas de expressão fundas, longas e em boa quantidade denunciavam o que já não dava para reverter, assim como os fios que tonalizavam a franja de branco. Puxou os mais platinados, fez um montinho sobre a mesa e o jogou na lixeira. A maquiagem sempre básica, os perfumes quaisquer, as roupas clássicas em tons pastel, Roberto nem ligava para sua falta de criatividade na hora de se arrumar. O primeiro namorado, as descobertas dos prazeres e perigos do mundo, a normalização da vida, o desconhecimento do som de outros sussurros, do sabor de outros beijos e abraços, da maciez de outras camas. A dedicação integral à família, ao trabalho e à carreira, a falta de tempo para projetos além de se tornar a filha, a esposa, a cidadã insuspeita aos olhos da comunidade, da igreja e do mundo jurídico.

Mas houve, sim, um tempo diferente, uma época tão distante que as poucas lembranças lhe chegavam borradas, ainda assim carregadas da amargura por não ter vivido o que poderia ter feito toda a diferença. O jeans apertado escondido sob a blusa larga (que, longe dos pais, transformava-se em miniblusa com um simples nó), a liga de borracha escondida no bolso, para segurar o rabo de cavalo que não era coisa de "menina que se dava ao respeito", o batom roubado da prima da capital, tudo para chamar a atenção do garoto que tocava violão na igreja onde Laura dava aulas de catecismo...

Fazenda Morada do João-de-barro. Vinte e nove anos antes.

Aos sábados, as empregadas preparavam o almoço mais cedo na fazenda. O juiz Estevão Carvalho, autoridade judiciária máxima da comarca, levava a filha Laura na Ford F-1000 azul e branca pela estrada de chão até a praça central do vilarejo. A igreja podia ser pequena, mas o jardim em seus fundos o convencido pastor dizia ser comparável a jardins de castelos franceses. Bromélias, delfínios, alamandas e azaleias dividiam o gramado esmeralda com palmeiras, ciprestes italianos e uma cornus florida branca, sob a qual ficava o banco de mármore presenteado à igreja pelo juiz Estevão. Era ali onde Laura, aos dezessete, dava aulas de estudo bíblico para crianças de sete e oito. Era dali que via Fred

Benedetti, filho de uma das carolas da igreja e de quem se podia dizer tudo, jamais que seguiria os passos da mãe. Os cabelos na altura dos ombros, a barba dando os primeiros sinais e as roupas sempre largadas só não eram condenados pelo pastor por certa condescendência com quem, por insistência da mãe, é verdade, havia composto alguns louvores que davam orgulho à comunidade e já faziam parte dos hinários de igrejas nas cidades próximas.

No início, Fred aparecia logo após a F-1000 contornar a praça, materializando-se do meio da sequência de arbustos ornamentais e se sentando a uma distância suficiente para constranger Laura. O dedilhado no violão, melodia vibrante em tom maior, fazia trilha sonora para o envergonhado *toc toc toc, quem é, é Deus, onde ele está, no coração, e em sete dias o que ele fez? Um, a luz, dois, o céu, três, a Terra, quatro, as estrelas, cinco, os peixinhos...* que Laura e as crianças cantavam e coreografavam com as mãos. A cada encontro, mais Fred se aproximava, até o sábado em que se sentou ao lado de Laura, espetou atrás da orelha dela uma flor amarela de alamanda e cantou junto. A segurança da menina que era um exemplo para a comunidade sucumbia de vez à autoconfiança do artista rebelde. Como a catequese vinha angariando novos alunos, o pastor incluiu o jovem oficialmente na ação, com o intuito velado de aproximá-lo do rebanho e talvez até melhorar seus modos. Laura passou a amar ainda mais os sábados, e nos dias em que, sentados no banco, as pernas se encostavam (algo cada vez mais frequente), as noites em claro transcorriam com ela enchendo o diário de palavras e sentimentos certamente desaprovados pelo catecismo.

— Topa sumir daqui? — murmurou Fred, depois de as crianças serem dispensadas.

— Sumir? — Laura franziu a testa.

— Eu vou embora pra capital daqui a uma semana, domingo depois do culto. Não tem nada que me prenda neste fim de mundo.

A frase derrubava o castelo que Laura vinha construindo e o plano adiado, por inúmeros sábados, de tomar coragem e dizer a ele que o amava. — O quê? Mas... Como assim? Você não pode fazer isso e...

— Minha vida não vai ser cantar pras crianças aos sábados e senhoras aos domingos. Vou conhecer palcos grandes, multidões, isso aqui é muito pouco. Vou ficar num quarto do apartamento de um tio, já tem um bar onde vou me apresentar e levantar uma boa grana. Tem vaga sobrando na boleia do caminhão que vai me levar, pro caso de você não querer seguir os passos do seu pai-carrasco.

— Tá louco? Você nem me conhece direito.

Fred a encarou por vários segundos.

— Conheço, sim. Você é a filha do juiz, a menina perfeitinha, a que vai cumprir a vida que todo mundo imagina. Eu tava viajando aqui, nem sei por que ofereci. De toda forma, domingo às dez da noite o caminhão passa na encruzilhada...

Laura chegou em casa e foi tomar banho. Dentro do box, envolta na fumaça da água quente, ela chorou e imitou a voz de Fred:

— A menina perfeitinha...

Passou em claro as noites daquela semana, fragmentada entre a vontade desmedida de se aventurar e o medo de decepcionar os pais e a cidade. Chegou a abrir a mala e a jogar as primeiras peças, antes de o pavor devolvê-las às gavetas. No sábado, Fred não apareceu na catequese e as canções à capela voltaram a ser tristes. No culto do dia seguinte, Laura o escutaria pela última vez puxar seu louvor de maior sucesso, entoado em coro pela comunidade. Quando seus olhares se cruzaram, ao fim da canção, Laura se viu ré num tribunal, sentenciada por um juiz imparcial, do tipo que entra em conluio com a acusação. Quem Fred pensava que era para julgá-la daquela forma? Quem lhe dera o direito de entrar em sua vida, bagunçá-la e, do nada, desaparecer? Ele que se ferrasse e fosse cantar para outras meninas. Melhor se ele jamais tivesse aparecido para estragar tudo! Violão nas costas, a saída pela porta lateral da igreja seria a última cena de Fred em sua vida. Às dez da noite, trancada em seu quarto, Laura chorou. Pela manhã, ela foi a cavalo até a encruzilhada na entrada da cidade. No chão, estava uma flor amarela de alamanda.

No início do ano seguinte, um fazendeiro amigo do pai e também membro-fundador da confraria da cachaça apresentaria à Laura, num jantar convocado especialmente para a ocasião, o filho que vinha do exterior, onde cursava o terceiro ano de medicina...

— Com licença, Doutora Laura.

O movimento brusco de ligar o monitor derrubou da pilha alguns livros, que ela passou a recolher de forma estabanada. — Oi? Eu... É que... Fala, Igor.

— Ligaram da portaria, o almoço da senhora chegou.

O início da reunião semanal dos advogados, pela primeira vez com a presença de Eduardo, parecia demorar a eternidade para chegar. Laura não se lembrava da última vez que ficara nervosa para uma reunião. O diploma de PhD em direito naquele dia mais a assombrava do que garantia a confiança demonstrada contra adversários duríssimos nos tribunais. Às 15h00, gravou no *pen drive* a apresentação e se dirigiu ao local. A luz do fim da tarde transformava em espelho o vidro ao longo do corredor. Enquanto caminhava, as atitudes quase automáticas de jogar os cabelos para trás das orelhas, esticar as costas e dar uma semicerrada nos olhos para suavizar a bolsa, deixaram-na mais incomodada do que atraente. Antes de chegar à sala de reuniões, ela já tinha voltado os cabelos por cima das orelhas.

Apenas Eduardo já aguardava o início da reunião, sentado à grande mesa. Consultava o celular e não notou a entrada nada silenciosa. Fingiu não notar. Ele parecia calcular cada movimento, como se disputasse uma partida de xadrez. Podia até ser, mas do lado oposto do tabuleiro estava uma estrategista com habilidade para se proteger de qualquer lance, fosse de um mero peão, um cavalo, uma torre, um bispo ou até uma rainha. Pensar tudo aquilo não fazia o menor sentido, ela precisava se concentrar na apresentação. Simulou um pigarro ao caminhar até o computador diante do telão.

— Boa tarde, Laura. — Eduardo se empertigou e pousou o celular na mesa.

— Desculpa, não te vi sentado aí. — Evitou dirigir o olhar a ele, tentando enfiar o *pen drive* no computador.

— Precisa de ajuda?

— Não, obrigada.

Laura jamais levara tanto tempo para conectar o dispositivo e tinha impressão de que a cada nova tentativa o plugue mudava de sentido.

— Tem certeza? — Eduardo chegou exatamente por trás e segurou a mão dela. — Eu posso enfiar, se você quiser.

Essa última frase Laura considerou mais sussurrada que falada, e isso poderia carregar um caminhão de significados. Os outros advogados irromperam na sala. Laura se afastou e achou a situação deveras constrangedora para fingir que ninguém pensaria nada a respeito dos dois praticamente grudados. Isso seria inadmissível.

— O *pen drive*, ele tava...

— Pronto, Doutora Laura. — Eduardo clicou para abrir a pasta de arquivos. — A palavra é sua.

Já no primeiro slide, fundo preto e "Processos Pendentes" em branco, palavras em outras ocasiões suficientes para gerar uma enxurrada de considerações seguras e focadas, Laura percebeu que nada sairia conforme planejado. Acostumada a palestrar para plateias hostis, sentia-se, ali, uma estagiária tentando vender ao patrão a capacidade de ser útil ao escritório. Tudo culpa do olhar fixo em seus olhos, mantido por uma torre de aço. Um bispo romano. Um cavalo garanhão puro-sangue. Ela, a rainha, sucumbia a um peão inofensivo. Ideias simples insistiam em escapar, e não foram raras as vezes em que precisou reiniciar o raciocínio. Encerrou a fala em meio a aplausos tímidos.

— Perfeita, Doutora Laura — comentou Eduardo, enquanto ela guardava as anotações na pasta.

Os advogados saíram da sala. Eduardo, ao contrário, não se mexeu.

— Laura, posso ajudar outra vez com o *pen drive*, se quiser.

Ela puxou o dispositivo com força. — Preciso resolver coisas urgentes.

Sentada à sua mesa, Laura ajeitou os *post-its,* que nem estavam grudados tortos nas laterais do monitor. Apontou o lápis, a ponta quebrou. Reapontou, nova quebra. Jogou o lápis fora, abriu a gaveta, pegou outro e o colocou simetricamente entre a borracha e a caneta. Reposicionou os *post-its*. Tomou um gole d'água. Não garantia o que tinha ouvido: "Perfeita, Doutora Laura. Perfeito, Doutora Laura. Perfeita. Perfeito", ela tamborilava os dedos sobre o computador. A peça jurídica não tinha a menor urgência de ser concluída, o cursor piscava na tela após a última palavra e poderia ficar ali o tempo necessário para Laura se acalmar. Ela arrancou todos os *post-its* e os jogou na lixeira. Passou a mão no rosto, respirou fundo, fechou o editor de texto, abriu o navegador e digitou "Caffè Florian Veneza".

Relatório do Inquérito nº 1008451/21 – pág. 9

Pelo fato de a VÍTIMA ter sido removida do local, a reconstituição se tornou trabalhosa, exigindo apuração ainda mais detalhada. Das análises de balística terminal tem-se inequivocamente que, dado o esfumaçamento e as queimaduras sobre a pele ao redor do orifício de entrada, bem como o formato elíptico desse orifício, o disparo ocorreu em ângulo diferente de noventa graus entre a arma e o peito da VÍTIMA. Não havia orifício de saída.

35
RAFAEL

(...) a interminável queda começou... Para destravar o bloqueio, Rafael decidiu mudar cenários. Não os cenários de seu livro, mas os locais reais onde se sentaria para escrever. Lera na internet conselhos de autores *best-sellers* sobre caminhar a esmo para aplacar travamento de ideias. Mesmo a raiz de seu problema estando mais profunda do que uma enxada de criatividade pudesse arrancar, saiu de bicicleta com o notebook na mochila. Pessoas correndo, buzinas, automóveis, um malabarista de facas num sinal, fumaça, moradores de rua deitados sob marquises e olhares perdidos, o tecido social esgarçado pelo câncer da velocidade, da luta pela sobrevivência e da competição desenfreada por atenção. Ultrapassou e foi ultrapassado por inúmeros novos empreendedores em bicicletas e bolsas térmicas nas costas, apressados para entregar refeições que eles próprios mal tinham condições de comprar. No parque, um hot dog e uma Coca-Cola o acompanharam no gramado sob uma árvore de boa sombra, para observação criativa e escuta de conversas de rua. Famílias, era o que ele precisava ver. Famílias de todas as configurações trocando, dividindo, partilhando, vivendo. Famílias felizes, principalmente. Muito além de uma experiência de pesquisa, tortura.

Terminou a tarde à procura de um café com uma mesa para chamar de sua. Glamoroso como Rowling, Dickens, Zola, Borges e mestres que cultivaram relação íntima com um café. Uma mesa no canto, um foco de luz, um copo de bourbon, um cinzeiro para guimbas de cigarros fumados em sequência, tudo com o serviço de garçons que impediriam a aproximação de curiosos e resguardariam suas excentricidades. Mas Rafael não fumava e o clima *noir* imaginado seria inadequado para uma história feliz de amor. Começava a escurecer, melhor voltar para casa. No fim das contas, só tinha levado o notebook para passear. Quem sabe devesse recomeçar do zero, mandar mensagem para o editor pedindo mais prazo, desistir de uma vez, admitir o fracasso. Dispensar as já mais de quarenta mil palavras e se livrar de uma vez por todas do fantasma da separação.

No térreo do prédio, o porteiro Josias conversava com outros dois porteiros de edifícios da rua.

— Boa noite, Josias. Tudo tranquilo por aí?

— Tivemos problemas na rua, um assalto na padaria da esquina. Veja se pode, o marginal roubou uma bandeja de queijo e outra de presunto.

— Queijo e presunto?

— Apresuntada. — Josias confirmou com os outros dois.

— Colocou as bandejas debaixo da blusa e ia saindo na maior cara-de-pau — informou um dos porteiros.

— O pior de tudo? — perguntou o outro e prontamente respondeu: — Era velho já. A esta altura da vida e ainda fazendo coisa errada.

— Por sorte o segurança viu a tempo e pegou o meliante bem ali. — Josias apontou para o trecho da rua entre uma placa de PARE e um hidrante, o que gerou rápido debate com os porteiros para precisar a localização da interceptação. — Deu uma rasteira no delinquente, imobilizou e meteu o revólver na cabeça.

— Revólver na cabeça por uma bandeja de presunto e outra de queijo? — perguntou Rafael.

— Claro! Todo mundo da padaria aplaudiu o segurança quando ele voltou com as bandejas inteirinhas.

— Sãs e salvas... — Rafael suspirou.

— Se a polícia não chega a tempo, tinham linchado o velho. Ninguém aguenta mais, já tamo no limite. O marginal aprontar lá na vizinhança dele não quer, né? Daí, atravessa a cidade e vem roubar onde mora gente decente?

— Linchamento me parece um pouco exagerado.

Os porteiros se entreolharam, parecendo não compreender o absurdo que, aparentemente, Rafael havia dito.

— Tá certo, a gente não pode sair por aí metendo bala sem pensar, não é coisa de Deus. — Josias fez o sinal da cruz. — Mas eu tenho meu revólver a postos na guarita do prédio para o caso de precisar defender o patrimônio, né, seu Rafael?

— É.

Rafael prendeu a bicicleta no bicicletário, subiu para seu apartamento pensando no fascínio que as armas geram em cada vez mais pessoas mundo afora. Desde o início da comunidade, ele evitou fazer postagem sobre armamentos, um assunto nitroglicerina pura e com potencial para dar mais dor de cabeça do que bons debates. O tema o incomodava e ele usava a desculpa de precisar refletir sobre os reais sentimentos a respeito daquilo. Nunca tinha segurado um revólver, só de se imaginar atirando em alguém já sentia calafrios. Preferia não ter vivido o tempo do caderno policial no Diário da Manhã, durante os dez primeiros anos de carreira, quando cobriu de tudo, de crimes passionais a latrocínios, passando por queimas de arquivo em disputas por controle do tráfico, venda ilegal de gás de cozinha e sinal de TV a cabo. Alguns policiais e delegados — seus informantes — garantiram-lhe furos responsáveis por fazê-lo angariar respeito dos profissionais do meio jornalístico. Talvez tivesse chegado a hora de enfrentar novamente o assunto.

Pegou no alto do armário uma pasta escondida atrás das malas. No chão da sala e encostado ao sofá abriu uma Bud não tão gelada, que subiu a espuma ao ponto de ele não conseguir impedir de molhar o tapete. Junto ao recorte de jornal com a reportagem, jaziam espalhadas cartas escritas para Luciana. Desesperos não remetidos. *Cartas, Rafael, cartas, você é um ridículo*, ele pensou. No início relutara em mandar, pela incerteza de como ela reagiria. Em seguida, por razões óbvias de interceptação por Jorge. Não houvera tempo de o papel amarelar ou a tinta embranquecer, nem sequer para sugerirem a conexão nostálgica das declarações escritas à mão. Abriu uma delas e, embora com passagens com bom potencial de engajamento, sentiu vergonha. Piegas, uma tolice ingênua, um cachorrinho girando no chão, balançando o rabinho e tentando chamar a atenção da dona a quem não tinha sido fiel. Frases mal construídas, enquanto Luciana seguramente já se deitava com outro, com outros. Lamentos escritos no escuro de um quartinho de hotel, enquanto ela ouvia sussurros em penumbras de bares e pubs. Sentimentos agarrados desesperadamente às folhas, no pavor de caírem num abismo de interminável queda. Respostas às muitas perguntas que Alice fazia, e Marcela, não. Baldes de água gelada sobre linhas pegando fogo, entrelinhas se desmanchando em cinzas e "cada diálogo besta!". No canto de uma das folhas destacava-se um semicírculo lilás, a base de uma taça de vinho, o último vinho que ele bebera se lembrando de Luciana, antes de decidir só tomar outra taça novamente se para brindar com ela. Os tintos baratos que tanto abriram juntos, comprados jamais pela denominação, mas pelo preço, teriam para sempre o gosto de beijos perdidos no tempo.

Encerrou todas as cartas nos envelopes, fez um montinho para o lado e finalmente pegou o recorte de jornal amarelado. O lide da matéria e a grande fotografia da tragédia aceleraram o coração. Por vinte e um anos evitou as cenas do fatídico dia...

Diário da Manhã, 5h15. Vinte e um anos antes.

— Bom dia, seu Rafael. Madrugando, como sempre.

— Chegue enquanto faz frio e pegue as matérias mais quentes — disse ao segurança na entrada do jornal e apertou o botão do elevador.
— Você leu a de ontem, sobre a quadrilha que estoura caixas eletrônicos?

— Li não, senhor.

— Antes de o pessoal recolher e levar pra embrulhar os peixes, pegue ali no balcão e veja. Vai ficar impressionado com a ousadia da turma.

O elevador chegou.

Já em sua mesa, enquanto os primeiros repórteres chegavam sonolentos e se reuniam no cafezinho antes mesmo de abrirem os computadores, Rafael disparava ligações aos seus informantes, em busca das pedradas da madrugada capazes de gerar matérias de impacto. De acordo com o delegado Sampaio, da 9ª DP, a noite havia sido relativamente tranquila. Assim disse o agente Ferraz, da 11ª. Aparentemente, seria uma manhã sossegada e Rafael acabaria esperando a reunião de pauta para pegar algo sem urgência. Na última tentativa, entretanto, o delegado Caetano, da 16ª – num dos bairros mais violentos da periferia da cidade –, trouxe a informação de que haviam acabado de receber uma chamada quente. A título jornalístico, parecia promissora. Rafael anotou o endereço.

— Valeu, Caetano. Tô voando pra lá.

Olhou por cima do computador a baia vazia do fotógrafo que o acompanhava nas incursões. Pegou gravador, bloco de anotações e caneta. Enquanto saía, telefonou:

— Fala, Pereira. Cadê você?

— Preso no trânsito. Devo demorar.

— Tá com a câmera?

— Aqui.

— Vá direto pro endereço que vou te passar por torpedo.

— O que houve?

— Coisa quente. Aliás, pelando.

Duas viaturas da 16ª DP fechavam a rua. Rafael chegou junto de um bom número de curiosos do bairro, que acompanhavam a ação por trás de uma fita de isolamento. Excitação de torcida à espera do gol para explodir em estarrecimentos do tipo "coitado, coitada, é a vida, onde esse mundo vai parar?". O gol, na verdade, uma tragédia para ser contada em detalhes nos almoços de família e quanto mais sangue para temperar as histórias, melhor.

— Como tá tudo? — perguntou Rafael a um agente, mostrando a credencial do jornal.

— É naquela casa ali. — O rapaz apontou. — Nossa aproximação vai ter de ser lenta. Um negociador tá lá.

— Já têm o nome do sujeito?

O agente informou e Rafael fez rápidas anotações, esquadrinhando o cenário, a rua, os transeuntes. Relatou as primeiras impressões no gravador. Um impasse havia sido estabelecido, com poucas chances de resolução sem boas doses de negociação e paciência. Um pai embriagado mantinha a filha de nove anos sob a mira de um revólver do lado de dentro da grade da casa. O desespero pela separação da esposa o fez cruzar o limite e perder completamente a noção da realidade. Berrava que se ela não aparecesse em menos de meia hora para conversarem o pior podia acontecer.

Pereira chegou.

— Atrás daquele carro, ali, dá ângulo — orientou Rafael.

O fotógrafo se posicionou e passou a registrar.

Em algum tempo, o delegado Caetano voltou até a linha de contenção. — Ele quer a presença de um jornalista. A coisa tá tensa, não estamos conseguindo contato com a ex-mulher do cara. Se demorar mais um pouco, vamos entrar.

Rafael, como único representante da imprensa, vestiu colete à prova de balas e foi junto do negociador. Dois atiradores já estavam posicionados, para o caso de uma intercorrência mais séria.

— Você é o jornalista? — gritou o pai, com a voz mole. Mantinha o revólver colado à cabeça da filha.

Rafael levantou o gravador, o bloco de anotações e a caneta.

— Eu exijo que vocês publiquem a história da minha desgraça e o nome da minha mulher, a safada que usou meu dinheiro, nunca me deu nada e foi embora. Agora fiquei aqui sozinho com a menina, enquanto ela...

— Eu escrevo o que você quiser. Qual o nome da sua filha?

— Não importa o nome dela! — gritou o rapaz.

— Calma! — disse o negociador, tentando controlar os nervos. — A gente já vai trazer a sua esposa.

— Tô cansado desse negócio de que ela tá vindo. Tão achando que eu sou palhaço?

— Ninguém tá achando nada, a gente só tá pedindo mais tempo.

— Eu não vou dar mais tempo, já chega! Quero o repórter aqui dentro.

O negociador concordou e fez um sinal com os olhos indicando os dois agentes no telhado, prontos para invadir pela porta dos fundos. Especialistas treinados à exaustão para resolver situações-limite com o mínimo possível de danos. Penetrar, imobilizar, recolher o artefato, evacuar.

Rafael ultrapassou a grade, aproximou-se e cruzou o olhar com o da menina, a súplica silenciosa para arrancarem-na dali o quanto antes. Ele nunca tinha visto impresso no rosto de uma pessoa aquele semblante de bicho acuado e prestes a ser abatido. Ligou o gravador e o apontou para o pai da menina.

— Pode falar.

Os agentes, então, aproveitaram a distração pontual, invadiram pela porta dos fundos e voaram no sujeito, sem, entretanto, evitar que um tiro fosse disparado.

— Não! — gritou Rafael, andando para trás quase sem ar.

Ação mal planejada, estabanada, no *timing* errado, que, de fato, terminou com a imobilização do pai, mas levou a menina. Cobrir a violência do mundo adulto sempre fora pesado, mas tolerável. Por outro lado, presenciar a morte da garota teve impacto devastador. Para além de toda a questão jurídica, com a posterior isenção de sua responsabilidade, a depressão o atingiu como se ele estivesse no meio de uma estrada e um caminhão se aproximasse para lhe atropelar. Noites mal dormidas, barba por fazer, bebidas fortes, drogas, episódios recorrentes de apneia e sufocamento nas madrugadas, quando ele experimentava micromortes e ressurreições instantâneas. Questionava-se o quanto ele próprio, por meio de suas matérias pinga-sangue, era parte da engrenagem de ódio que contribuía diariamente para o adoecimento da sociedade. A cada instante o caminhão chegava mais perto, até que a salvação apareceu na forma de uma garota na fila de um *self service*. Luciana fez de tudo para tirá-lo do meio da estrada e conseguiu. Ele se demitiu, tirou um ano sabático e reavaliou seu papel no jornalismo.

As cartas voltaram para a pasta; a matéria, para o lixo.

A última postagem sobre feminismo tivera boa repercussão, especialmente pelas palavras finais. Como sempre, mais apoios do que críticas. Incomum a quantidade de mensagens de seguidores pedindo o bloqueio do usuário DoctorBob. De fato, o sujeito não tinha compostura nos comentários, mas Rafael nunca bloqueara ninguém. Apostaria na força do contraditório, as pessoas precisavam aprender a conviver com opiniões divergentes. Compartilhou um artigo de outra comunidade, sobre o caso de uma jovem estuprada por três rapazes atrás de um ponto de ônibus num bairro periférico, ao sair da faculdade tarde da noite.

Pesquisou sobre o tema e emitiu a opinião da comunidade para levantar algum tipo de reflexão. Os números alarmantes de ocorrências diárias, em especial de vítimas com menos de treze anos, certamente traziam luz a um debate necessário.

Em certa medida, tudo gerava uma carga muito negativa sobre os ombros. Melhor fingir que não estava nem aí? Mais cômodo só fazer matérias inspiradoras e disfarçar que as pesadas não lhe diziam respeito? De fato, as inspiradoras davam bem mais prazer e traziam a sensação de contribuir para melhorar o mundo, mas denunciar as mazelas, ele acreditava, também era uma tarefa da qual não podia se eximir.

36 ROBERTO

Os catorze conselheiros sub-representantes de cada uma das ruas do condomínio já estavam reunidos na sede no início da noite. Como condômina mais velha, Dona Arminda, beirando os noventa, completava o grupo que aderiu prontamente ao chamado de Roberto no grupo fechado de WhatsApp. Todos demonstraram curiosidade a respeito da pauta da reunião, mas Roberto manteve o suspense, ciente da gravidade da situação e de que o tema merecia tratamento olho no olho.

— Meus prezados, convoquei a reunião extraordinária para debatermos um assunto preocupante — iniciou Roberto ao microfone. Tomou um gole d'água para elevar o suspense. — Algo seriíssimo tem acontecido aqui no Diamond Garden, problema para o qual não podemos, de maneira nenhuma, fechar os olhos.

Ouviram-se breves guinchos dos pés das cadeiras, os conselheiros se aprumaram. Pairava uma desconfortável excitação, efeito pretendido por Roberto desde o envio da mensagem no meio da tarde. A ideia era justamente elevar a tensão para os condôminos receberem de braços abertos a bomba. Como rezava o estatuto, imperativo que as decisões tomadas pelo Conselho fossem por unanimidade. Quinze votos ou nada. Difícil na maioria dos casos, uma barbada naquela situação.

— Os novos inquilinos do Diamond Garden...

Ninguém se manifestou.

— Não estranho o silêncio, porque, se tivessem visto, já saberiam o motivo da minha convocação.

— O que têm eles? — perguntou um jovem de bermuda, camisa de gola alta e sapatênis marrom.

Roberto diminuiu a altura da voz. — Dois homens morando juntos. Ca-sa-dos.

O buxixo tomou conta do lugar. Cabeças balançando, mãos nas bocas, espanto. "Não acredito". "Só faltava essa". "Não podemos deixar". "No nosso condomínio, não".

Roberto gesticulou com firmeza e pediu calma, satisfeito com o alvoroço alcançado de forma instantânea. — A reação esperada, pois sei muito bem da solidez dos nossos valores, que não se coadunam com as cenas indesejadas que nossos filhos podem vir a presenciar.

"Vamos agir urgentemente". "Se isso vaza, o que dirão do Diamond Garden?". "Uma informação dessa nas redes sociais é um rastilho de pólvora". "Aqui moram pessoas de categoria, pessoas que pagam impostos". Falavam ao mesmo tempo, a balbúrdia estava instalada.

Compreendo a angústia, meus amigos — disse Roberto, num tom apaziguador. — Também sinto. No meu caso, ainda pior. Desafortunadamente, são meus vizinhos.

"Falta de sorte". "Ainda bem que não é na minha rua". "Precisamos impedir que andem por aí de mãos dadas". "Expulsão".

— A ideia é encontrarmos uma solução conjunta. Como parece termos unanimidade, basta decidirmos o jeito mais firme de cortar o mal pela raiz. Expulsar vai ser complicado, podemos tomar um processo e esse povo é sempre metido a conhecer jornalista para deturpar a imagem das pessoas corretas.

— Verdade — interveio o jovem do sapatênis. — Temos agora uma geração de puxa-sacos e todo mundo está pisando em ovos.

— Proponho limitarmos a circulação na área do parquinho infantil, com base no estatuto, no capítulo sobre a manutenção da ordem, invocando o item de atentado ao pudor — incitou uma jovem de roupa de ginástica e pulseira brilhante.

O burburinho seguiu forte, a proposta passava a ser considerada com indicativo de aprovação, sem necessidade de aprofundar os debates. Até uma voz rouca interromper:

— Não acho que seja problema.

Todos se viraram para a fileira do meio e o silêncio se tornou insuportável, diante da frágil voz discordante. Dona Arminda, encurvada e apoiada na bengala, prosseguiu:

— Os dois não estão fazendo nada de mais, não vejo razão para estarmos aqui.

O sangue de Roberto ferveu, com a agora irreversível perda de unanimidade. Dona Arminda se levantou e saiu arrastando a sandália baixa, apoiada na bengala.

— Pessoas de categoria... — resmungou. — Hipócritas! Não contem comigo para participar disso.

Cada toque da bengala no chão explodia como uma granada. Restou a Roberto encerrar a reunião com meia-dúzia de palavras que não escondiam uma revolta resignada. Institucionalmente, não havia mais nada a fazer a respeito do assunto.

Decidido a retomar o debate sobre o que chamava de feminazismo, ele acessou o Facebook tão logo pisou em casa, para jogar na cara de todos o mal provocado pela famigerada conversinha de igualdade entre homens e mulheres. Ele acabara de ter um exemplo cristalino: fosse o Conselho formado apenas por homens ou, ao menos, mulheres esclarecidas, um problema do condomínio já estaria resolvido. Seu último comentário havia gerado forte reação dos seguidores da comunidade, mas ele não se intimidaria. Quanto maior a agressão do adversário, mais contundente deve ser a reação. Bateu, levou. Mas sem paciência para procurar dados que, certamente, seriam fáceis de coletar na internet, Roberto decidiu colocar ponto final na discussão.

DoctorBob
Feminismo é conversa de mulher encalhada. Vão todos para o inferno!

Navegou mais um pouco e leu a matéria sobre estupro. Para não perder a viagem, deixou também sua impressão.

> **DoctorBob** GentilezaOnline
> Não estou justificando, estes três caras merecem mesmo é bala, mas olha só o vestido da menina. Uma roupa desta, a esta hora da noite? Se vestisse uma roupa decente, pode ter certeza de que a chance de acontecer seria bem menor.

37
MATEUS

— Lá da janela do meu quarto te vi conversando com o vizinho aqui na frente de casa — disse Mateus a Nazaré, ao entrar na cozinha no meio da tarde. — Ah, se meu pai descobre... — Ele sorriu.

Nazaré esfregava com um rodo um pano úmido nas cerâmicas do chão. — Ele só veio devolver o açúcar que pediu emprestado outro dia. É o seu Lucas, um espírito iluminado. — Ela enfiou o pano na água do balde e o torceu.

— Sim, eu o conheci no dia do papelão feito pelo meu pai.

— Quando ele e o Marcos me encontram lá fora, sempre falam comigo.

— Uma prova de que nem todo mundo te acha invisível.

Nazaré seguia esfregando o pano. Provavelmente refletia sobre as palavras de Mateus.

— A propósito deste tema de invisibilidade — retomou Mateus. — Espere um pouco, já volto.

Ela interrompeu a limpeza e se apoiou no rodo. Largou um pé do chinelo e esfregou o dedão na batata da perna. Mateus saiu da cozinha e retornou logo depois com uma caixa embrulhada em papel colorido.

— Um presente? Pra mim? — Nazaré sorriu e franziu a testa. — Mas nem é meu aniversário.

— Quando vai ser o seu aniversário?

— Foi duas semanas atrás.

— E por que não avisou?

— Ninguém nunca perguntou, então nunca falei.

Ele baixou os ombros. — Desculpa, Naza. Por mim e por minha família. — Colocou a caixa sobre a pia.

— Tudo bem, seu Mateus.

— Mateus — corrigiu e apontou para a caixa. — Pode abrir.

Enquanto Nazaré desembrulhava, ele notou os olhos dela já embotados. Três anos servindo à família sete dias por semana e jamais passara pela cabeça de alguém perguntar-lhe o dia do aniversário.

— Parabéns valendo por três anos.

Nazaré segurava o notebook de forma desajeitada. — Um computador?

— Era meu, agora é seu.

— Mas o que eu... como é que eu...

— Tem o mundo inteiro aí dentro.

— Nem sei por onde começar.

— Fica tranquila, eu vou mostrar tudo e passar um monte de coisa pra você ler. Sobre sua própria história, inclusive. Aposto que vai se inspirar.

— Sabe, eu não sou muito acostumada a ler.

— Relaxa, depois que a gente começa, nunca mais larga. E, de toda forma, você não tá pior do que a imensa maioria da população. Você estudou até que série?

— Até o primeiro ano do ensino médio. Larguei quando vim pra cá.

— Ótimo, já pesquisei e anotei tudo. Dá pra fazer pelo computador. Vou instalar no seu quarto e você aprende rapidinho.

— Mas não tenho como pagar, seu Mateus.

— Minha filha, só não tem jeito pra morte. É curso grátis, supletivo com tempo reduzido e reconhecido pelo Ministério. Coisa certa.

Nazaré olhou fixamente para Mateus, uma lágrima escorreu por sua bochecha.

— Comece a visualizar o bendito diploma na sua parede — completou ele.

— Eu... Posso dar um abraço no senhor?

— Só se parar de me chamar de senhor.

38 MARCELA

"A gente tem que parar de se encontrar."

A mensagem digitada por Marcela aguardava o botão de envio. No fundo, ela não queria parar, mas não conseguia mais participar daquilo. O imperativo categórico de fazer aos outros só o que gostaria que fizessem a ela, raiz de tantas discussões acaloradas, seguia violado desde o nascer ao pôr do sol. Sua vida seria uma eterna culpa diária, com o risco nada improvável de alguém lhe apontar o dedo e gritar "hipócrita!", sem que ela tivesse argumentos para refutar? Tudo não podia ser mais simples? Acrescentou o emoji da carinha amarela com lágrima e finalmente enviou, certa de ser o melhor a fazer.

A resposta chegou quase de imediato:

"A gente NÃO tem que parar de se encontrar."

Marcela se encolheu sob as cobertas.

"Topa um cinema neste fim de semana?", ele reforçou.

"Topo", ela respondeu rápido e se odiou por isso.

39 LAURA

— Mamãe, mamãe, para pra eu descer — gritou Angélica.

— Que agonia é essa? — Laura encostou o carro alguns metros antes do portão do Santa Mônica.

— A Alice tá ali com a tia Luciana.

Laura viu Alice de mãos dadas com a mãe. Destravou para a filha descer e abaixou o vidro. — Oi, Luciana. Sou a Laura, mãe da Angie. Obrigada por aquela tarde, viu? Ela adorou e a gente vai retribuir algum dia.

— Claro. — Luciana sorriu. — A Angie é um doce.

Laura voltou para casa. Mentir que não estava passando bem e faltar ao trabalho não haveria de ser pecado sem perdão. O que significaria uma ausência matinal para quem já dera tanto lucro ao escritório? Uma mensagem curta no grupo dos advogados comunicou que ela iria depois do almoço.

As roupas que usava no clube pareciam inadequadas para a prática de exercícios físicos. Seu único par de tênis estava mais para uma rasteirinha, mas por ora servia. Prendeu o cabelo num rabo de cavalo, desceu as escadas e se assegurou, pelos sons de pratos e talheres na cozinha, de que Nazaré não notaria. Saiu em passos rápidos e silenciosos. A academia do Diamond Garden não era grande, mas equipada com esteiras, aparelhos de musculação, pesos, bolas e colchonetes. Bonita, clara, decorada por plantas artificiais e espelhos em duas paredes, as grandes janelas de vidro davam para as piscinas semiolímpica e infantil, rodeadas por mesas e cadeiras com guarda-sóis azuis. O alto valor da taxa condominial incluía o serviço, mas frequentá-la sempre esteve fora das prioridades. Demorou alguns minutos para desvendar como ajustar a esteira, até conseguir programar a velocidade de 5 km/h, que garantia uma marcha segura. Enquanto caminhava, um pensamento rodava em *looping* e marcava o ritmo de seus passos: "Por que ele me chama de Laura quando está sozinho comigo e de Doutora Laura na presença dos outros?". O telefone apitou.

"Bom dia, Laura. Acabei de ler sua mensagem no grupo. Está tudo bem?"

Ela desligou a esteira.

"Obrigada pela preocupação, Doutor Eduardo. Estou melhor."

Pensou melhor e corrigiu:

"Obrigada pela preocupação, Eduardo. Estou melhor."

Encaminhou um emoji de sorriso, enquanto também sorria e mordia o lábio inferior. Jamais tinha encaminhado emojis para colegas de trabalho, o que deporia contra a solidez de sua imagem no mercado, mas já não raciocinava direito sobre aquela novidade. Deletou a mensagem recebida e a encaminhada, desabilitou a notificação de mensagens e voltou a caminhar. Daquela vez, a 7 km/h.

No início da tarde, passou no shopping a caminho do trabalho e comprou um tênis de corrida, um frasco de Chanel nº 5 e uma maleta prateada de maquiagem completa, com bases supercoloridas, corretivos, rímel, batons, sombras, blushes, lenço demaquilante, lápis de olho e pincéis de vários tamanhos.

Relatório do Inquérito nº 1008451/21 – pág. 13

Transcrição de trecho do depoimento da primeira testemunha a chegar ao local

"O cheiro forte do perfume impregnava tudo. Um cheiro bom, muito bom, sabe? Um perfume doce com o aroma mais diferente que já senti, mas que sempre vai ser, pra mim, sinônimo de tragédia".

40
RAFAEL

Sem vontade alguma de se levantar da cama, o sol ardendo a colcha, Rafael leu os comentários na comunidade e se questionou o motivo de haver gente que sempre relativiza o estupro, como se parte da culpa fosse da própria vítima. Mas deixaria a autorregulação a cargo da própria comunidade. Não tinha nem tomado café, e não começar o dia com raiva de alguém parecia conveniente para não estragar o resto dele. Como precisaria buscar Alice na escola, melhor dar uma geral no apartamento. Trocou a coberta da cama pelo edredom de morango e as toalhas pretas pelas de princesas. Trouxe do supermercado um vasinho de violetas para a mesa de vidro, jujubas, cereal, pizza de caixinha e sopa de letrinhas.

Decidiu não gastar parte de seu tempo de pai enfurnado na internet e finalmente fez a postagem sobre armas. As bandejas de queijo e presunto não saíam de sua cabeça, essencialmente pela reação brutal das pessoas. Tentou abordar outro aspecto: o fato de que ninguém furta comida a não ser para matar sua fome ou dos seus. A Rafael, uma arma na cabeça de um velho sempre pareceria um exagero, ainda mais em razão de uma bandeja de queijo e outra de presunto. Relatou o episódio em detalhes e pediu sugestão aos seguidores sobre alternativas de não uso da força. Complementou com números sobre a assombrosa desigualdade social, questionou as raízes por trás da violência e propôs uma reflexão sobre onde o ser humano pretende chegar com seu ódio. Terminou com uma frase do Papa: "Nós realmente queremos a paz? Então vamos banir as armas para não vivermos no medo da guerra".

Conseguiu vaga a duas ruas do Santa Mônica. O tempo aberto e ameno deixou a caminhada bem tranquila. Ainda a uma rua da escola, escutou o sinal do término das aulas e início da algazarra da molecada. Sem compromissos para a tarde, ele se sentou num banco de pedra e observou o movimento de pais e mães com seus filhos, certos de que proporcionavam o melhor para o futuro da prole. Todos ali tinham muita sorte. De longe, viu Alice brincando de pega-pega com uma das amiguinhas. Mais para o fim do pátio, três meninos com revólveres de brinquedo simulavam um tiroteio. Pareciam adultos, empunhavam as armas assim como nos filmes e mantinham olhares de raiva. Rafael suspirou, balançou a cabeça. Então viu a amiguinha correr para o colo do pai, que acabara de chegar. Todo de branco, sem dúvida um médico. Rafael se levantou e também foi atrás de Alice. As duas foram buscar as mochilas.

— Se deixar, elas brincam a vida toda — comentou Rafael com o pai da menina.

— Pena que crescem.

Rafael apertou os lábios e concordou. — Muito prazer. Rafael.

— Roberto D'Albuquerque Ramos.

As duas logo chegaram com as mochilas, a tempo de evitar o constrangimento de não se ter muito o que conversar com um desconhecido.

— Vambora? — Rafael passou a mão na cabeça da filha.

— Até a próxima — disse Roberto.

Apertaram-se as mãos.

— O pai da sua amiga parece gente boa.

— Ela falou que ele é um médico famoso.

— Muito bom, filha! Médicos ajudam as pessoas doentes.

— E você é o quê?

— Jornalista e escritor.

— Você também ajuda as pessoas doentes? — Ela levantou uma sobrancelha.

Rafael nunca tinha refletido sobre aquilo. — Ajudo muito. — Pelo retrovisor, percebeu nela um sorriso de alívio.

Assim que aceleraram, Alice gritou:

— Sanduíche? — Juntou as mãos e fez um bico.

Rafael deu uma guinada à esquerda e a pequena gritou de alegria.

41
ROBERTO

— Ah, as buzinas de toda sexta-feira... — Roberto riu, manobrou a SUV e finalmente destrancou dois outros carros.

— Você conheceu o pai da minha amiga?

— Sim, parece legal.

— Ele é pai, mas não é pai dela, porque ele não mora com ela e a mãe dela é tipo uma empregada.

— Nossa, que história! Você sabe no que ele trabalha?

— Ele não usa uniforme, então não deve ser importante, né, papai?

— Um uniforme, assim como o meu, nem todo mundo consegue usar. Para ser médico precisa estudar muito, mas muito mesmo. Lembra da palavra que eu sempre falo pra você e seu irmão?

— Meri não sei o quê?

— Isso, meritocracia. Pensa comigo: a filha dele estuda no Santa Mônica, então ele tem condições de pagar; e se tem condições de pagar, ganha bem; e se ganha bem, deve ter estudado muito e se esforçado. Uma coisa leva à outra.

— Sim, papai, eu sei, mas toda vez que o pai dela vem buscar ela ela vai comer sanduíche.

— E...?

— Por que a gente nunca vai comer sanduíche?

— Eu já falei que sanduíche engorda. E, acredite, você não vai querer ser gorda, Angie.

42
LAURA

Havia boa quantidade de vagas livres próximas ao elevador, mas Laura estacionou do outro lado, entre uma pilastra grossa e a parede. O ar condicionado na potência máxima incidia em seu rosto, na tentativa de simular uma hiperventilação, enquanto Adele sussurrava um lamento entrecortado pelo chiado da perda de sinal. Laura puxou a chave da ignição, recolocou-a, tirou novamente, abaixou o para-sol, olhou-se no espelhinho e passou a mão nos cabelos. Jogou-os para trás das orelhas, desfez, tornou a jogar, a desfazer e a refazer. Abriu a maleta de maquiagem, escolheu um batom vermelho e preencheu os lábios. Por fim, borrifou no pescoço o Chanel nº 5. Ao sair do elevador, traçou uma linha direta para sua sala e mal cumprimentou o estagiário Igor, que cruzara seu caminho.

— Doutora Laura, preciso falar com a senhora.

— Depois, depois.

Sobre o teclado de seu computador jazia um bombom embalado em celofane amarelo e um bilhete escrito à mão: "Espero que já esteja melhor". Diferentemente das outras vezes, Laura não tentou impedir o sorriso. Continuava a se culpar, mas, ao mesmo tempo, parecia impossível combater a força que marretava o outrora sólido muro de suas convicções. Ainda antes de ligar o computador, ao notar Eduardo se dirigindo à copa, ela praticamente deu um salto e foi até lá. — Boa tarde, Doutor Eduardo. — Fingiu surpresa.

— Opa, muito bom te ver bem!

— Foi só uma indisposição leve, nada de mais.

— Se me permite dizer, você está... Muito bonita.

Laura pigarreou, apontou para a máquina. — Hum... Vou de *macchiato.*

— Faço questão de preparar. — Ele se antecipou e apertou o botão.

O tempo para encher o copinho pareceu infinito. As mãos se tocaram, quando ele entregou o café.

— Isso aqui não é o mesmo sem sua experiência.

— É?

— Queria contar uma coisa.

Ela deu um gole no café, começou a suar.

— A primeira vez que te vi foi no Tribunal de Justiça, há uns... — Eduardo apertou os lábios. — Uns bons dez anos. O processo do governador do estado.

— Você acompanhou este caso?

— Eu era recém-formado e chegando ao Mills&Miller. Acompanhei o desenrolar da situação e sua sustentação oral.

— Por isso seu rosto não me era estranho.

— Quando me convidaram para trabalhar aqui, reli peças suas contra clientes do meu ex-escritório. Pequenas obras de arte.

— Olha, "pequenas obras de arte" é uma novidade no meu trabalho. Finalmente entendi aquele "joia do escritório".

— Desculpe-me se pareci abusado. Depois, me perguntei se você teria se sentido desconfortável.

— Admito que te achei insolente, mas já passou. Está perdoado. — Laura achou sua própria voz muito doce, de um jeito que nem parecia ela mesma.

— Obrigado, meu Pai — disse ele, o rosto virado para o alto.

— Bom, então é isso. — Ela sorriu. — Preciso voltar a um processo.

— Pode ficar hoje um pouco depois do expediente, pra gente discutir um caso importante?

Laura não se lembrava de nenhum caso importante a ser discutido, mas a curiosidade falou alto. De volta à sala, abriu o bombom e o saboreou pedacinho por pedacinho.

43
ROBERTO

Roberto não acreditava no que estava lendo. Se tinha um assunto que mexia com ele era armas. Se tinha um assunto que ele *dominava* era armas. Como alguém podia dizer tais absurdos, de forma tão rasa e sem nenhum fundamento? Mais claro impossível, o sujeito por trás das postagens da comunidade não fazia *a menor ideia* do que estava falando. Melhor ter só continuado com as bobagens anteriores, mas ousou cometer o erro fatal de puxar aquele tema. Questão de honra contra-atacar, mirando o peito do dono da comunidade e disparando tiros certeiros.

O fato era que ele mal conseguia se concentrar na preparação do laudo de um exame de risco cirúrgico. Alternava as informações a laudar com a lembrança do ocorrido com seu pai anos antes, bem como dos riscos diariamente corridos por sua família e as inúmeras ameaças que o mundo cirurgicamente fazia à parte decente da sociedade. Abandonou a tarefa e foi fazer o mais importante naquele momento.

> **DoctorBob** GentilezaOnline
> Sabem por que vocês se revoltam com a prisão deste assaltante? Porque as bandejas de queijo e presunto não eram de vocês, não foram vocês que suaram pra montar um negócio e ralam dia e noite pra pagar as contas. Vocês, como sempre, adoram a vagabundagem. Vêm com essa balela de desigualdade social, que já encheu o saco de todo mundo. O cara, quando é criminoso, é criminoso, não importa se é rico ou pobre. Pouco me importa se era velhinho, porque vagabundo, quando é vagabundo, não tem idade. O direito a defender nosso patrimônio é inalienável. Mais importante do que a vida é a nossa liberdade. E não vai ser um defensor de bandido, como o administrador desta página, a dizer o contrário. E... Papa? Me poupe, vá. Que autoridade tem este Papa pra falar sobre armas? Ele já precisou defender o patrimônio dele? Ele tem carro à prova de balas e um monte de seguranças pra tomarem tiro no lugar dele e irem direto pro céu. Muito fácil falar do que desconhece, quando se vive numa bolha.

Seguiu para casa alterado. Passava das 18h00 e o trânsito caótico de sexta-feira à noite aumentava a indignação. Por essas e outras iria embora do país assim que pudesse. Da janela de um voo só de ida, mandaria uma banana a toda a mediocridade entranhada numa cultura da qual já estava de saco cheio: gente mesquinha, sonegadora e imoral. Funcionários públicos parasitas de seus impostos pagos corretamente. Meteu a mão na buzina e xingou até a terceira geração do motorista do carro à frente, que tinha freado no sinal amarelo e devia ter acelerado, para Roberto passar na sequência.

44
LAURA

Às sextas feiras, o expediente no escritório terminava às 18h00. Os funcionários desapareciam como por mágica e as luzes das áreas comuns eram apagadas, restando acesas apenas a do corredor e das salas dos advogados com trabalhos urgentes. Naquela sexta, além da sala de Laura, apenas a de Eduardo permanecia acesa. Ela não poderia demorar a ir para casa e quanto antes começassem a debater o tal processo, melhor. A cada passo até a sala de Eduardo, três batidas do coração. E, mais uma vez, diante do vidro do corredor ela ajeitou os cabelos quase de forma involuntária, mas preferiu não se culpar. *Qual o problema em ficar bonita?*, ela se perguntou. Ele não tinha feito um elogio mais cedo? Por via das dúvidas, deixou o celular no silencioso.

— Licença. — Laura bateu o nó do dedo na porta aberta.

— Oi, Laura. — Eduardo devolveu um documento para a mesa de mogno. — Seja bem-vinda ao meu mundo.

— Bonita sua sala, o Bueno e o Scorzzini arrumaram direitinho.

— Foi minha única — ele fez sinal de aspas — "exigência trabalhista". Pedi um fliperama e um alvo de dardos, mas negaram.

Laura viu sobre a mesa uma foto dele ao lado de uma mulher mais jovem, com um garotinho no colo. O porta-retratos tinha na base a palavra "LOVE". Uma ducha de água fria. Preferiu não admitir que achou a mulher muito bonita, enquanto automaticamente enrijecia o corpo e se sentava no sofá. — Qual caso você quer discutir? — o tom de voz secou, assim como a boca.

— O divórcio do casal proprietário do haras.

Nova ducha de água fria. Havia, de fato, um caso a ser discutido.

— Você não prefere me mandar as peças do processo e dou uma olhada? Não tenho as informações de cabeça.

— Não é nada complexo. — Ele saiu de trás da mesa e se sentou na outra ponta do sofá.

Enquanto Eduardo falava, de relance ela reparava nos quadros, na flor sobre a mesa e no formato do tapete. Prestava atenção aos cheiros e pensava num milhão de coisas absolutamente distantes do preâmbulo sobre o caso. Por que estava ali? Como mulher casada e com filhos, não deveria já estar em casa? Melhor fazer uma ata de reunião, para usar como prova contra insinuações que porventura alguém do escritório fizesse a respeito de reuniões fora do horário? À medida que Laura tentava agarrar palavras para juntá-las coerentemente elas estouravam como bolhas de sabão. Haras... Partilha... Cavalos... Camaro... Litígio.

— ... é um caso clichê de adultério — pontuou Eduardo. — Nosso cliente ter sido flagrado no motel com a secretária é um problema para a nossa linha de defesa. Teve detetive particular, sobrou até vídeo compartilhado no grupo da família. Um horror! A esposa veio com tudo pra cima, pretende deixá-lo sem nada e pegar a guarda dos filhos.

— Não posso deixar de concordar com ela, mesmo ele sendo nosso cliente.

— É uma causa relevante. O cliente está disposto a pagar qualquer preço pra diminuirmos o prejuízo.

— Que, neste caso, é líquido e certo.

— Sim, não discordo. Mas qual a linha do escritório nestes processos? Você tem conhecimento de causas semelhantes defendidas pelo Bueno&Scorzzini?

— Olha, Doutor Eduardo...

— Me chame de Eduardo, Laura.

— Eduardo, este caso precisa ser analisado sob a ótica da...

Enquanto ela trazia a jurisprudência, sugeria aspectos a serem abordados e levantava estratégias para encurralar a outra parte, ele parecia não prestar atenção, apenas mirava seus olhos.

— Laura, você sabe que eu não te chamei aqui para discutir caso algum.

O rosto de Eduardo já estava a centímetros do dela, como se ele tivesse sido teletransportado da ponta do sofá até ali. O olhar praticamente a atravessava e queimava de seus olhos até a nuca. Como uma menina inexperiente, Laura mantinha a boca semiaberta, a respiração acelerada e um olhar sutilmente vesgo.

— Como assim?

— Você pode me achar insolente de novo e, desta vez, não me perdoar. Caso não perdoe, eu vou entender e a gente nunca mais fala nisso. Mas eu estou com muita vontade de te beijar.

— Oi? — Laura já estava sem ar.

— Agora.

— Eu sou casada e você também é.

— Eu não sou casado.

Laura apontou para a foto, sem tirar os olhos de cima dele.

— Minha irmã e meu sobrinho.

Seus lábios já estavam tão próximos que se encostariam a qualquer nova palavra dita. Laura escolheu o silêncio. Encaravam-se, quando Eduardo rolou o indicador pela face dela, da lateral do olho até o canto da boca.

— Eu preciso ir. — Ela deu um pulo para trás e foi andando de costas em direção à porta da sala.

Talvez tivesse desejado que ele se levantasse, que a puxasse pela cintura e lhe desse um daqueles beijos de cinema, dos que ela só conhecia mesmo pelo cinema. Rick e Ilsa, Sam e Molly, Noah e Allie. Edu e Laura. Mas ele seguiu impassível, apenas concordou com a cabeça quase imperceptivelmente, como se aceitasse de forma resignada aquela fuga. Laura enfim se virou, saiu do escritório. A cada passo, cinco batidas do coração. Já no carro, o demaquilante apagou os vestígios de sua tarde. Aqueles possíveis de serem apagados.

Então acelerou para casa.

Chorando.

45
MATEUS

Mateus não gastaria seu fim de semana escutando as barbaridades dos amigos dos pais, nem se fosse a última opção para sobreviver a uma catástrofe.

Angélica lhe entregou uma flor de flamboyant. — Teus, eu peguei ontem no parquinho pra se você ficar com saudade da gente você lembrar da gente e se for só saudade de mim você lembrar de mim.

Ele guardou a flor no bolso e abraçou a irmã. — Vou morrer de saudade.

Tão logo Roberto, Laura e Angélica partiram para o hotel-fazenda, Mateus entrou na cozinha com uma sacola. Deixou-a no chão, sentou-se à mesa e passou manteiga numa fatia de ciabata. Nazaré esfregava uma escova de dentes nos rejuntes dos azulejos acima da pia.

— Naza, qual coisa inesquecível você tem vontade de fazer até o fim do ano?

— Oi? — Ela parou de esfregar. — Como assim?

— Ambições, desejos, sonhos.

Nazaré coçou o queixo, estacou os olhos para cima. Voltou a esfregar a parede.

— Tenho todo o tempo do mundo. — Mateus mordeu a ciabata.

Decorrido tempo suficiente para deixar impecável mais uma fileira de rejuntes, Nazaré disse:

— Tô sem ideia.

Mateus se levantou, puxou a escova de dentes e a jogou na lixeirinha sobre a pia. — Quantas vezes você já tirou folga num sábado à tarde, desde quando começou a trabalhar para o Doutor Roberto e a Doutora Laura?

— Eles sempre me mandam cuidar da Angie.

Ele se sentou sobre a bancada de granito. — Quantas vezes você fez algo diferente do que mandam você fazer?

— Ah, se tem um negócio que aprendi com a minha mãe, foi nunca...

— Tá bom, chega desta conversa. Vá tomar banho.

— Pra quê?

— Vamos aproveitar a ausência de seus patrões-carrascos e tirar uma folga de sábado à tarde. Se não tem a Angie pra cuidar e os rejuntes aí já estão um brinco, nada impede que você saia. Vamos passear no shopping mais caro da cidade.

Nazaré arregalou os olhos. — Mas, seu Mateus, eu nem tenho rou...

— Eu já sabia que você falaria isso.

Ele pegou a sacola e deu a ela. — Tem o necessário aí. Enquanto isso, vou me arrumar também.

46
NAZARÉ

Ao cruzar o limite entre a cozinha e a sala de estar, Nazaré teve a estranha impressão de adentrar outro universo, a gostosa sensação de pertencer, o inexplicável impacto de se descobrir um pouco mais gente, um pouco menos ninguém. Sempre enxergara a sala como um lugar para aspirar pó, varrer, passar pano e jamais imaginar como seu. Agora, um ambiente no qual podia até se misturar. Nunca tinha caminhado com um sapato de salto tão fino, já o vestido parecia ter nascido colado às suas curvas. Sentado na poltrona, Mateus tomava uísque de olhos fechados e vestia blazer marrom e chapéu. Nazaré pigarreou, no que ele abriu os olhos e um sorriso.

— Caraca, você tá muito gata! Deixa eu tirar uma foto.

Ela se posicionou, ombros baixos e um olhar nada empolgante.

— Credo, que horror! Vamos fazer uma foto poderosa, vai.

Ele ajustou o chemise e o cinto, deu a ela um ar clássico. Ajeitou o cabelo e pediu que jogasse o ombro um pouco para a frente, fechasse os olhos e fizesse um biquinho, como se mandasse um beijo.

— O senhor é engraçado.

— Hoje, pelo menos hoje, tente não me chamar de senhor, Naza. Por favor. Eu sei, é difícil, mas vamos tentar com vontade. E levante este queixo.

— Tá bom. — Nazaré sorriu.

Mateus sacou a foto, pegou o número e a enviou para o telefone dela, com o texto "Muito linda". — Tenho uns amigos e amigas que me ajudaram a produzir seu visual. Me autoriza a mandar a foto pra eles?

— Claro.

A foto bateu no grupo dos Excluídos com a mensagem "Taí, com maquiagem e tudo".

— Gostei do chapéu.

— O nome é Panamá. — Ele pegou um frasco sobre a mesinha lateral.

— Que perfume é esse?

— Encontrei lá no armário da minha mãe, nem sabia que ela tinha. Mais do que perfume, é um Chanel nº 5. — Borrifou de certa distância.

— Mateus, do céu! Não posso usar as coisas da dona Laura.

— Minha mãe nem vai saber. — Subiu para devolver o perfume ao armário.

Corredores engarrafados, vozerio, filas para entrar em lojas ou para trocar coupons do sorteio de uma BMW na véspera do Natal. A cada ano, os lojistas preparavam mais cedo as decorações natalinas e antecipavam o milagre da abertura das carteiras. Mesmo ainda em novembro, as alamedas tinham papais noéis, trenós, renas, bonecos de neve, duendes, ursos e presentes embrulhados em papel brilhante. De caixas de som camufladas por arbustos soavam velhas canções natalinas. Flocos de espuma simulando neve despencavam de canículos presos ao teto da praça central.

— É lindo — disse Nazaré, com olhos de uma menina de cinco anos de idade.

— Né? A gente entra aqui e os problemas desaparecem. As pessoas gastam muito quando estão felizes, ou, pelo menos, quando pensam que estão.

— Eu tô feliz de verdade hoje.

Nazaré notou encaradas de homens e mulheres, sem saber exatamente se por desdém ou admiração. A cada encontro com o próprio reflexo nos espelhos das pilastras ela erguia o queixo e seguia adiante. Entraram em lojas que ela jamais imaginara como seriam por dentro. Mateus escolheu as mais caras, onde uma bolsa de mão carregaria o valor de dois anos de salário de Nazaré. Experimentaram chapéus, chales, colares e anéis, sempre sob olhares desconfiados de vendedores que logo percebiam que os dois não levariam nada. Compraram ingressos para o cinema e, como ainda restava algum tempo para o início da sessão, seguiram para a praça de alimentação.

— Você já tinha vindo a este shopping, Naza?

— Aqui não é lugar pra empregada.

— Quem te falou isso? — Ele franziu a testa.

Ao lado, um senhorzinho negro de uniforme e touca na cabeça retirava bandejas sujas largadas de qualquer jeito pelos clientes e as jogava num carrinho. Empurrava-o com dificuldade.

Nazaré apertou os lábios. — Olha, seu Mateus, eu agradeço a Deus por tudo o que o senhor tá fazendo. Tô gostando de estudar de novo e tenho fé que as coisas vão melhorar. Mas não tem jeito, quem vem de onde eu vim sempre vai ter a vida mais difícil. Não é só vestir uma roupa bacana e tudo muda. As pessoas não tão nem aí pra realidade de gente pobre.

Uma garota negra varria o chão entre as mesas, Nazaré notou uma senhora de cabelos armados e joias no pulso puxar a bolsa para perto do corpo.

— Aí não é problema seu, é delas. Se for se preocupar com a opinião dos outros, minha filha, tu não vai chegar é a lugar nenhum. Sua realidade é a realidade que você quiser ter. E, sinceramente? Isto aqui é um jogo de aparências. Se dinheiro fosse garantia de afeto e amor, a gente não notaria o olhar perdido destas pessoas carregando sacolas cheias de mentiras que, tipo uma droga, vão exigir que se esvaziem e se encham num ciclo sem fim.

Nazaré o encarou, as palavras mais embaralhavam do que clareavam as ideias.

— O que eu tô querendo dizer, Naza, é que a vida real é a que tá lá fora. De toda forma, se você quiser fazer parte deste mundo aqui você pode, mesmo que tentem te fazer acreditar no contrário. Só não ache que o dinheiro, por si só, é capaz de trazer algum tipo de dignidade.

— O senhor é cheio de palavras bonitas. — Nazaré deu um sorriso triste.

Outro velhinho negro esfregava o chão com uma lança espetada em uma bola de tênis, concentrado em tirar uma mancha no porcelanato. Nazaré constatou que, naquela praça, a única pessoa negra que não estava servindo ou limpando era ela própria.

— Eu quero sair daqui agora, seu Mateus. Por favor.

— Tá tudo bem?

— Eu só quero ir. — Ela apertou os lábios.

Mateus deu a última mordida no sanduíche e se levantou. — Bora pro cinema.

Antes de segui-lo, Nazaré passou o guardanapo na mesa, pegou as bandejas e despejou os restos, caixas e copos na lixeira.

Na fila do cinema, Mateus tentava explicar alguma coisa sobre a estética artística de um tal Scorsese.

— Ah, meu professor preferido. — Um garoto da outra fila se adiantou e deu um abraço demorado em Mateus.

— Oi, Nuno. Vai assistir a qual filme?

— O do Batman. E vocês?

— O do Scorsese.

— Mateusão careta, como sempre. — Nuno gargalhou. — Eu precisava estar com a cara enfiada num livro, mas o que é um livro diante de um cineminha e uma pipoca? Isso se não me derem o cano, claro. — Nuno olhou ao redor.

Neste instante, Mateus segurou a mão de Nazaré e entrelaçou os dedos. Ela comprou o momento e apertou-lhe a mão.

No táxi de volta para casa, Nazaré seguia aérea. Mateus, duas vezes mais.

— O garoto na fila do cinema... É ele, né? — perguntou ela.

— Ele o quê?

— O senhor segurou minha mão pra se proteger.

Mateus manteve o silêncio por dois quarteirões, o rosto virado para a janela. — Não precisa se preocupar nem dar nenhum tipo de conselho, Naza. Só peço que a história não saia daqui. Imagine se meu pai descobre.

— Pode deixar.

— Obrigado por não ter soltado a minha mão.

— Eu ficaria segurando o tempo que o senhor precisasse.

Mateus pousou a cabeça no ombro de Nazaré e fechou os olhos. E, por mais que ela jamais se imaginasse naquela situação, sentiu-se à vontade para fazer carinho nos cabelos dele.

47
LAURA

Nada como um fim de semana respirando ares do campo, para compreender sentimentos complexos e realinhar contradições. Ao sair do escritório naquela fatídica sexta-feira e vagar durante uma hora e meia até sua casa, tendo escolhido um caminho sabidamente congestionado, Laura decidiu parar de pensar em Eduardo e só dar abertura a temas estritamente profissionais. A jornada no trânsito fora um rito de passagem, a retomada de consciência, o retorno do pé ao chão e da cabeça ao lugar. Como alguém que não sabia da vida dela podia invadi-la? Alguém que ela mal conhecia e aparecera outro dia. As palavras "marido" e "filhos" haviam entrado por um ouvido e saído por outro? Que tipo de homem tem tamanha confiança para chegar do nada e tentar beijar uma mulher casada, colega de trabalho, profissional respeitada no mercado? Ninguém jamais cruzara a linha de respeito que ela claramente impôs, desde quando pisou pela primeira vez no escritório. Só mesmo alguém muito confiante, ou folgado, para arvorar-se em Don Juan e ludibriá-la com uma falsa reunião de trabalho, no intuito evidente de assediá-la. Concordar em ir no fim do expediente à sala dele indicava que ela teria dado algum tipo de abertura implícita? Explícita? Mas ela precisava ser justa, de certa forma ele tinha sido até respeitoso. Ou não? Expressar sentimentos sinceros configurava falta de respeito? Eram, de fato, sentimentos sinceros? Ou ele era só um conquistador barato a fim de se aproveitar da primeira incauta que aparecesse? "Aproveitar", palavra horrível! Ela tinha sido a primeira a aparecer? Podia ser tudo, menos incauta. Uma profissional daquele calibre nunca seria incauta. Eduardo sabia muito bem que ela era muito bem casada. Ela usou este termo "bem casada"?

— Ei, Laura, acorda.

— Oi?

— Tô te chamando há séculos — disse a esposa do cardiologista sócio de Roberto, de dentro da piscina. Segurava uma taça de espumante. — Venha nadar.

— Eu tava cochilando.

— De olhos abertos, sei. — A amiga riu. — Volte pra Terra, venha pra água.

Pensar em Eduardo contrariava tudo o que pregava para sua vida e para a vida de suas clientes. Mas, aos quarenta e seis anos de idade, ela experimentava pela primeira vez a sensação de ser desejada por qualidades profissionais e pessoais. Talvez até por sua beleza. Joia do escritório, obra de arte; quando ela ouvira Roberto dizer algo parecido? Eduardo, o atrevido, não só disse palavras insolentes, como, ela se lembrava muito bem, encostou o dedo em sua face. Quem diabos havia lhe dado intimidade?

— Laura — gritou a esposa do dono do hotel-fazenda, também de dentro da piscina. — Só falta você, mulher. Pegue sua taça e venha.

O grito interrompeu o transe para o qual ela voltava recorrentemente a ser atraída. Força muito estranha. O quanto de pecado praticava ao pensar em tudo aquilo? Jatos de água fria bateram em seu rosto. As amigas na beira da piscina gritavam seu nome e gargalhavam. Finalmente ela tirou a canga, pegou a taça de espumante e desceu a escadinha.

48
ROBERTO

O jantar preparado pelo *chef* residente, cortes especiais de carne uruguaia, guarnições, saladas e sobremesas, terminou com as mulheres tomando expresso e os maridos brindando com um copo de leite puro. Esposas e crianças para a área das piscinas, maridos para a mesa de pôquer.

— Texas Hold'em? — perguntou o empresário do setor de óleo e gás. — Cacife de trinta, *blinds* de um e dois?

Fichas distribuídas, um garçom se aproximou com uma garrafa de The Dalmore Cigar Malt e quatro copos.

— Aí pede um charuto cubano pra acompanhar — disse Roberto.

O dono do hotel-fazenda sorriu e sinalizou para outro garçom, que prontamente colocou sobre a mesa uma caixa de Montecristo nº 3.

Cada convidado pegou um charuto, cortou e acendeu. Na primeira baforada, Roberto comentou, de olhos fechados e rosto para cima:

— Ah, Cuba tinha de servir pelo menos pra alguma coisa.

O *dealer* distribuiu duas cartas para cada um.

— E aí, Roberto, algum avanço lá com a empregada?

— Preciso ter calma, saber a melhor hora e como abordar. Mas é questão de pouco tempo.

— Torci pra ela vir — confessou o dono do hotel-fazenda. — Boa oportunidade para apreciá-la na piscina.

— A orientação da sua esposa foi expressa: sem serviçais.

— Mulheres farejam o perigo.

Roberto recebeu dois áses. Dobrou a aposta inicial, todos seguiram.

— E os vizinhos?

— Precisa ver como gargalham do outro lado do muro. E ainda tem a maldita gata que não me deixa dormir. Qualquer dia perco a paciência.

— E se você tivesse um filho gay, Roberto?

— Isso nem passa pela minha cabeça. Meu filho foi bem educado, sou um pai atuante. Não corro o menor risco.

— Pelo que sei, o Mateus é garanhão.

— Pegador e dos bons. Já deve ter pegado metade das meninas do condomínio. — Roberto deu um trago orgulhoso.

— Benza Deus! Adolescente que opta por andar no caminho do homossexualismo vem de família desajustada.

— Sim, mas pra tudo sempre tem solução. O filho começou a ficar meio gayzinho? Só dar um couro e ele muda o hábito. Dar umas palmadas, pra aprender a ser homem.

— Certamente foi o que aconteceu com meus vizinhos: falta de couro.

O *dealer* abriu o *flop* e outro ás surgiu, ao lado de um rei e um oito. Roberto elevou a aposta, um desistiu.

— Conseguiu neutralizar a presença do casalzinho nas áreas comuns do condomínio?

— A velhinha quase-morta foi contra, deu tudo errado. Mas e daí, o que podia fazer? Eu não sou coveiro.

— Não é, mas pode ser. Faça um favor a ela, você só vai abreviar o sofrimento. De que serve um revólver se não pra usar?

A gargalhada foi geral. No *turn*, surgiu mais um rei e Roberto passou a ter um *full* de três ases e dois reis. Subiu pouco a aposta, isca para atrair os adversários para a arapuca. Outro desistiu e o cardiologista pagou pra ver. No *river*, o *dealer* abriu um sete.

— Aliás, eu ando meio puto com este assunto de armas. — Roberto deu um gole no uísque, animado com a probabilidade de ganhar a rodada, mas fingindo desinteresse. — Peguei birra de uma comunidade no Facebook. Sabe aquela coisa de direitos humanos?

— Defensores de bandidos.

— Esterco da vagabundagem.

Roberto finalmente elevou muito a aposta, o cardiologista bateu as cartas fechadas na mesa e o encarou.

— Pois é, não sei por que cargas d'água, um dia apareceu pra mim um post da tal comunidade e resolvi responder. A gente precisa se posicionar e combater, senão esses caras ficam falando sozinhos e o estrago só aumenta. Agora deram pra falar mal de armas, contra a unanimidade na população ordeira. Nós não podemos mais é ter uma geração de covardes, de ovelhas, de submissos. Dentro de casa eu defendo que se tenha uma arma de fogo, ponto final.

— Também acho. Defender o patrimônio é sagrado.

— Até o Papa citaram pra justificar a barbaridade, acreditam?

— Inacreditável! Bota mais uma dose aqui no meu copo, por favor.

— Fim da picada! — Roberto apertou os lábios e inspirou fundo. — Mas e aí, vai pagar pra ver?

O cardiologista pagou. Roberto abriu o *full* e levou o pote. Deu um trago demorado e sorriu.

49
LAURA

Apenas após comprar do monte, Laura notou a dama de espadas descartada pela esposa do dono do hotel-fazenda, necessária para fazer uma canastra real na mão. A partida de 5.000 pontos parecia interminável. Durante as jogadas das outras esposas, reteve o olhar na filha, derrubada num dos sofás no canto do salão de jogos, encolhida entre as pernas e de boca aberta. Culpa da piscina, sol, cavalo, pesca e das corridas atrás das galinhas-d'angola. Quando Angélica gritou que pegar uma galinha tinha sido a melhor coisa que ela já tinha feito na vida, e arrematou com um "eu te amo, mamãe", Laura decidiu, definitivamente, não jogar fora o que construíra durante anos. Por tomar a decisão, o coração amansou. Até conseguiu olhar Roberto com ternura. O marido podia ter um milhão de defeitos, e tinha mesmo, mas foi para quem ela prometeu no altar. A tatuagem não estava em seu pulso à toa. Laura honraria a família que Deus escolheu para ela. Levantou-se, tão logo sua parceira descartou um valete e bateu.

— Vou levar a Angie pro quarto e me deitar também. Alguém me substitua no jogo.

— Eu te acompanho — disse a esposa do empresário do setor de óleo e gás. — Este cheiro de charuto já me enjoou.

Os maridos gargalhavam à mesa de pôquer. Laura pegou Angélica nos braços e as três saíram pelo caminho de pedras portuguesas que delimitava a subida até a área dos aposentos. O vento fresco, a lua cheia e uma sinfonia de cricrilares e coachares pontuavam a caminhada com uma grata sensação de liberdade.

— Não entendo o que tanto riem.

— Quem? — perguntou Laura.

— Os homens, lá dentro. Só bebem, fumam e falam mal dos outros.

Caminharam por mais algumas pedras.

— Vamos lá, me conta o que tá acontecendo, Laura. Na semana passada, no Country, você também parecia estar em outro planeta. Minha intuição é afiadíssima.

— Tenho trabalhado muito.

— Tem alguém?

— Oi?

— Tô perguntando se tem outra pessoa na jogada.

— Você me conhece, eu jamais faria isso. — Laura riu de nervoso.

Chegaram à área dos quartos, circundada por uma larga varanda apontada para a área das piscinas.

— Aconteceu comigo. — A amiga se afastou, acendeu um cigarro, deu um trago demorado e a fumaça se perdeu na noite. — Eu me envolvi com meu professor de pilates. Clichê barato, eu sei, mas... Fazer o quê?

Laura embalava Angélica, arregalou os olhos e manteve o silêncio.

— Meu marido vive viajando. Reuniões, congressos, feiras e tudo o mais, e eu numa sequência interminável de dias sozinha em casa. Não justifica, óbvio, mas o nível máximo de monotonia da minha vida escancarou as portas.

— O que aconteceu?

— Tudo.

— Tudo o quê?

— Ah, você sabe. Tudo. Mas aconteceu uma coisa que não podia, de forma alguma: eu me apaixonei pelo professor. E se posso te dar um conselho, não se apaixone. Cuidado, você vai sofrer e não é pouco.

— Você sabe meus conceitos a respeito do papel da mulher na família e todos os valores que tenho. Não vou recriminar, amiga, pois é algo que só você sente e sabe até onde pode ir. Mas, no meu caso, isso seria impensável. — Laura deu um sorriso forçado. — Desta vez, sua intuição falhou.

A esposa do empresário do setor de óleo e gás apagou o cigarro no parapeito da varanda. — Bobagem minha. Esqueci que é você, Laura. Comigo é muito bom, uma sensação incrível de ser desejada de novo por alguém, sabe? Como Mulher, com M maiúsculo.

Tudo o que Laura tinha a falar sobre o assunto parava na garganta. Em circunstâncias normais, sua reação seria um sermão sobre o papel de submissão da esposa ao marido e a recomendação de uma oração poderosa.

— Ah, deixa quieto, Laura. Tomei vinho demais. No fundo, eu precisava só desabafar.

— É nosso segredo, prometo.

Laura agradeceu a companhia e entrou no quarto. Pousou a filha na cama de solteiro perto da janela, vestiu a camisola e se deitou na cama de casal. *Mulher com M maiúsculo, Clichê barato, Cuidado pra não se apaixonar*. A luz da lua penetrava a veneziana, silêncio entremeado pelo som dos bichos do lado de fora e das conversas e risadas longínquas no salão de jogos. Ela fechou os olhos e correu o dedo para dentro da calcinha. Tocou-se por alguns segundos, o barulho da chave na porta cortou a viagem. Como muitas vezes nos últimos tempos, fingiu dormir, mas os olhos semicerrados acompanhavam tudo. Na penumbra, observou Roberto trocar de roupa e escovar os dentes. Quando ele se deitou, ela o abraçou, enfiou a perna entre as dele e passou a se esfregar. Num movimento rápido, ele a penetrou com força. De olhos fechados, a imagem na mente de Laura não era a do marido ali dentro dela.

Relatório do Inquérito nº 1008451/21 – pág. 13

Os resultados da análise de balística forense indicam que o tiro, à queima-roupa, foi efetuado a uma distância de menos de 15 centímetros. O laudo cirúrgico apontou que o projétil atingiu o ventrículo direito, saiu pelo átrio direito e perfurou ainda a veia cava inferior, responsável por levar o sangue do corpo para o órgão. Alojou-se no tórax.

50
RAFAEL

Devolver Alice nas noites de domingo era cem por cento triste. Oitenta por cento por se despedir da filha, dez por cento por não se encontrar com Marcela e o restante por ver os lábios de Luciana e não beijá-los. Ela sempre o convidava a subir, mas ele nunca aceitava, para não ter de esbarrar com outro homem sentado no sofá que ela namorou durante meses numa loja do centro, logo após o nascimento de Alice, e que o próprio Rafael tinha dividido em 10 parcelas suadas. Como ele não subia, Luciana descia com Jorge, que recebia Alice como se fosse o próprio pai, a bordo de seu sorriso de dentes brancos, tão perfeitos que chegava a dar gastura. E sua voz firme, e seus movimentos suaves e calculados, e seus elogios para forçar um tipo de conexão que Rafael dispensaria nem se restassem apenas os dois no mundo.

— Oi, Luciana. Chegamos — disse Rafael no interfone.

— Não quer subir?

— Tenho um compromisso.

A mesma velha desculpa. Quem teria sempre compromissos aos domingos à noite? Obviamente ela sabia que ele voltaria sozinho para casa e enfiaria a cara no copo de alguma bebida. Vinte anos de convivência nunca deixariam de ser vinte anos de convivência.

Antes de Luciana e Jorge aparecerem, Rafael ajeitou o cabelo de Alice e a mochilinha em suas costas. Ajoelhou-se diante dela. — O papai vai ficar com muita saudade de você, viu? Eu te amo demais.

— Por que você não dorme aqui? Pode ser no meu quarto.

Rafael sorriu e apertou a bochecha da filha. Luciana surgiu sozinha na portaria e Rafael se apaixonou pela enésima vez, como se os dois morassem no meio de um trocadilho sobre couves. Era sempre este o *déjà vu* de domingo à noite. Corrigiu: setenta por cento Alice, dez por cento Marcela e o restante por ver os olhos de Luciana e não poder tê-los.

— Oi, Rafa — disse ela. — Passei um cafezinho há pouco...

A voz rouca o transportou para uma das tantas manhãs de domingo, quando ambos enrolavam na cama para ver quem cederia aos apelos de Alice para prepararem o cereal com leite. Sessenta por cento Alice, dez por cento Marcela, trinta por cento Luciana.

— Você sabe que é melhor não.

— E o livro?

— Agora engatei, não paro mais.

— É sobre o quê?

— É sobre... — pigarreou. — É um drama ambientado na segunda guerra.

— Incrível! — Um sorriso se abriu.

Como pôde durante aqueles vinte anos? Como? Tudo o que desejava, ali, era tocar novamente as costas de sua mão no sorriso dela. Cinquenta por cento Alice, dez por cento Marcela e quarenta por cento Luciana.

— E Marcela?

— Tomando banho. Vocês têm se falado?

— Eu tento, mas você sabe como ela é.

— Um dia tudo vai se ajeitar.

Rafael colocou as mãos nos bolsos e retesou os ombros. Momento constrangedor para duas pessoas que se conheciam como ninguém.

— O Jorge?

— Lá em cima, a cara enfiada no celular.

— Além de tudo é trabalhador...

— Ah, não começa, vai. — Luciana sorriu.

— Bom, eu... Melhor eu ir.

Quando Rafael saiu, percebeu a silhueta de Marcela na janela do segundo andar. Certamente ela acompanhara a cena. Independentemente do juízo da filha a respeito dos três juntos ali embaixo, seu coração amansou. Ele, então, seguiu em frente e sorriu. Trinta e três por cento Alice, trinta e três por cento Marcela e trinta e três por cento Luciana. O um por cento final era a sombra do ex-chefe de uma família perfeita voltando para casa sozinho.

— Um drama ambientado na segunda guerra mundial. — Rafael gargalhou ao entrar em casa. — Seu idiota!

Virou meio copo de bourbon, o corpo estremeceu e a tela do notebook embaçou e desembaçou segundos depois. Bob Marley aconselhava a não se preocupar com qualquer coisa, pois cada pequena coisa ficaria bem. O volume alto não garantia que ninguém do prédio viria reclamar. Isca lançada para atrair uma presa a bater à porta e então Rafael convidá-la a dividir o resto da garrafa, oportunidade em que detalharia, como um bêbado chato e de boca mole, a miséria de solidão que o consumia por dentro. O tão forte que ela jogava em sua cara que ele jamais terminaria seu romance, pela incompetência em transformar dor em palavras. Aumentou um pouco mais o volume. *(...) a interminável queda começou...* Diante da tela em branco, fechou os olhos e, como um louco, passou a bater no teclado aleatoriamente, primeiro devagar, depois com velocidade e força. Ashafdkn/qpoug asdugh.,aipods uganf;.dao9485h3 psndfaopudhf 1125pmu rt-dlanod238h298ht3 aspo dfasp5dfha9nosnh ojsirob456 sdklf0469jwe raoisd[55nabr orotkiv88 ksopdfa58=[3etre tudogirdor376 sd59pfoan sdfaosjd fap~sodifja poi0w4oranosl obriajsdioufh653wuehf q9whgao-02q43hw a0d89inivla soettam6374weh. Depois de meses de insucesso alinhando sujeito-verbo-predicado, ocupando-se da sonoridade dos períodos e burilando construções frasais, em poucos segundos tinha conseguido externar a confusão de sua vida. Mas começou a rir, ao mirar a tela e cogitar lançar um livro de autoajuda com 60 mil "palavras" como aquelas e o título "Como foder com o mundo sendo um perfeito babaca". Fechou seu drama sobre a segunda guerra, colocou mais meio copo de bourbon e abriu o Facebook. Ao ler a resposta do tal DoctorBob na postagem sobre armas, não se conteve.

GentilezaOnline DoctorBob
Você é um doente, cara!
Olha só as coisas que fala o tempo todo.
Não é possível que não tenha nada de bom pra espalhar. NADA! É só ódio, racismo, misoginia, intolerância de tudo que é tipo. Você é incapaz de fazer um comentário positivo e inspirador, de entender a dor do próximo. É impressionante! Você conhece os significados de empatia e alteridade?
Ah, quer saber? Vá pra pu

Ao perceber o caminho tortuoso, Rafael deletou, não gostaria de reler aquilo. Lembrou-se do velho conselho sobre o cuidado para não se transformar num monstro ao lutar contra um. Os algoritmos de Zuckerberg já deveriam ter detectado o discurso de ódio e banido o tal DoctorBob, caso estivessem, de fato, preocupados com isso, mas essa era uma esperança que Rafael não alimentava mais. Como comprar o embate subverteria o nome escolhido para batizar a comunidade, Rafael optou por manter sua própria sanidade: bloqueou o usuário. Matou o copo e apagou, de roupa e tudo.

Do um por cento que saíra da casa de Luciana, já não restava mais nada.

51
MARCELA

Todos os domingos em que Rafael ia devolver Alice, caso estivesse no apartamento, Marcela arranjava uma desculpa para não descer. Prova no dia seguinte, dor de cabeça, banho. Sentir raiva de Rafael serviu durante longo tempo como troco bem dado, mas o sentimento vinha se transformando em pena. Ele era seu pai, afinal de contas. Luciana nem demonstrava mais ressentimento e até forçava a barra ao pedir para Marcela descer e pegar a irmã. O esforço inútil de uma mãe tentando reaproximar pai e filha.

O quadro completo de Rafael, Luciana e Alice embaixo do prédio foi presenciado através de uma fresta na persiana. Se teve saudade de cada momento deles quatro juntos? Indescritível. Quando as copas de uma sequência de árvores plantadas na calçada já a impediam de ver Rafael caminhando sozinho pela rua, Marcela procurou no computador uma fotografia dele. Encontrou uma antiga, dela ainda gorducha, de cabelos claros e arrepiados, sentada em seu colo num abraço cheio de sorrisos. Os dois de roupa de banho, uma praia qualquer. Copiou-a no *pen drive* e a transferiu para o porta-retratos digital. Das cem imagens, uma delas passaria a ser de Rafael. Uma única já estava de bom tamanho. Um por cento. Em seguida, abriu no celular a GentilezaOnline e precisou concordar com os Excluídos: seu pai era dez. Apesar de tudo.

Uma mensagem inesperada de Mateus chegou:

"Oi, amiga. Topa assistir ao Batman?"

"Já assisti". E mentiu: "com a minha irmã".

52
LAURA

Mais uma vez, Laura não pegou a direção do escritório após deixar Angélica na escola. Exercícios, a nova compulsão. Eduardo jamais tocaria alguma parte de seu corpo novamente, não era para ele que ela se empenhava, tampouco para ele a recusa aos alimentos gordurosos durante o fim de semana no hotel-fazenda. Empenhava-se para Roberto, o verdadeiro merecedor de tudo. Diante do espelho, correu por quarenta minutos na esteira e não achou nada mal. Não despertara o interesse de Eduardo à toa.

De volta à casa, ao sair do banho e já de calcinha e sutiã, esquadrinhou o armário aberto, indecisa sobre a roupa. — Quer saber? Vou me arrumar só pra mostrar que não me abalei.

Vestiu saia comprida sóbria e blusa social de botões. Uma fivela segurou o cabelo atrás da orelha. Procurou o Chanel nº 5 e achou muito estranho. Os frascos de perfume sempre ficavam dispostos do lado direito da nova maleta de maquiagem. O Chanel, entretanto, estava do lado esquerdo. Franziu a testa, os olhos foram de um lado para outro rapidamente.

— Isso eu *não* vou admitir.

Desceu as escadas e aproveitou que Nazaré lavava a garagem para entrar no quartinho dela. Farejou como um perdigueiro, passou o nariz no travesseiro, numa toalha pendurada num gancho na parede e numa blusa sobre o espaldar da cama. Nada. Abriu o armário e sentiu por ali a fragrância característica do Chanel. Havia algumas roupas penduradas, mas uma delas se sobressaía das outras: um vestido chique, tipo chemise, estampado em vermelho. Conferiu a etiqueta, uma marca impossível de ser comprada com o salário de Nazaré. Pegou-o entre os dedos, levou o tecido ao nariz. Bingo!

— Ah, criada abusada... — Um calor subiu pelo rosto.

Para piorar, entre sandálias velhas e chinelos puídos destacava-se um sapato fino de salto agulha, também de uma marca impossível a Nazaré sequer passar diante da loja. Teria roubado de alguém? Ganhado de presente? Roberto jamais faria isso, ele mal olhava para a menina. Mateus? Não, Mateus nunca se interessaria por uma empregada, ele havia recebido boa educação. Alguém do condomínio? Estranho tudo aquilo. Fechou o armário e voltou para a cozinha com olhar de paisagem. Ocultou a indignação por detrás de um sorriso falso ao cruzar com Nazaré, que vinha com o balde e o esfregão. Apesar dos indícios, não poderia ainda condenar a empregada, mas ficaria de olhos bem abertos. Como conhecedora dos preceitos mais elementares do direito, Laura bem sabia que não se condena ninguém só com base em convicções.

53
LUCIANA

"Oi, Luciana. Tudo bem? Estou com um problema no trabalho e meu marido também não vai conseguir buscar a Angie. O que acha de pegar as meninas e deixá-las no meu condomínio para brincarem durante a tarde? Minha empregada é ótima e vai cuidar bem das duas."

Como Luciana precisava entregar uma robusta encomenda para a festa de uma empresa, aquela mensagem caía do céu.

54 LAURA

Ao deixar o elevador, Laura correu para sua sala de cabeça baixa. Certamente, o fogo da sexta-feira já teria se apagado, ela deixara claro que não havia chance de se envolverem. Abriu levemente com os dedos as paletas da persiana e observou o movimento no escritório. As luzes da sala de Eduardo indicavam que ele já tinha chegado. Bateram à porta. O coração de Laura pulou, como se enfiasse o dedo na tomada. Arrumou os cabelos, inspirou, armou um sorriso e abriu. Uma jovem de uns 18 anos, óculos fundo de garrafa, cabelos presos e ombros duros, segurava uma pasta de papel sobre o peito.

— Doutora Laura?

— Sim.

— Meu nome é Priscila, sou a nova estagiária — voz quase inaudível. — Comecei hoje.

— E o Igor?

— Ele conseguiu um emprego e eu fui contratada.

Laura gostava do garoto, acostumara-se com seu jeito prestativo. Mas estagiários são assim, fugazes. Eles vêm e vão sem criar vínculos ou deixar saudade. Priscila parecia devagar, quase parando. Quem seria o responsável pela seleção? Moldar a menina às suas exigências de qualidade não seria fácil. Suspirou.

O bombom embalado em celofane amarelo sobre sua mesa e o bilhete “Mil desculpas pela insolência sem fim. Almoça comigo? Como amigos?”, indicavam algo bem mais relevante com o qual ela deveria se preocupar. Inacreditável Eduardo manter a arrogância, tal nível de confiança precisava ser estudado. Ignorar? Responder? Ele mereceria reconsideração por admitir a insolência? Os minutos avançavam e a documentação a ser lida para uma reunião no início da tarde seguia inerte na tela. Laura precisou se convencer de que era melhor responder, pois, de outra forma, não conseguiria produzir nada. Pelo aplicativo de comunicação interna, foi seca:

"Sobre seu convite para o almoço, não vai dar. Eu preciso pegar minha filha na escola."

A resposta veio em segundos:

"Você consegue dar um jeito, Laura. Você QUER dar um jeito..."

Ela jamais tinha cruzado na vida com alguém tão persuasivo. E aquele "QUER" em maiúsculas? E as reticências insolentes?

"Me dê quinze minutos."

Impensável dar um jeito em quinze minutos, a resposta foi apenas para demonstrar consideração pelo convite. Às segundas-feiras, Roberto trabalhava o dia todo no Hospital Alberto Lins. Impossível a ele buscar Angélica e, pensando bem, qual desculpa ela daria? Por atender um paciente atrás do outro, Roberto costumava ficar incomunicável. Se ela quisesse almoçar com Eduardo, e *não* queria, segundas-feiras seriam perfeitas, com menores chances de um telefonema-surpresa do marido.

— O Mateus... — Os olhos foram de um lado para outro. — Pode pedir um carro no aplicativo e pegar Angélica.

O celular do filho deu desligado. Natural, o DaVinci proibia uso de celulares durante a aula. Ela passou as mãos no rosto, arquitetar um plano para um almoço escondido era humilhante. E prestes a declinar do convite uma ideia lhe ocorreu: Luciana, a mãe da amiguinha de Angélica.

"Oi, Luciana. Tudo bem? Estou com um problema no trabalho e meu marido também não vai conseguir buscar a Angie. O que acha de pegar as meninas e deixá-las no meu condomínio para brincarem durante a tarde? Minha empregada é ótima e vai cuidar bem das duas."

Os planetas subitamente se alinharam. Laura telefonou para Nazaré e orientou sobre o almoço. Em seguida, comunicou à portaria do condomínio a placa do carro de Luciana.

"Ok, vamos almoçar. Mas, como você bem disse, só como amigos."

Laura nunca tinha saído furtivamente do trabalho. Previdente, silenciou o celular. Mantinha-se empertigada no elevador, queixo erguido na pose de principal advogada do escritório, para repisar que aquilo não era um encontro, de forma alguma, mas um almoço entre amigos de trabalho. Quando caiu em si, Eduardo a encarava através do espelho.

— Que foi? — perguntou Laura.

— Você parece tensa. É só um almoço.

— Não pensei outra coisa.

— Posso escolher o restaurante?

— Fique à vontade.

Eduardo abriu para Laura a porta da Mercedes-Benz grafite com vidros fumê, perguntou se o ar condicionado estava bom e colocou uma canção para tocar. Jazz. Ela não se lembrava da última vez em que Roberto fizera algo assim por ela, ou sequer se fizera alguma vez. Precisava se policiar, jamais temperaria seu almoço com analogias descabidas. Eduardo não significava nada, era incomparável a Roberto.

— Gillespie.

— O restaurante?

— O trompetista. Dizzy. Gosta?

— Ah, sim, muito bom.

Definitivamente, ela não estava à vontade. Caso Roberto telefonasse, ela revelaria onde estava? Que tinha armado um esquema, uma artimanha para a filha ser buscada na escola por uma pessoa que eles mal conheciam? Enquanto Eduardo explicava sobre a filial argentina do restaurante, Laura fez na mente uma oração, rogou que o marido tivesse o dobro de pacientes e ela não recebesse um telefonema-surpresa.

— ... negras e foie gras.

— Oi? — Laura voltou a si.

— A sugestão do *chef*. Filé mignon ao molho de trufas negras e foie gras.

— Ah, sim. Deve ser uma delícia. Vamos experimentar.

O almoço foi cordial. No cardápio, nada de escritório, processos, tribunais ou litígios familiares, mas jazz, viagens, literatura, cinema e reflexões filosóficas de Eduardo, lugares-comuns que, se não chegaram a impressioná-la, tampouco desfizeram a imagem de alguém com experiência de vida e algo a ensinar. Laura achou fofa a tese dele de que momentos raros como aquele almoço costumam se tornar eternos no coração das pessoas. O mais difícil nem foi aceitar a ideia de ser eterno, mas o fato de ter pensado na palavra "fofa". A todo instante, Laura tentava autobloquear possibilidades de achá-lo encantador. O celular, então, vibrou dentro da bolsa e ela praticamente deu um pulo.

— Licença, preciso ir ao toalete.

Tão logo entrou no banheiro, pegou o aparelho. A mão tremia. Acalmou-se ao ver que era mensagem de uma cliente. Desligou-o, pois, de outro modo, não conseguiria não só não tornar eterno aquele almoço, mas transformá-lo num pesadelo. — Laura, Laura, o que você tá fazendo? — sussurrou, enquanto lavava as mãos.

Na volta, goles demorados no tinto ajudaram-na a não pensar em nada fora dos limites do quadrante trufas negras, foie gras, crème brûlée e ristreto.

Na saída, Eduardo comprou todas as rosas de um garoto sentado na entrada do estacionamento, mas só levou uma e a entregou a Laura. Abriu outra vez a porta da Mercedes.

— Adorei a companhia — disse Eduardo, ainda antes de ligar o carro.

— Eu também. Foi um almoço muito... Agradável.

— Desculpe-me ter falado tanto. Culpa do nervosismo, e olha que me deixar nervoso não é fácil.

— Nervoso? — Laura engoliu em seco. — Você?

— Sua beleza, seu jeito, sua voz...

— Ai, Eduardo, não fala assim, por favor. — A voz saiu doce, máxima culpa do tinto. Em seguida ela o encarou, olhos levemente vesgos, provavelmente com a cara de quem pede tudo sem dizer nada.

— Bom, eu prometi que almoçaríamos só como amigos, então... — Ele fez menção de ligar o carro.

Naquele instante, Laura puxou de uma forma quase bruta o rosto de Eduardo e o beijou na boca, na intensidade com que jamais beijara seu único parceiro da vida. As mãos foram parar nos cabelos dele, as dele nos cabelos dela. Quando se deu conta, Eduardo já escorria a língua pelo pescoço em direção ao colo. Laura fechou os olhos, o rosto virado para cima. Nunca se entregara a alguém daquela forma, a ninguém dentro de um carro num estacionamento, a um quase desconhecido, a uma das tantas cenas não vividas e escondidas nas esquinas mais escuras de sua imaginação. Eduardo desabotoou a blusa, afastou o sutiã e beijou seus seios.

— Chega, Eduardo. — Ela apertava os cabelos dele com força e gemia. — Por favor, não vamos fazer isso. Alguém pode ver. Não tá certo.

Eduardo não deu ouvidos, alguém tão seguro jamais prestaria atenção a um pedido sem qualquer convicção. Descartando o juízo e a culpa, Laura abriu as pernas sutilmente. Eduardo correu o dedo por dentro da saia e afastou a calcinha para o lado. Num movimento brusco, ela pressionou o pulso com a tatuagem RMA contra as costas do banco e tapou os olhos dos três. Não pensava no que estava fazendo, como se tudo o que acontecia dentro do carro não guardasse relação alguma com o que havia fora dele. Se alguém porventura passasse, olhasse, comentasse, achasse um absurdo ou interessante, pouco importaria, porque ali estava uma mulher se sentindo Mulher com M maiúsculo, talvez como nunca na vida.

Até que, numa faísca de lucidez, segurou a mão de Eduardo com delicadeza e a tirou de dentro de si, voltou a calcinha molhada para o lugar e fechou as pernas. Ele atendeu prontamente ao pedido silencioso, dando-lhe mais um beijo leve nos lábios. De olhos fechados, ela arrumou o sutiã e fechou a blusa. Passou a mão nos cabelos, não era mais a Laura que tinha entrado naquele carro minutos antes.

Retornaram ao escritório sem dizer mais nenhuma palavra, ao som de Gillespie, Monk e Hermeto.

De mãos dadas.

Relatório do Inquérito nº 1008451/21 – pág. 7

Sobre a maior poça de sangue ainda impressa no chão foram encontradas flores (item probatório nº 8) e uma corrente com crucifixo (item probatório nº 9).

55
ROBERTO

Ao acessar o Facebook para ver como andava a discussão sobre armas, Roberto estranhou não encontrar a GentilezaOnline. Pesquisou várias vezes, escreveu o nome com hífen, "on-line", sem hífen, "online". As palavras eram juntas ou separadas? Era Gentileza, mesmo? Fez logoff e login. Procurou e nada. Telefonou para sua secretária.

— Você tem perfil no Facebook?

— Tenho.

— Procure uma comunidade chamada GentilezaOnline.

— Pronto — disse a menina, após alguns segundos.

— Achou?

— Achei.

— Ela existe?

— Tá na minha tela.

— Tá bom. Obrigado.

— Só isso?

— Só.

Desligaram.

— Ah, o covarde me bloqueou. — Roberto gargalhou.

Estirado na cadeira de couro, braços cruzados atrás da cabeça, sorriu de satisfação pela fuga do oponente e consequente vitória no debate. Mirou a velha carabina de pressão na parede do escritório. Nada representava melhor a saudade do pai do que aquela arma e as tantas lições aprendidas sobre nunca abandonar um combate, proteger a propriedade, honrar a família e agir como Homem com H maiúsculo. Clicou na pasta de arquivos com imagens digitalizadas de velhos slides. Instantâneos da fazenda, a casa principal, o gramado e as montanhas de eucaliptos; ele de calças curtas e cabelo de cuia, o pai, gordo, barba cheia, botina de couro e suspensório mantendo a calça na altura do peito; a mãe, de quem ele quase não se lembrava muito, derrotada jovem por um coração fraco; o pai com a Smith & Wesson no ombro, Roberto com a carabina ainda nova numa das mãos e um coelho marrom na outra. Dentre as fotos, um único vídeo tremido e em tom sépia, registrado em Super-8, sensação tecnológica da época: o menino Roberto correndo pelo gramado em frente ao estábulo, o gramado que lhe trazia boas e péssimas lembranças. Ao fundo, escovando um garanhão árabe castanho, o homem que tornaria sua vida um inferno interior e o transformaria no Roberto que ele era hoje.

O cheiro de terra molhada e os sons da mata pareceram invadir o escritório...

Fazenda Esperança. Fim da tarde. Quarenta anos antes.

— Ali, Beto! Atira!

— Onde, papai?

— Ah, meu Deus! Atenção, rapaz, não pode vacilar. Se fosse um bicho grande, já teria te mordido. — O pai deu um tapa na nuca de Roberto. — Aprenda uma coisa: na vida, você é caça ou caçador. E você não vai querer ser caça.

— De jeito nenhum, papai. — Uma lágrima escorreu.

— Ei, ei, ei, tá chorando? Homem não chora, rapaz. Nada de se acovardar diante do que você não pode fugir.

— Tá bom, papai. Eu nunca vou fugir.

Seguiram à espreita, por detrás de um grande arbusto.

— Bem ali, entre as duas árvores — sussurrou o pai.

Roberto engatilhou a carabina e disparou. O coelho-do-mato deu um pulo e caiu morto. Abater um animal aos dez anos de idade foi a sensação mais prazerosa que ele jamais tivera.

— Perfeito! — o pai aplaudiu.

Naquela mesma noite, na beira do alpendre da casa principal e sob o céu estrelado da fazenda, os dois dividiam a conversa com um grupo de sapos cantores e comiam o coelho destrinchado e afogado nas batatas preparado no fogão à lenha pelo empregado Francisco.

— Tenho certeza de que você nunca provou um coelho tão gostoso, sabe por quê? — perguntou o pai. — Porque ele foi temperado pelo seu esforço. Você foi lá, batalhou, se preparou, esperou o melhor momento e deu um tiro certo. Foi mérito seu.

O menino prestava atenção à lição, comia com as mãos e lambia os dedos. — Chico, você quer um pedaço? — perguntou.

— Não! — interveio o pai. — Francisco, pode ir.

O rapaz voltou a cavalo para a área da fazenda onde ficavam as casas dos empregados.

— Eu acho ele legal, ele não podia comer aqui com a gente?

— Não podia. Entenda que existe uma diferença entre nós e eles. Você come aqui e eles comem lá embaixo. Você um dia vai ser dono da fazenda, e é bom eles saberem disso desde sempre. Eu já dou muita coisa, dou casa e trabalho. Sempre digo pros empregados que o trabalho liberta, uma lição que essa gente precisa aprender. Lembra daquilo que te falei sobre não dar o peixe?

Roberto deu mais uma mordida no coelho, olhando para a imensidão das terras, sem compreender exatamente a separação que o pai fazia entre nós e eles. O conceito só viria a entranhar muitos anos depois, quando Francisco reivindicou direitos trabalhistas por mais de vinte e cinco anos cuidando da fazenda e, por isso, acabou demitido. A questão foi parar na justiça, numa batalha que levou apenas uma sessão. O pai de Roberto ganhou a ação, aproveitando-se de relações amistosas com o juiz Estevão que, além de fazendeiro e também membro-fundador da confraria da cachaça, era, coincidentemente, pai de sua nora Laura. Sobrou a Francisco o ônus da sucumbência num valor impossível de honrar.

— Podem bater à vontade, aqui a carcaça é boa — disse o pai, no jantar em comemoração à vitória na demanda.

Todavia na semana seguinte sua carcaça não suportaria uma bala calibre .22 à queima-roupa. Sozinho na fazenda, tornou-se presa fácil. O tiro pelas costas o deixou estirado no gramado em frente ao estábulo por horas, até um dos boiadeiros da fazenda retornar do toque da boiada com o sol se pondo e encontrar o patrão sem vida. Testemunhas garantiram ter visto Francisco rondando a fazenda e, a despeito da recompensa por informações proposta por Roberto aos moradores e nativos da região, o ex-empregado nunca mais foi encontrado. A partir da dor daquela perda, a distância entre o *nós* e o *eles* se tornaria para sempre infinita no peito de Roberto.

Ele clicou para fechar a pasta com os slides. Em memória do pai, usou o e-mail da clínica e criou outro perfil: Beto1970. Mais uma vez, deixou sem foto, acrescentou publicações genéricas e compartilhou outras de comunidades quaisquer, tudo para dar credibilidade.

Beto1970
Todo mundo sabe que armas de fogo são utilizadas oitenta vezes mais para impedir crimes do que para tirar vidas.
Só pela estatística, já vale permitir a todo mundo decente comprar uma arma. Porque um bandido destes aí que vocês defendem começa roubando queijo e presunto, e termina na sala da sua casa com uma arma apontada para a cabeça do seu filho.

A isca foi mordida muito rapidamente.

GentilezaOnline Beto1970
Ninguém pode se achar no direito de fazer justiça com as próprias mãos, meu amigo.
A tarefa de manter a ordem é do Estado. Para isso há as polícias, as leis, a Constituição. Senão, vira barbárie.
O cidadão comum nunca vai ter o treinamento adequado que têm os policiais. Arma é sinônimo de morte.
As estatísticas mostram: a chance de uma pessoa morrer num ataque com uma arma é de setenta e cinco por cento e as tentativas de suicídio chegam a oitenta e cinco por cento de "sucesso".
Quanto menos armas melhor, pode acreditar.

Beto1970 GentilezaOnline
Leis? Constituição? E quem acredita em Constituição? O bandido está armado e as pessoas decentes estão presas em casa. Essas estatísticas às quais você se refere são furadas. Se formos falar em estatísticas, quantas pessoas morrem em casa por acidente em piscinas? Você sabe? Muito mais do que por armas. Vamos passar a proibir as piscinas, por coerência. Às vezes tem criança que bota o dedo no liquidificador, liga e o que acontece? Perde o dedinho. E daí, nós vamos proibir o liquidificador?

Laura e Angélica chegaram da rua. A filha veio correndo e se sentou no colo dele.

— Você salvou alguém hoje, papai?

— Tirei um monte de gente da beira do precipício.

— Que é precipício?

Mal encostou os lábios nos de Roberto, Laura saiu em direção à escada.

— Que pressa é essa? Onde vocês estavam?

— Fomos levar uma amiguinha da Angie que passou a tarde aqui. Vou tomar banho, estou cansada. Já desço pra jantar.

Roberto sentiu um cheiro bem diferente do normal, mistura de perfume com algo mentolado. Um mentolado novo. Acompanhou com o olhar a subida de Laura, enquanto começava a explicar à filha:

— Hum, precipício é...

56
MATEUS

A decisão do interescolar metropolitano de handebol vinha mexendo com os nervos dos alunos do DaVinci e do Pitágoras. Como não bastasse a concorrência natural entre as escolas, uma briga numa boate no fim de semana anterior, envolvendo dois alunos rivais, atiçara as redes sociais. Postagens pesadas, xingamentos e memes preconceituosos de parte a parte, ao ponto de ser necessária uma declaração conjunta das direções das duas escolas, conclamando a união e lembrando que aquilo era só esporte.

— Sinal dos tempos — disse Mateus a Espiga, num dos ônibus fretados pelo DaVinci para o ginásio de esportes da cidade. Olha isto aqui. — Mostrou um tweet de um perfil denominado "Helldebol Pitágoras". Um meme com a imagem do filósofo Pitágoras, de olhos esbugalhados e segurando a cabeça ensanguentada do artista Leonardo DaVinci.

— Helldebol?

— Três mil e duzentas curtidas... Cara, isso não te dá um puta desânimo com a humanidade? Eu fico me perguntando qual foi o momento em que tudo mudou. Todo mundo já era assim e tava preso num armário escuro? Quem chegou com a chave e destrancou, liberando este exército de zumbis?

— A internet transforma gente bacana em gente cruel, racista, homofóbica, misógina, xenófoba e idiota. — Espiga suspirou.

— Ou dá voz a quem sempre foi, mas antes tinha receio de se mostrar.

— A pessoa vê outra fazendo, percebe que não tá sozinha e daí já viu, né? O ódio bota as mangas de fora.

— Vira uma bola de neve.

— Perde o controle.

— Chega ao poder.

— Mata a alma de um país.

— Será que o amor ainda é maior do que o ódio?

— Tenho minhas dúvidas. Conheço gente que é um doce no cara a cara, mas se revela o demônio por trás do celular. — Espiga balançou a cabeça para os lados.

— Outras, como o meu pai, nem se dão ao trabalho de esconder. É duro admitir, mas ele seria capaz de produzir um meme como esse do Helldebol.

— Ele repassa *fake news*?

— Ih, o tempo todo. — Mateus imitou a voz de Roberto: — A mentira é relativa, e se for pra atingir um bem maior, tem mais é que ser repassada.

— Esse bem maior também é muito relativo.

— Né?

— Por que o seu pai é assim? Ele não atende o povo humilde lá no hospital? Isso poderia amolecer o coração dele.

— Perdi a esperança. O tempo todo acha que tão tentando — Mateus fez sinal de aspas — "invadir o espaço que ele conquistou por mérito".

— Paranoia.

— Ele quase não acompanha mais a imprensa tradicional, diz que é tudo manipulação. Se o WhatsApp confirmar as crenças, tá tudo certo. Os amigos do pôquer, então, são bizarros. Se você ouvisse as barbaridades que dizem... — Mateus olhou através da janela o ginásio se aproximar. — Outro dia caí na besteira de dar uma olhada no celular do meu pai. Um horror!

— Dose diária de veneno pra alma.

— Cavalar. É cada meme que dá até dó. Meu pai diz que meme é eficiente porque quanto mais simples, mais fácil de compreender. O objetivo não é debater argumentos, isso é bobagem, perda de tempo.

— Você descobre que o mundo vai de mal a pior quando memes passaram a nocautear livros. E tudo no primeiro assalto, muito antes do gongo, largando o livro estirado ensanguentado no meio do ringue, pra delírio da massa.

— Mas sabe o que é o pior? A gente olhar pro lado e ver a porrada de pessoas da nossa idade com essa concepção individualista de mundo. O *meu* é mais importante que o *nosso* e foda-se quem pensar diferente. Aquela coisa da rebeldia da juventude, do inconformismo, da vontade de viver num mundo foda, em que todo mundo seria igual, viveria na paz e o amor comandaria, tudo isso virou coisa de banda dos anos sessenta. Veja a maioria dos alunos lá da escola, gente cheia de ódio, rancor, querendo passar por cima dos outros e gritando que "tem mais é que descer a borracha nestes baderneiros" em referência a quem luta pelos direitos mais básicos.

— Não sei você, mas eu ando com uma saudade enorme do futuro que a gente teria. — Espiga apertou os lábios.

— Ao futuro que a gente teria, que Deus o tenha. — Mateus deu o punho, Espiga bateu.

— E como tá a encrenca com os vizinhos?

— Ah, os caras são gente fina, não fazem nada de errado, ficam lá na deles. São festeiros.

— A felicidade dos outros incomoda, meu amigo.

— E não é pouco.

Por requisição das escolas, a Federação de Handebol acionou a Secretaria de Segurança Pública para reforçar o esquema nas proximidades do ginásio, separar as torcidas e controlar os mais exaltados. Pitágoras para a direita, DaVinci para a esquerda. Em algum tempo, o ônibus que trazia Marcela, Sthéfanny, Ana e Dado encostou e os seis entraram no ginásio. O barulho ecoava no teto metálico e vinha ensurdecedor. Tambores e cornetas se misturavam aos cânticos de cada escola. Quando os sete atletas do DaVinci entraram em quadra, a torcida explodiu. Menos do que o coração de Mateus. Nuno, o pivô da equipe, liderava a fila com a manga da camisa do time dobrada até o ombro e deixava os bíceps à mostra. Os seis Excluídos, abraçados lado a lado, pulavam freneticamente no ritmo dos tambores batidos pelos alunos da banda da escola.

— Segura aí o Mateus, ele vai desmaiar — gargalhou Sthéfanny.

Em meio à euforia, os Excluídos gritavam:

— Mateus! Mateus! Mateus!

— Vocês são uns tontos — devolvia ele.

A entrada do Pitágoras foi bem mais apoteótica. Do outro lado da arquibancada surgiram papéis picados, fumaça colorida nas cores da escola e um painel com a foto do filósofo, formado por cartazes levantados pela torcida. Ao fim das apresentações das equipes, enquanto os juízes faziam os ajustes finais para o início da partida, do meio da quadra Nuno levantou os braços e agradeceu pelo nome gritado pela torcida. A confiança demonstrada pelo capitão indicava quase a impossibilidade de tirarem do DaVinci a consagração.

A partida começou tensa, os jogadores visivelmente irritados. Ainda no meio do primeiro tempo, um princípio de briga entre o ponta-esquerda do Pitágoras e o meia-direita do DaVinci fez as torcidas passarem a se provocar com mais fúria. Certamente, o ódio nas redes sociais tinha contaminado jogadores e torcedores que não eram nada além de garotos comuns de duas escolas. Após dois tempos de trinta minutos, em que por várias oportunidades os jogadores quase chegaram às vias de fato, a partida terminou empatada. Vinte e oito gols para cada lado, com Nuno, artilheiro do jogo, anotando quinze tentos. Um monstro que deixou boquiabertos torcedores dos dois times.

Aos quatro minutos e meio do segundo tempo da prorrogação, a trinta segundos do fim da partida, após uma defesa monumental do goleiro do DaVinci, seguida de um lançamento rápido e longo, Nuno sobrou sozinho na quadra adversária, em situação clara do gol que daria a vitória e a taça. A torcida já comemorava. Ao iniciar o salto, tomou uma voadora do armador central do Pitágoras. Pés nas costas, Nuno voou e a bola escapou. Uma agressão punida com cartão vermelho e que gerou tumulto, sobrando empurrões, dedos na cara e bate-bocas contidos pelos seguranças contratados pela Federação.

Tiro de sete metros. Nuno a ponto de se consagrar. Os seis Excluídos desceram do alto da arquibancada para a primeira fileira, completamente loucos como o resto da torcida. A tensão estava toda do lado da torcida do Pitágoras, parecendo conformada com o vice-campeonato. Nuno quicou a bola em direção à linha de sete metros. Puxou a manga da camisa e mostrou o braço em sua totalidade. O goleiro do Pitágoras se posicionou logo atrás da linha de quatro metros, para diminuir o ângulo. De cabeça baixa, o capitão inspirou de um jeito possível de ser ouvido a quilômetros de distância. Os outros jogadores do DaVinci se abraçavam por trás da linha de nove metros. Subitamente, um silêncio sufocante se fez no ginásio. O juiz apitou, o coração de Mateus disparou. O goleiro se movimentava para os lados, braços e pernas abertos para tirar a atenção e diminuir o ângulo. Nuno ameaçou atirar, recuou, ameaçou de novo e finalmente o arremesso violento e cheio de efeito bateu no chão, no contrapé do goleiro e foi em direção ao gol. Acertou a trave e saiu. A torcida do Pitágoras explodiu, a do DaVinci murchou. Na saída de bola, o DaVinci com um jogador a mais e a seis segundos do fim, o que levaria a partida para a disputa em tiros de sete metros, o meia-esquerda do Pitágoras recebeu o passe, fez uma jogada de corpo por trás da proteção do pivô, subiu num voo extraterrestre por cima da defesa adversária e atirou com violência.

— Puta que o pariu! — gritou Espiga.

— Aaaaaahhhhh! — berrou Marcela, ao mesmo tempo.

— Marca o cara, porra, marca! — Mateus colocou as mãos na cabeça e apontou para a jogada.

O cronômetro apitou o fim da partida no exato instante em que a bola acertou o ângulo direito e estufou a rede. Do céu ao inferno em menos de trinta segundos, o DaVinci desabou na quadra e na arquibancada. Nuno despencou no círculo central com as mãos no rosto, enquanto na lateral da quadra os jogadores adversários comemoravam amontoados no chão. A torcida do Pitágoras foi à loucura, invadiu tudo, praticamente passou por cima dos seguranças que protegiam a grade baixa.

— Com um a mais, cacete, com um a mais! — Sthéfanny dava tapas na cadeira.

Mateus pôde ver, por entre a confusão estabelecida, o mesmo jogador que dera a voadora nas costas de Nuno correr do banco de reservas, dar um pulo por cima do capitão e acertar uma joelhada em sua cabeça. Instantaneamente, Nuno se levantou, correu atrás do agressor, mandou-lhe um direto no olho e o quebra-pau desandou. A torcida do DaVinci também invadiu. Jogadores e parte da torcida deitavam-se na porrada, para o olhar incrédulo da maioria. Uma cena dantesca, inimaginável em outros tempos. Todo o ódio gestado nas redes sociais era descarregado naquele ginásio, cada post ofensivo respondido com um soco, cada meme violento retrucado com um pontapé, cada vídeo engraçadinho rebatido com uma cotovelada. Quando percebeu Nuno cercado por três adversários que o moíam com chutes, de impulso Mateus saltou para a quadra, correu até o bolo e trombou como uma bola de boliche. Agarrou Nuno pela cintura e o jogou longe da confusão, pela saída lateral do ginásio. Apoiou-o em seu ombro e o arrastou até a rua em frente. Com o rosto ensanguentado, Nuno aparentava não entender onde estava. Entraram num táxi e Mateus gritou para o motorista acelerar, enquanto mirava através do vidro traseiro os jogadores do Pitágoras quase alcançarem o carro.

57
RAFAEL

As teses da piscina e do liquidificador plantaram em Rafael mais pena do que raiva do usuário Beto1970. Até quando as pessoas utilizariam falácias elementares para empurrar opiniões goela abaixo dos outros? O quanto ainda valia a ele despender energia num desgaste permanente de sua própria sanidade? Andava um pouco cansado, queria paz, só isso. Eram temas polêmicos; desde que o mundo é mundo o ser humano guerreia, briga, desgasta-se, perde amizades, colhe inimigos e morre mais cedo, tudo para impor suas crenças. Talvez Rafael fosse um otimista incorrigível, porque, não obstante a batalha parecesse fadada a uma derrota humilhante, ele seguia firme na fé em que, em última instância, as pessoas trocariam a intransigência pela tolerância.

GentilezaOnline Beto1970
Eu te convido a pensar diferente, meu amigo, sem ódio no coração. Em vez de armas, botar livros nas mãos de todo mundo. Combater a violência na raiz, diminuir a desigualdade gerando emprego e dignidade para as famílias viverem em paz e felizes. Investir em boa educação, tirar as crianças das ruas, mostrar que é possível ter uma vida longe da violência. É um trabalho duro, eu sei, mas devemos tentar todos juntos. As armas que a gente precisa são as que não matam.

A resposta chegou antes de Rafael deslogar da plataforma.

Beto1970 GentilezaOnline
A hipocrisia reina por aqui. Não se combate violência com amor, meu querido. Vocês adoram falar em desarmamento, mas quando estão com medo pedem proteção de quem? De agentes armados. Espero que vocês tenham a coerência de aceitar, então, agentes armados de livros e de flores. Melhor coisa. Topam?
Você é louco, rapaz!

GentilezaOnline Beto1970
Loucura é achar que todo mundo ter uma arma na mão vai diminuir a violência, e não aumentar. Queremos, sim, a polícia com investimento em inteligência, treinamentos tático e psicológico adequados, bem paga e, quando necessário, armada. É ela quem deve proteger a sociedade.

Beto1970 GentilezaOnline
Como alguém pode ser tão desconectado da realidade desse jeito? No dia em que você perder um pai porque um vagabundo se achou no direito de descarregar uma arma nas costas dele, aí você volta aqui e a gente conversa. Quero ver se você não vai implorar por um revólver para apontar na cara do bandido, e se vai manter esse papinho Poliana de "A Gentileza é a mais poderosa arma já inventada", se um filho seu estiver em perigo. Isso é uma piada! Não proteja sua família, pra ver só no que vai dar. Eu protejo a minha, custe o que custar.

GentilezaOnline Beto1970
Eu nunca vou querer uma arma, é questão de princípio. Eu te garanto que você não viu metade das coisas que eu já vi o revólver ser capaz de fazer. E nenhuma delas é bonita de se ver.

Beto1970 GentilezaOnline
Ah, pois você pode ter certeza absoluta de que tem muita coisa linda que uma arma pode fazer... 🤠🔫

58
MATEUS

O táxi encostou em frente à casa de Nuno.

— Desculpa me intrometer — disse o taxista. — O senhor não prefere um pronto socorro?

— Não precisa, amigo. Vai ficar tudo bem.

Mateus apoiou Nuno em seu ombro. Pousou-o no sopé da entrada, tocou a campainha e esperou. Após alguns segundos, tocou novamente. Meio da tarde, os pais de Nuno deveriam estar no trabalho.

— Nuno, acorda. — Bateu-lhe de leve no rosto.

— Oi — balbuciou Nuno.

— A gente tá na sua casa, mas não tem ninguém.

— Tem uma chave ali atrás do vaso — foram as palavras antes de apagar novamente.

Mateus deitou-o no sofá com a cabeça sobre suas pernas e pressionou os hematomas com uma compressa gelada. Numa velocidade jamais sentida, seu coração batia pela pessoa responsável por tirar seu chão. Sentia-se finalmente dentro do perfil de Nuno, ele próprio uma parte indissociável daquele mundo. A ânsia de acariciá-lo nos cabelos parecia infinita. Tomado pela incerteza e medo quanto à reação, tocou os dedos apenas nos fios longe da cabeça. O mais próximo que jamais conseguira chegar naquela jornada de dois anos de absoluta paixão.

Nuno abriu os olhos. Mateus recuou a mão.

— Obrigado por me salvar, Mateus — a voz saiu mole. — Não fosse por você, eu estaria mais fodido ainda.

— O importante é você ficar bem.

— Cara, eu estraguei tudo. A gente podia ter ganhado, eu não podia ter errado aquele tiro.

— Só erra quem tenta e não tinha ninguém mais preparado.

A conversa sussurrada deixava Mateus à beira da loucura.

— Com que cara vou chegar na escola amanhã?

— Todos no DaVinci têm gratidão pelo seu esforço.

— Eu te amo, cara, de verdade. — Uma lágrima escorreu pelo rosto de Nuno.

Numa fração de segundo, aquela declaração preencheu de coragem o peito de Mateus. Ele se aproximou, voltou, suspirou, refletiu e finalmente mergulhou de cabeça. Encostou sua boca na de Nuno, que correspondeu prontamente. O beijo suave se tornou em pouquíssimo tempo violento e desconexo. A mão de Mateus apertava os cabelos de Nuno, que colava com força os lábios e ofegava. Para muito além de paixão adolescente, um amor que rompia barreiras julgadas intransponíveis por Mateus.

Subitamente, Nuno puxou o corpo e se jogou para fora do sofá, como se tivesse levado um choque suficientemente forte para tirá-lo de um transe iniciado na primeira joelhada na cabeça.

— Que porra é essa? — gritou.

— Eu...

— O que você tá fazendo? — Passou com força as costas da mão na boca, levantou-se e tomou distância.

— Desculpa, eu não...

— Some da minha casa, seu viado.

— Não, Nuno, você não tá me entendendo. Eu...

— SAI. DA. MINHA. CASA!

Mateus se levantou e foi em direção à porta.

— Desculpa, Nuno. Desculpa.

— Desaparece, minha vontade é encher tua boca na porrada!

Antes de chegar à esquina, Mateus já chorava, sem fazer a menor ideia se virava à esquerda, à direita ou estacava no meio da rua e aguardava ser acertado em cheio por algum veículo ainda maior do que o que acabara de atropelá-lo.

59
RAFAEL

O afogamento deu as caras e o atingiu em cheio, violento. De sono profundo a de pé na cama num milissegundo. Apneia, sufocamento, a boca preenchida de saliva grossa, um episódio de micromorte e ressurreição dos que havia anos Rafael não sentia. Correu para o banheiro, escarrou, ofegou intermitente, tossiu e voltou para a cama. O relógio marcava três e quinze da madrugada. *Você é louco, rapaz. Totalmente desconectado. A hipocrisia reina por aqui. Papinho Poliana de gentileza.* O sono foi embora de vez com aquela profusão de frases que começaram a se repetir em sua mente. Louco por achar que o mundo ainda tinha salvação? Por sonhar que os discursos de amor um dia poderiam ser mais fácil e rapidamente compreendidos do que os de ódio? Por imaginar pessoas e países derrubando barreiras e usando a solidariedade como arma? Por pregar a paz acima de tudo e o respeito acima de todos? Gastou o resto da madrugada nestas perguntas. Tolas, certamente, aos ouvidos de cada vez mais gente no mundo.

De repente, quando o sol atingiu seu rosto e como se uma bomba tivesse acabado de detonar em seu colo, finalmente tudo lhe pareceu absolutamente claro. Por que demorou tanto a notar o óbvio? Claro, era aquilo! A resposta esteve o tempo todo à sua frente, esfregada em sua cara pelo universo de discussões na GentilezaOnline. A história que o rondara tanto tempo se apresentava límpida à sua frente.

Sim, ele precisava escrever sobre toda aquela loucura.

60
ROBERTO

O miado se assemelhava a um choro doído, a um lamento, à ária desesperada de uma soprano em uma ópera trágica. Tudo misturado.

— Eu não acredito. — Roberto se levantou e começou a andar em círculos, puxando os próprios cabelos. — Laura. — Sacudiu a esposa.

— Hum.

— Tá ouvindo?

Laura não respondeu.

— Laura — gritou Roberto. — Acorda.

— Que horas são? — a voz saiu mole.

— Pois esta é justamente a pergunta: que horas são?

— Pra isso você me acordou?

— Não, *eu* fui acordado a esta hora, quatro e vinte da madrugada.

— Ah, deixa eu dormir, vai. — Laura se virou.

Roberto desceu para beber água e respirar. Manteve as luzes apagadas ao som do miado tornado esganiçado, quase uma sequência de gritos de horror a servir de trilha para as sombras projetadas pelas luzes dos postes na rua, que invadiam a cozinha pela janela basculante acima da mesa. Sua paciência já tinha ultrapassado o tolerável e, definitivamente, a situação não podia continuar. Tal qual um lampião aceso no meio de uma floresta fechada, porém, a porta de acesso à área de serviço o atraiu feito um inseto. Hipnotizado e com a desculpa de pegar uma vassoura para espantar a gata, pisou leve até se prostrar diante do quarto de Nazaré. Não raciocinava direito sobre o tanto que a raiva por ter sido acordado no meio da noite se misturava ao tesão que já o invadia. Os gritos felinos desapareceram de sua mente. Abaixou o trinco e abriu uma fresta. A luz da rua iluminava o suficiente para mostrar Nazaré deitada de costas, vestindo camisola branca. Deitar-se atrás dela, tocar sua pele macia e desenhar cada curva com os dedos, trancar a porta e só sair de lá após fazer tudo o que não vinha conseguindo tirar da mente. Metade loucura, a outra metade loucura em dobro. Começou a se tocar sobre a calça do pijama, a respiração ofegou. Nazaré então se mexeu e abraçou o travesseiro, movimento que trouxe Roberto à realidade. Os berros da gata voltaram. Ele fechou a porta e deixou a área de serviço com a vassoura na mão.

O dia amanheceu nublado e quieto. Angélica, de uniforme e mochila pronta, praticamente dormia em cima do prato de cereal com leite. Laura passava manteiga numa torrada e Roberto lia o jornal diante de uma xícara de café.

— Tão arrumada e perfumada... — comentou ele, sem tirar os olhos do jornal.

— Eu? — perguntou Laura.

— A Angie é que não...

— Não posso me arrumar?

— Pode, claro. — Roberto acentuou o tom irônico na voz. — Só não costumava usar tanta maquiagem e perfume pra trabalhar...

— Não é que a lindeza fica no coração, papai?

— Isso mesmo, meu amor — respondeu Roberto.

— E as meninas podem brincar de tudo o que os meninos brincam, porque nós somos mais fortes do que eles, não é? Os meninos podem ser sensíveis e as meninas não podem ficar com medo de ser valentes. O que é sensíveis, papai?

— Conversa mais sem pé nem cabeça! — Roberto deu um gole no café. — Eu, hein!

A campainha da casa soou.

— Depois a mamãe te explica, filha. Atenda lá, Nazaré. — Laura completou o leite no cereal da filha.

— Sim, senhora, com licença.

Logo ela retornou.

— Seu Roberto, é o vizinho.

— Que vizinho?

— O da esquerda, Marcos.

— Ah, você quis dizer "vizinha" — debochou.

— Ela... Ele quer perguntar uma coisa.

— Já não se pode mais nem tomar café da manhã em paz neste condomínio, agora. — Roberto dobrou o jornal e o jogou sobre a mesa. Caminhou até a porta principal.

— Sim?

— Bom dia, Roberto. A Lady, nossa gata, amanheceu morta aqui na frente da minha casa.

— Sim?

— Sinal de envenenamento por chumbinho, veneno de rato.

— Chato, não? E...?

— Eu queria só saber se vocês sabem de alguma coisa, se isso já aconteceu antes aqui no Diamond Garden.

— Se tivesse acontecido, o que teria um fato a ver com o outro?

— Estou só perguntando, afinal de contas vocês moram aqui há mais tempo.

— Pois é, moramos. E...?

— Eu...

— Você tá insinuando o quê?

— Não, de forma alguma.

Encararam-se alguns segundos e Marcos completou:

— Bom, se souberem de alguma coisa...

— Eu não vou saber de nada, pode ficar tranquilo.

Roberto retornou à cozinha, o rosto fervia. — Agora a bichinha deu para vir me ameaçar.

— Ameaçar por quê, Roberto?

— Mataram a gata vira-lata — ele afinou a voz e fingiu chorar —, deram veneno pra ela, tadinha.

— Por que alguém fez isso, papai? — Angélica fez um bico.

— Sei lá, mas quem fez merece uma placa.

— Os tios donos da gatinha devem estar tristes, né?

— Vamos encomendar uma coroa de flores. — Ele riu. — Só não admito que venham ameaçar a minha família.

— Ele te acusou de ter feito? — perguntou Laura.

— Veio aqui a esta hora com qual intenção?

— Não sei, pode só ter sido uma...

— Vamos ao nosso quarto, Laura. Chame o Mateus. Já passou da hora de eu fazer uma coisa. — Roberto se levantou. — Nazaré, cuide da Angie, não deixe ela subir sob hipótese nenhuma.

Roberto apontou para o armário. — Vocês sabem que eu guardo uma arma aqui, certo?

Ambos concordaram com a cabeça.

— Pois bem, vou dar a vocês o código do cofre.

— Pra que a gente precisaria de um código pra pegar uma arma? — perguntou Mateus.

— Porque o vizinho me ameaçou, e se algum dia for preciso vocês sabem o que fazer.

— Eu não sei nada, não tenho o menor interesse em saber — Mateus levantou a voz.

— O viadinho veio na *minha* casa, no *meu* condomínio, jogar indiretas como se *eu*, morador daqui há anos, tivesse dado veneno pra gata vira-lata deles.

— Que que você tá falando? Minha mãe disse que ele só veio perguntar se você sabia de alguma coisa.

— Minha propriedade privada é sagrada. Se um dia invadirem, sairão daqui direto pro necrotério.

— Dá licença, eu tenho mais o que fazer da vida. Não preciso saber código nenhum. — Mateus saiu de volta para seu quarto.

— É 1970 — gritou Roberto.

— Ah, quanta originalidade — resmungou Mateus.

— Você não tá exagerando, Roberto?

— Quando se trata da segurança da minha família, nunca será exagero.

Agora suas madrugadas voltariam a ser de paz. E se guerra os vizinhos pediam, guerra teriam. E da pesada.

61
LAURA

Todos os dias do resto da semana foram únicos. Do instante em que acordava até os últimos suspiros antes do sonho à noite, a sensação de flutuar num espaço claro, ilógico e suave a impedia de questionar suas atitudes, até onde estava disposta a ir e o quanto do peso da culpa seria capaz de suportar sobre os ombros. Bombons sobre o teclado, bilhetinhos com frases maliciosas, poemas que surgiam no meio do expediente, trocas de olhares nas reuniões e diante da máquina de café da copa. O *macchiato*, ah, o suave cheiro do *macchiato!* A pouca esperteza da nova estagiária, tampouco um processo que tomou dois dias de análise, conseguiria tirar daquela o título de "a melhor semana passada no Bueno&Scorzzini desde sempre". Por prudência, e para não estragar a magia da história, ela evitou sair de casa maquiada e perfumada. Achou a indireta de Roberto muito capciosa naquele café da manhã e todo cuidado era muito pouco.

No meio da tarde de sexta-feira, o esperado convite para a discussão de um processo fictício no fim do expediente espocou em sua tela. Laura dispensou Priscila antes das 18h00 e enviou uma mensagem a Roberto, informando de uma reunião convocada em cima da hora. Tão logo sobraram acesas apenas a sua sala e a de Eduardo, ela ajeitou os cabelos, colocou uma bala de canela na boca e saiu com uma papelada qualquer.

— Toc toc... — Botou a cabeça dentro da sala.

Eduardo abriu um sorriso, semicerrou os olhos e a encarou, um ar quase de menino. Em silêncio, na segurança do poder que exercia, chamou-a com o indicador. Como uma presa hipnotizada pelo predador, ela foi desabotoando a blusa. Nunca tinha andado assim, desfilando. Ali estava a "advogada temida no mercado" enfeitiçada por uma armadilha plantada diante de seus olhos. Aproximou-se da mesa e levou o rosto em direção ao de Eduardo, que se levantou da cadeira e a beijou. A claridade da sala de Laura, na outra ponta do escritório, entrava tênue e transformava o ambiente na locação de um *film noir*. Ela o atraiu para o sofá, as mãos entrelaçadas atrás da nuca. Abriu as pernas e revelou tudo o que a saia não desejava mais esconder desde as trufas negras com foie gras. Removeu qualquer barreira que ainda restava, Eduardo poderia fazer tudo com ela.

E fez.

Relatório do Inquérito nº 1008451/21 – pág. 8

As gotas de sangue, espalhadas ao redor do local onde a VÍTIMA estava deitada de costas, apresentavam o formato arredondado. Essa evidência indica (conforme o Manual de Criminalística e Balística Forense – 3º Ed. – Pág. 218) que o sangue caiu de uma altura baixa. Pode-se garantir que a VÍTIMA se encontrava sentada no momento do disparo.

62
NAZARÉ

Nazaré lavou a louça do almoço de domingo, a cozinha brilhava. O céu nublado desde cedo havia furado o programa no Country Club, o que foi até conveniente, pois ela precisava se preparar para a primeira prova de geografia. Dinâmica de espaços urbanos, geopolítica, dados socioambientais, todo um linguajar absolutamente distante de sua realidade, como se ela fosse um alienígena esquecido na Terra e precisasse encontrar um jeito de se comunicar para sobreviver. A base fraca da escola pública, onde a motivação das crianças sempre esteve muito mais na merenda oferecida no recreio, do que nos ensinamentos passados por professores mal pagos e desestimulados, cobrava seu preço. Mas aquele quartinho 3x2 precisava um dia deixar de ser o seu universo, ela queria mais, muito mais, tinha sido picada por um inseto que injetara em suas veias um veneno-vacina capaz tanto de amedrontá-la quanto de impedi-la de desistir. Não, havia muito ela não acreditava mais nos contos de fadas narrados por sua mãe, quando ela era só uma criança assustada pelos sons da miséria e da violência no bairro onde vivera na infância. O mundo não tinha príncipes, muito menos para meninas sem as cores da pele e dos cabelos das princesas dos livros coloridos na estante de Angélica. O mundo não era feito de castelos, carruagens e bichos falantes, mas dureza, medo, solidão e monstros em forma de gente. O mundo não era feito para gente como ela, e um improvável final feliz de sua própria história passaria necessariamente pela tábua de salvação atirada por Mateus. Só o tempo diria o quão longe Nazaré chegaria, mas ela faria de tudo para honrar a confiança, porque não mais se via num futuro de lavar, secar, arrumar, tampouco empurrar carrinhos, limpar bandejas ou esfregar bolinhas de tênis no chão de palácios reservados a outros.

— O que você tá fazendo?

Nazaré se assustou ao notar um vulto em seu quarto.

— Desculpa, não vi o senhor entrar. — Ela se aprumou na cama.

— Um computador? — Roberto apontou com o queixo.

— Ele é... Eu... O seu Mateus me deu.

— Como assim, te deu? Este notebook é novo, o Mateus ganhou ano passado.

— Eu não pedi, ele me deu de aniversário. — Nazaré ameaçou se levantar. — O senhor pode perguntar lá pra ele.

— Fique sentada, não vou atrapalhar.

— A dona Laura pode precisar de mim.

— Ela está no quarto da Angie, fique tranquila.

O tom da voz de Roberto saía quase sussurrado, como se para evitar que alguém soubesse da visita inesperada ao quartinho da empregada. O coração de Nazaré nunca tinha batido tão forte, o patrão jamais entrara em seu quarto com ela dentro. O hálito não deixava dúvidas de que ele tinha bebido.

— Pra que você precisa de um computador?

— Eu... tô estudando.

— Pra quê?

— Pra me formar no ensino médio — a voz saía quase inaudível.

Roberto se sentou na cama. Nazaré colocou o notebook sobre as coxas e puxou a saia para baixo. A perna dele tocou a dela, subitamente afastada em direção à parede. Nazaré não conseguia raciocinar.

— Estudar é importante. — Ele apontou o indicador para ela. — E hoje ainda inventaram cota pra tudo, o que vai facilitar muito pra você. Mas o mercado anda ruim, vai ser difícil você achar um lugar bom como este aqui pra trabalhar.

— Aqui é muito bom.

— E, se quiser, você pode ter uma vida ainda bem mais interessante nesta casa...

Nazaré sentiu que precisava sumir dali o quanto antes. — Olha, eu posso devolver o computador pro seu Mateus.

— Não, não. Se é seu, agora é seu. Mostre pra mim o estudo.

Nazaré virou o notebook, as mãos tremiam. Roberto não olhou para a tela, apenas encarava Nazaré, que mantinha o olhar para baixo. Então ele tocou as costas dela, subindo e descendo o indicador de um jeito nada sutil.

Ela se levantou num salto. — O senhor me respeita! — um grito num volume que ela jamais imaginaria para se dirigir ao próprio patrão. Uma resposta a três anos de assédio velado e a súbita certeza de que nada mais seria como antes.

Roberto travou os dentes. — Se começar nesse tom comigo, a gente vai ter problema.

— Desculpa, seu Roberto. Eu... preciso brincar com a Angie.

Nazaré atravessou a cozinha e subiu as escadas em direção ao quarto da menina, o coração batia acelerado. Errou o rumo, foi em direção à suíte do próprio Roberto, depois voltou e entrou no ambiente correto. Laura digitava no celular e Angélica desenhava numa cartolina branca no chão. A patroa pareceu tomar um choque ao vê-la, virando a tela para baixo.

— Que cara é essa, Nazaré?

— A Angie pode ir no parquinho comigo?

— Oba. — A menina largou o lápis.

Descendo as escadas, Nazaré viu Roberto plantado no meio da sala. Ela baixou o olhar e passou de mãos dadas com Angélica. Precisava urgentemente respirar um ar que não o mesmo daquele homem.

63
LAURA

— Muito estranho — disse Roberto ao entrar no quarto.

Laura, deitada na cama, virou-se e jogou o celular sob o lençol. Colocou providencialmente a perna sobre o aparelho. — Estranho o quê?

— Eu estava na cozinha e ouvi um barulho de computador no quarto da empregada. Fui lá ver e imagina só...

Laura franziu a testa.

— Adivinha como alguém sem a menor condição de comprar um notebook conseguiu um? — continuou ele.

Ela o encarou e esperou a resposta.

— Vá lá ver no quarto do seu filho onde está o notebook que dei pra ele ano passado.

— O Mateus só pode estar de brincadeira.

— Eu não dou mais nada pra este moleque.

— E por que uma empregada doméstica ia querer um computador?

— É a mesma pergunta que me faço. Inventou de estudar e, daí, no dia em que pegar o diplominha do cursinho pé-de-chinelo online, virá exigir aumento e pedir férias toda hora, com a cara mais lavada do mundo. Corremos o risco de encontrar a coitada até na Disney, uma festa danada da qual a gente odiaria participar. Essas pessoas são assim, não reconhecem nossos esforços e na primeira oportunidade nos dão um tiro pelas costas. Se vier de conversinha pro meu lado, sou capaz de mandar embora na hora. Tem uma vida de rainha aqui em casa e não valoriza. Esse povo precisa tomar ciência de que o desemprego anda absurdo e basta a gente estalar os dedos pra aparecerem vários, tipo moscas numa carniça, topando ganhar bem menos.

— E fazendo um serviço bem melhor.

— Minha vontade é cobrar do Mateus o valor do computador. Pensa que achei meu dinheiro no lixo? — Roberto travou os dentes. — Ele que não me venha pedir nada de Natal, ah, mas não venha mesmo.

— Não fale nada com ele ainda, Roberto. Vou investigar isso daí.

Os fios se entrelaçavam numa trama a cada volta mais resistente. Primeiro, um vestido e um par de sapatos. Agora, um computador. Havia muito Mateus não namorava e era o fundo do poço ter escolhido justamente a empregada. Ele não frequentava mais o Country Club e a igreja, não se interessava pelas filhas dos amigos do casal, meninas de posse, estudadas e bonitas. Meninas brancas. Laura deveria ter previsto que uma garota como Nazaré elevaria às alturas as taxas hormonais de

Mateus. Precisava urgentemente descobrir que tipo de coisas os dois já tinham feito juntos, para desvendar o nível da falta de noção do filho.

A porta do quarto dele estava fechada. Ela bateu, ele não respondeu. Abriu-a devagar, esquadrinhou o ambiente pela fresta. Chuveiro elétrico ligado. Vasculhou o quarto atrás das peças que completariam o quebra-cabeças e ratificariam o que já havia passado, e muito, de mera convicção. Levantou livros, leu papéis sobre a escrivaninha, esmiuçou folhas amassadas na lixeirinha, investigou a carteira e procurou fios de cabelo de Nazaré sobre o colchão. Cheirou o travesseiro. Evitou, contudo, imaginar a meliante e o filho deitados naquela cama. Os ruídos do banho persistiam, teria tempo de confirmar a tese que explodiria como uma bomba no seio da família. Seu papel como mãe era desarmá-la antes da detonação. Com que cara chegaria no clube? Como conviveria com a sombra de ter uma empregada como nora? Quanto de esforço seria necessário para ocultar das amigas uma tragédia de tamanha proporção? Encontrou o celular de Mateus e o tomou nas mãos, conferindo a exata posição sobre o criado-mudo. Ligou, surgiu a tela preta com bolinhas brancas dispostas numa matriz de três linhas e três colunas. Necessário digitar um padrão, a quantidade infinita de combinações exigiria lógica e sorte. Três tentativas antes de o aparelho bloquear e deixar algum rastro da investigação. A primeira investida pareceu óbvia: desenhou a letra "M", mas o celular mostrou a mensagem "Padrão incorreto". Tentou, em seguida, um padrão aleatório: um quadrado. A mensagem se repetiu. O tempo do banho já parecia longo demais e terminaria a qualquer momento, ela precisava agilizar. Uma ideia então lhe ocorreu, mas pediu a Deus não ser aquilo. Traçou lentamente o dedo pela tela e formou a letra N. Quando o celular aceitou o padrão, Laura quase desmontou. Sentou-se na cama e tentou controlar a respiração acelerada. A cada passo, mais ela se aproximava de confirmar as suspeitas. No WhatsApp, rolou a tela para baixo e finalmente encontrou o elemento que transformava a convicção no conjunto de provas irrefutável de um crime: uma única mensagem enviada por Mateus a Nazaré, com o texto "Muito linda" e a foto dela usando o chemise vermelho pendurado no armário e fedendo a Chanel nº 5. Nazaré fazia uma pose sensual, exibia um decote que exalava sexo e lançava um biquinho em direção à câmera, como se beijasse a boca de Mateus, menino educado com rigor e que, agora, apunhalava a própria mãe pelas costas ao se envolver com uma empregadinha. Foto tirada no mesmo fim de semana em que a família viajou para o hotel-fazenda, condição perfeita para Mateus fazer da casa o seu castelo e da empregada a sua princesa.

O choro desceu, Laura levou a mão à boca. O chuveiro foi desligado, ela se descompensou e, mãos tremendo, fechou o aplicativo e retornou o celular para a exata posição em que o encontrara. Voltou para seu quarto, não conseguia mais respirar o ar fétido daquele cenário, tampouco dirigir seu olhar para a cama onde, certamente, Mateus tinha feito amor com Nazaré. Feito amor, não, transado. Degradante imaginar a cena, o cheiro, os gemidos. Conceber a ideia de seu filho expressar algum tipo de sentimento pela pretinha chegava a lhe dar náuseas.

64
ROBERTO

Roberto não se lembrava da última vez em que tinha visto a esposa chorar. Como bem dizia o pastor, Laura era uma fortaleza inabalável da comunidade, farol de Deus, serva com entendimento acima da média dos mistérios da vida.

— É alguma... coisa comigo? — a voz saiu vacilante, pelo medo de Nazaré ter contado, ou melhor, mentido sobre sua visita ao quartinho. Independentemente do que a menina tivesse dito, sempre seria mentira.

Laura se sentou na cama, abraçada ao travesseiro. — Feche e tranque a porta.

Roberto obedeceu, coração acelerado. Melhor fingir calma e evitar fazer prova contra si.

— Despeça a empregada agora.

— Despedir por quê, Laura?

— Porque eu quero, porque eu tenho o direito de escolher quem vai trabalhar pra mim.

— Mas a Angie gosta dela. É por causa do notebook? A gente pega de volta.

— Roberto, eu só quero aquela mulher longe daqui. Por favor, vá lá e faça o que eu tô mandando.

— Mas a gente vai ficar sem ninguém pra ajudar?

— Tenho uma indicação de uma senhora da igreja e vou ligar ainda hoje, para ela começar amanhã cedo. Se é da igreja, é de Deus. Se é de Deus, é da família. Eu nem sei qual é a religião da atual empregada. Se tiver alguma, e eu duvido, deve ser daquelas coisas africanas e eu não vou deixar uma pessoa sem valores religiosos e morais ter contato com a minha filha. Deus acima de todos, é o que se prega nesta casa. A nova empregada vai cuidar da Angie muito melhor do que a atual.

— Não tô te entendendo, Laura. Juro.

— Roberto. — Ela travou os dentes. — Se. Livra. Da. Menina. Antes que você... Eu e você... A gente corra o risco de ter um neto pretinho.

Depois de conhecer as provas incontestáveis levantadas por Laura sobre a relação de Mateus com Nazaré, e até sentir uma ponta de inveja do filho, Roberto finalmente se acalmou e concordou em mandar a coitada embora. Os dois desceram até o escritório para preparar o documento de rescisão contratual.

— Qual é o nome dela? — perguntou Roberto, mãos no teclado.

— Você sabe o nome dela, eu não vou pronunciar — respondeu Laura, histérica.

— Eu sei o nome dela, perguntei o nome completo.

— Não sei nem quero saber que sobrenome um neto meu poderia ter. — As mãos de Laura tremiam.

Roberto incluiu na planilha de cálculos do acerto uma linha debitando um quarto do valor mensal da internet. — Usou, pagou. Nunca dê o peixe. Essa gente costuma ser ingrata e não valorizar o nosso empenho. Abrimos a nossa casa e veja no que deu.

— Eu não quero que ela e o Mateus saibam o motivo real da demissão — disse Laura. — A gente deve afastar os dois o quanto antes. Tudo pelo futuro da nossa família.

65
NAZARÉ

O castelinho de areia, na sombra formada pela copa do flamboyant junto à cerca do parquinho, parecia a Nazaré a fragilidade de sua vida. Quanto mais ela e Angélica jogavam areia, mais areia escorria pelos cantos e o desmoronava, para mostrá-la que, embora tentasse fazer diferente, sua vida teria sempre o tamanho predeterminado pela natureza. Nazaré não tirava da cabeça o toque em suas costas, as palavras, o tom de voz sussurrado e o cheiro da bebida. Muito além de medo, sentia nojo. Um calafrio atravessou seu corpo. *Se começar nesse tom comigo, a gente vai ter problema.*

— Ei, Naza. Sabe por que eu gosto de você?

— Por quê, meu amor?

— Você é o único adulto que brinca comigo e não fica no celular.

Nazaré jogou um punhado sobre o monte, a areia novamente escorreu. Pegou mais e jogou, espremeu com as mãos, o castelo seguia da mesma altura. Se pudesse, construiria com a menina uma cidade inteira de areia regada em ternura, mesmo a mais leve brisa insistindo em impedir.

— Eu nunca vou trocar um segundo com você por um celular, Angie.

— Celular é chato.

— A pior invenção de todos os tempos.

— E você nunca vai embora lá de casa, né?

— Que pergunta é essa? — Nazaré sorriu e fez cócegas nas costelas da menina, que caiu gargalhando. — Claro que não vou.

— Tira uma foto comigo?

— Só se a gente fizer uma careta bem estranha.

Angélica fez uma *selfie* com sua minicâmera, como sempre fora de enquadramento. A foto saiu, ela guardou-a na bolsinha e as duas voltaram a construir o castelinho.

66
RAFAEL

O louco, simplesmente conhecido como "O Louco", caminhava todas as noites à beira do abismo infinito do planeta sem nome, localizado no sistema sem nome, no centro da galáxia sem nome do Universo inominado, onde os habitantes sem nome jamais conheceram sentimentos de medo, ódio, terror, humilhação e rancor. Inexistiam religiões, guerras e disputas por terra, dinheiro e poder. Elite, invisíveis, opressores e oprimidos, todos conceitos incompreensíveis. Nada de escravidão, racismo ou qualquer tipo de discriminação. Um mundo fantástico, calmo e claro, onde o fim e o começo do céu e do chão se encontravam e se misturavam. Todas as manhãs, ao acordar, O Louco partia com a trouxa, o cajado e um vira-lata em seu encalço na missão de tentar convencer as pessoas de que, sim, era possível. Aprendia no sonho, tentava aplicar no mundo real. Chegava cedo à rua mais movimentada da aldeia, subia num caixote de madeira e falava por horas, como se alguém ditasse em seu ouvido. Lá ficava até o pôr do sol, quando retornava para casa e revisitava o mundo fantástico de suas noites. A pregação num deserto de pessoas que passavam de cabeça baixa se tornara o objetivo da vida, mas como ninguém dá ouvidos a loucos, muito menos a loucos capazes de pensar tamanhas loucuras, a tarefa seguia árdua. Ainda assim, ele seguia em frente. Não se considerava louco, obviamente.

A internet era um manancial de inspiração que despencava voluntariamente diante dos olhos de Rafael. Notícias registradas nos sites de agências internacionais corroboravam a certeza de que o mundo havia se tornado uma fonte inesgotável de intolerância. Não importava de qual país, região ou cultura, bastava coletar. Cenas de opressão sobre minorias, de instituições de estado sufocando suas próprias populações; imagens de cidadãos brandindo armas e perpetrando atrocidades em nome de interpretações convenientes de crenças escritas em livros; pessoas gentis que, subitamente, transformavam-se em monstros; violência, repressão, tirania, tudo o que Rafael já conhecia e combatia em sua comunidade. Para os diálogos, redes sociais e vídeos no YouTube eram fonte primária de consulta, bastando vasculhar caixas de comentários e praticamente copiar e colar. Cada novo evento bárbaro aplaudido por cada vez mais gente se tornava um capítulo, uma cena, um parágrafo, uma linha de diálogo. Por outro lado, o mundo de sonho do Louco vinha inspirado pelas tímidas reações de resistência, tolerância e união dos que ainda mantinham a coragem de enxergar que a humanidade tinha salvação. O próprio Rafael, com sua GentilezaOnline, fazia parte deste grupo. Em última instância, era também um dos loucos. Opressoras telas em branco, ao menos para aquela história, pareciam parte do passado. Precisava, entretanto, arranjar uma forma de informar ao editor que o romance água com açúcar que eles haviam contratado se transformara numa dinamite prestes a explodir.

Relatório do Inquérito nº 1008451/21 - pág. 14

Transcrição de trecho do depoimento da segunda testemunha a chegar ao local

"A culpa não foi minha. A culpa não foi minha" (*Testemunha treme muito as mãos ao tomar um copo d'água, não fixa o olhar em nada*) "Eu tinha que me concentrar no que eu tinha que fazer. Eu sou assim, eu me concentro, não deixo nada pra depois. A culpa não foi minha, repito, eu nunca pensei que pudesse participar disso, não me acusem de nada. Eu não consigo dormir direito desde aquele dia".

67
NAZARÉ

De volta do parquinho, quando o céu apresentava as primeiras tonalidades alaranjadas, Nazaré deu de cara com Roberto na cozinha, sentado à mesa e mexendo lentamente a colherinha numa xícara de café. O coração disparou. Ela não sabia se fingia naturalidade, se lavava os copos, varria o chão, começava a preparar o jantar ou desaparecia no ralo da pia.

— Angie, vamos lá em cima tirar a areia do corpo — foi o que lhe ocorreu.

— Não, filha, peça pra sua mãe te dar banho — interveio Roberto. — Eu preciso conversar uma coisa com a Nazaré.

— Tá bom, papai.

Restaram apenas os dois na cozinha, que Nazaré nunca achou tão grande, fria, escura e sufocante.

— Seu Roberto, eu não queria ser grossa com o senhor e...

— Não se fala mais nisso. — Apontou o queixo para outra cadeira. — Sente-se aí.

Inúmeras vezes o patrão deixara subentendido que a mesa dela não era a mesma das pessoas da casa, pelo menos não ao mesmo tempo. A ordem mostrava que nada mais seria como antes. Sentou-se calada.

— Você está demitida.

Nazaré tremeu, a respiração foi a mil, seus olhos se encheram, ela abaixou o rosto para Roberto não perceber. Jamais imaginaria ouvir aquelas três palavras. Sempre trabalhou direito, nunca reclamou, esforçou-se para aprender a cozinhar o que agradava ao paladar dos patrões, a passar roupas e a engomar camisas no padrão Laura de exigência, a arrumar as camas como se estivessem num hotel de luxo. A primeira a acordar, muitas vezes a última a dormir, tudo para garantir o máximo de conforto aos habitantes da casa. Quantas broncas e repreensões levara até aprender a cuidar de tudo? A lasanha, a maldita lasanha por tanto tempo temperada por "faltou parmesão, exagerou no molho, a massa tá crua, exagerou no parmesão, faltou molho, passou do ponto, não é possível você errar tanto". A desgraça do cheiro da lasanha e o som do sininho que representavam a miserabilidade de sua vida. Tratava todos ali com respeito, amava Angélica. Três anos de dedicação absoluta, sem folgas aos finais de semana. Como bem dizia Mateus, apenas para arrumar o que eles desarrumavam para ela arrumar de novo.

— Está aqui o seu acerto. — Roberto colocou um envelope sobre a mesa. — Tem o valor proporcional deste mês. Descontei sua parte da internet e acrescentei o suficiente para você comprar uma passagem só de ida pra sua cidade.

Poderia não ter gritado com o patrão e tolerar a humilhação em troca da manutenção do emprego? Qual a mudança em relação ao que sempre foi? Pobre, negra, excluída, ferrada na vida, melhor aceitar que doía menos? Garganta esmagada por mãos tão invisíveis quanto ásperas, Nazaré queria mas não conseguia abrir a boca para berrar "NÃO!" em resposta àquelas perguntas.

— Assine o recibo da rescisão. — Roberto apresentou uma caneta e um papel.

Ela assinou sem ler. Rabiscou com a fragilidade que mal daria para confirmar sua assinatura. Pegou o envelope com o dinheiro, nem abriu para conferir.

— Já arrumei suas coisas numa mala, você vai agora. Um táxi vai te levar para a rodoviária. Lá, é só comprar a passagem. Não volte mais a esta casa, entendeu?

Nazaré concordou com a cabeça quase imperceptivelmente, enquanto tentava controlar o ódio por imaginar o agora ex-patrão socando suas coisas na mala. Quem lhe dera direito a invadir seu quarto? Fechou a mão com força, respirou fundo. Por uma fração de segundo, teve vontade de voar no pescoço daquele homem e grudar as unhas, encher a cara dele de porrada, cobrar cada centavo seu por direito, berrar de volta toda a humilhação sofrida desde quando ainda era uma criança no interior. Roberto representava, ali, cada injustiça, violência e submissão que gente como ela nascia fadada a sofrer, como um carimbo na testa a indicar que estaria sempre do lado que arrebenta na corda. Mas não havia nada a fazer. Diante da autoridade dele, Mateus e Laura não se atreveriam a tentar defender sua permanência.

Enquanto ela tentava ainda absorver o impacto da notícia, Roberto abriu o aplicativo e conferiu. — O motorista já está aqui na frente da casa.

Nazaré mantinha o olhar no chão. — Eu... Posso me despedir da Angie, do seu Mateus e da dona Laura?

— Não, não pode. O táxi já chegou e cada segundo dele parado me custa.

Ela puxou a mala em direção à saída. O ex-patrão veio atrás, parecendo conferir que ela não roubaria algum objeto de decoração da sala. Já no jardim da frente, de costas para a casa, o choro começou a cair e os ombros a subir e a descer. Assim que ela se sentou no banco do carro, Roberto arrematou:

— Se alguém perguntar, você pediu demissão porque quis voltar pra sua cidade. Não quero mais contato com ninguém da minha família, entendeu? Nenhum tipo de proximidade. Se eu souber que você disse ou fez algo diferente...

Roberto bateu a porta do carro e deu dois tapinhas no teto. O motorista acelerou. E sem precisar mais esconder que não estava absolutamente perdida, as poucas lágrimas que Nazaré ainda conseguira segurar desceram forte por seu rosto.

68
LAURA

— Serviço concluído — disse Roberto ao entrar no quarto de Angélica. Laura secava o cabelo da filha.

— Graças a Deus. — Ela tocou o crucifixo pendurado no pescoço. Desligou o secador. — Angie, a mamãe tem uma coisa pra te contar: a Nazaré não trabalha mais aqui em casa, viu?

O semblante da menina caiu. — Por quê, mamãe?

— Ela foi para um lugar novo e melhor. Ela merece muito.

— Mas ela me prometeu que nunca ia embora daqui. — Escorreu uma lágrima.

— Vai chegar uma nova empregada até mais legal, filha. — Laura abraçou-a. — A Nazaré foi muito boa pra gente, mas agora vai ter outro trabalho.

— É muito importante a gente sempre ser bom e dar oportunidade para as pessoas seguirem novos caminhos, viu? — interveio Roberto. — O que nós fizemos? Demos todo o apoio para ela conquistar um novo emprego, com salário melhor. Lembra daquilo que o papai diz sobre meritocracia? Então, a Nazaré vai seguir em frente e nós ajudamos muito.

— Mas ela não me deu tchau. — Angélica passou a choramingar, as lágrimas já caíam em profusão.

Laura pigarreou. — Você tava no banho e não deu nem tempo de ela vir aqui.

— Eu posso ligar pra ela?

— Ela está dentro do ônibus agora. Mas um dia a gente liga, tá bom?

— Você promete?

— Prometo. — Laura secou os olhos da filha com as costas da mão.

Angélica abriu a bolsinha, pegou uma foto e mostrou para Laura. O parquinho ao fundo, cenário desenquadrado, o rosto de Nazaré e o da filha encostados, bocas tortas e olhos esbugalhados. A menina se levantou e apontou a madeira amarela na cabeceira da cama. — Mamãe, gruda aqui pra eu nunca esquecer da Naza?

Laura não suportaria olhar para a cara da trambiqueira toda vez que entrasse no quarto da filha. — Claro, meu amor. — Pegou uma fita adesiva e grudou a foto de qualquer jeito, próximo à parede. — Espera aqui, eu e você vamos fazer uma coisa bem legal juntas.

Laura buscou a nova maleta de maquiagem e retornou forçando uma voz empolgada. — Você não vai acreditar, Angie.

Sentou-se no chão e, ao abri-la, foi como se destampasse um pote de doces de ouro.

— Mamãe, deixa eu brincar, por favor, por favor. — A menina aplaudia e se tremia de alegria, como se automaticamente a imagem da trapaceira tivesse evaporado.

— Olha só quanto batom bonito. Escolha um.

— O rosa. — A pequena fechou os olhos e fez um bico.

— A mamãe vai deixar você ainda mais linda. Depois, é sua vez de me maquiar.

Laura faria o necessário para a filha se esquecer da pretinha, o necessário para tirar da frente quem se atrevesse a estragar a união da família. O primeiro obstáculo fora removido, logo a filha já nem falaria mais na embusteira. Faltava, agora, o comunicado mais difícil, mas isso ela deixaria a cargo de Roberto. Não conseguia prever a reação de Mateus.

69
NAZARÉ

A rodoviária parecia um formigueiro ocupado por um sem-número de formigas embarcando e desembarcando com olhares assustados ou semblantes esperançosos. Malas e caixas de papelão, nos quais se carregavam sonhos a realizar no destino ou cacos de promessas não cumpridas na origem, cruzavam as alamedas puxadas, empurradas, carregadas nas cabeças ou amontoadas em carrinhos pagos com um serviço de alguns trocados. Histórias, muitas histórias. Gente sozinha, casais apaixonados, famílias deixadas para trás e outras a serem reencontradas. Formigas operárias. Nazaré fazia parte do batalhão das formigas que deixavam as famílias de quem aprenderam a gostar, para reencontrar as deixadas para trás, sangue do mesmo sangue. De fato, hoje ela não era mais a menina ingênua que olhara sua cidade pela última vez através da janela de um ônibus, três anos antes. Aprendeu muito, teve contato com um mundo quase irreal, observou de uma posição privilegiada como funciona e quais são os objetivos, preocupações e “dificuldades” dos ocupantes do topo da cadeia social. Dinâmica de espaços urbanos, geopolítica, dados socioambientais? Piada, toda aquela merda voltaria a não fazer mais nenhum sentido em sua vida. Estava na iminência de quebrar a promessa feita à mãe. A expulsão daquele mundo a sufocava de medo, como se ela estivesse num avião a milhares de pés de altura e alguém a mandasse pular. E, por não ter coragem de dar o passo para fora, ela fosse empurrada e agora despencasse sem para-quedas em direção ao árido chão da vida real.

Sentada num banco de plástico alaranjado e de encosto duro, olhar perdido no bilhete que indicava a partida de seu ônibus só dali a seis horas, Nazaré tentava encontrar palavras para comunicar à família o retorno. Ao pegar o celular para telefonar para o irmão mais velho, encontrou uma mensagem:

"Da minha janela te vi sair com uma mala, você tava chorando. O que aconteceu? Cadê você?"

A mensagem havia sido mandada logo depois de ela ter entrado no táxi. Ao pavor de se reconectar com a realidade da qual acabara de ser expulsa se misturava o desejo alucinado de encontrar algo que a impedisse de subir naquele ônibus. Digitou:

"Na rodoviária, indo para a minha cidade agora. Ônibus saindo."

"Volta quando?"

"Eu não vou mais voltar."

"Vamos lá, Nazaré. O que aconteceu?"

"Eu pedi demissão."

Ela manteve os olhos no celular, a nova mensagem demorou a chegar:

"Não suba neste ônibus. Vá para o estacionamento."

Nazaré escreveu e apagou vários trechos, tomada pelo pânico de arriscar algo que poderia ser, a um só tempo, maravilhoso e uma tragédia.

"Tudo bem."

Vinte minutos depois, sob a marquise do estacionamento e com a mala aos pés, Nazaré viu o sedan encostar.

— Quer trabalhar com a gente?

O para-quedas acabava de surgir em suas costas.

— Muito, seu Lucas.

— Se começar com esse tom de *seu* Lucas e *seu* Marcos...

— A gente vai ter problema? — Ela levantou as sobrancelhas.

— Não precisa nem entrar neste carro. — Ele sorriu.

Nazaré retribuiu o sorriso e entrou. A promessa feita à mãe tornava a ficar de pé.

70 ROBERTO

O culto da família no início da noite foi especial. Igreja lotada, banda afiada, louvores entoados com arrebatamento e júbilo. Abraçado a Laura e Angélica, Roberto consagrava a família e o lar no altar. Cantava, de olhos fechados, o refrão que celebrava a graça pela união das famílias. Mais cedo eles haviam reforçado um importante valor dessa união, ao afastarem uma tentação e recolocarem Mateus no caminho da retidão. Nas intenções da oração, clamaram o nome do filho. Pediram uma couraça ao redor de seu coração e que, sobre sua cabeça, não pousassem mais tribulações. Por fim, rogaram a sorte de um dia ele encontrar uma boa menina para constituir uma família sólida como a deles. A oferta colocada por Angélica na bandeja foi mais gorda que o habitual.

Na volta para casa, Laura sincronizou o celular com o som do carro e ligou uma música.

— Desde quando você gosta de Jazz? — perguntou Roberto.

— Eu... Ah, não sei por que esta música apareceu. Mas eu até gosto.

— É muito ruim essa música, mamãe. — Angélica fechou a cara. — Troca.

71 LUCIANA

— Não é possível que vá ficar neste celular, Jorge. Não temos nada melhor a fazer domingo à noite?

— É o preço a se pagar por ser dono de uma empresa com tantos sistemas instalados por aí. A violência nunca dorme e precisamos monitorar.

— Nunca dorme, mas não tem ninguém acordado pra cuidar disso? Nenhum funcionário responsável por este tipo de trabalho?

— A empresa só funciona com o olhar preciso do dono.

— Isso me deixa puta. — Luciana se levantou e foi para a cozinha. Jogou milho na pipoqueira elétrica.

Marcela veio do quarto vestindo pijama. Abriu a geladeira e pegou um iogurte. — Discussão? Olha só a novidade!

— Ele não larga o celular, coisa mais inconveniente.

— É isso aí, mãe, bota quente. — Marcela riu e lambeu a tampa do iogurte.

— Pelo menos o seu pai...

— Ah, mãe. Me poupe, vá. Preciso relembrar o que — Marcela fez sinal de aspas — "pelo menos o meu pai" fez? Cadê seu respeito como mulher?

— Você nunca vai voltar a falar com ele?

— Tenho meus motivos.

— Que vão ser eternos?

— Acho inacreditável você ter perdoado. Desculpa, mas isso demonstra fraqueza e falta de amor próprio.

— Eu já nem penso mais no Rafael.

— É, eu vi agorinha com o seu "pelo menos o seu pai".

— Não vou entrar neste debate, filha. Você já mandou o convite de sua colação de grau pra ele?

— Não quero que ele esteja lá.

— Não faça isso, coitado.

Marcela deu um beijo na mãe. — Eu é que não vou entrar neste debate. Vou dormir, já deu minha hora.

A pipoca ficou pronta. Jorge seguia com a cara enfiada no aparelho.

— Ainda?

— Terminando de mandar os convites da confraternização de fim de ano da empresa lá na churrascaria.

Luciana ficou em pé diante dele, abraçada à tigela.

— Pronto — disse ele.

— Agora me dá este celular. — Ela puxou e colocou sobre a mesa de centro. — Vamos aproveitar que as meninas foram dormir e assistir a um filme. A segurança dos outros nunca dorme, mas a vida do casal também não.

72
MATEUS

Nos dias seguintes ao jogo, Mateus não tinha ido à escola. O bolo na garganta e o aperto no peito bloqueavam o ânimo para colocar o nariz fora de casa. Trancado no quarto, consumiu com ferocidade as cem histórias do Decamerão, que por muito tempo só encarou a lombada, na tentativa quase impossível de não pensar no que o assombrava. Ele nunca havia se sentido tão rejeitado, nem durante o doloroso processo de aceitação de sua homossexualidade, quando os sentimentos registrados no diário escondido embaixo da cama passaram a ter outros significados, frente ao preconceito escancarado por Roberto nas piadinhas contadas nas festas da família ou encaminhadas pelo WhatsApp. Não conseguiria cruzar seu olhar com o de Nuno pelos corredores da escola, não definira, ainda, se o sentimento era de vergonha ou medo. O sabor do beijo e o ódio com que tinha sido repelido eram duas lembranças que tentava, mas não conseguia esquecer.

Os Excluídos mandaram mensagens, perguntando o motivo do sumiço. Uma desculpa sobre dor de cabeça deu conta de encerrar o assunto. Naquele domingo, encolhido entre as pernas no chão do box e com água pelando sobre as costas, Mateus chorava. Provavelmente, vinha sendo o banho mais longo de sua vida, mas decidira só terminá-lo após derrubar absolutamente todas as lágrimas de desprezo por Nuno. Ao sair por aquela porta, um novo tempo começaria. Assim fez e, ao terminar o banho, trancou a porta do quarto, deitou-se na cama com um fone, abriu o primeiro episódio da primeira temporada de uma série e aumentou muito o volume. Assistiria a tantos quantos necessários para pegar no sono.

Pela manhã, o despertador o trouxe de volta à realidade cruel da segunda-feira impossível de faltar à aula. Ao pé da porta estava o notebook. Estranhou, desceu para devolvê-lo a Nazaré. Na cozinha, encontrou uma senhora de avental branco lavando a louça. Angélica tomava café da manhã ao lado de Laura. Ele franziu a testa em direção à mãe e apontou para a senhora.

— Geralda. — Laura abriu um sorriso. — Este aqui é o Mateus.

Geralda se virou, secou as mãos e devolveu o sorriso. — Bom dia, seu Mateus.

— Ela começou a trabalhar hoje e já sinto que vamos nos dar muito bem, não é, Geralda?

— Sim, dona Laura. Com a graça e o poder de Deus.

— Cadê a Nazaré?

— A Naza vai ganhar mais dinheiro — comentou Angélica.

— Que história é essa?

— É aquela merito... to... eu sempre esqueço.

— Ela pediu demissão, Mateus. — Laura deu um gole no leite.

— Mas... mas... como ela fez isso?

— Seu pai tentou te contar ontem à noite, mas você se trancou no quarto...

— Ela foi sem se despedir de mim?

— Por que ela precisava se despedir de você? — Laura fechou a cara.

— Ora, porque ela é minha amiga, trabalhou aqui por três anos e tudo o mais.

— Tudo o mais o quê?

— O que você tá insinuando?

— Este notebook aí na sua mão, de quem era?

— Era, não. É. Da Nazaré.

— Pois ela pediu pra devolver pra você. Veja só a ingratidão da moça...

Mateus se levantou. — Perdi a fome. Avisa pro meu pai que vou pra escola de ônibus.

— Não vai nem dar boas-vindas à Geralda?

— Seja bem-vinda — gritou, já fora da cozinha.

Tentou ligar para Nazaré a caminho do ponto de ônibus, sem sucesso.

Ao contrário das tantas vezes sentado no fundo da quadra, preferiu esperar o horário dentro da sala de aula. Esperança de que os ânimos de Nuno tivessem arrefecido e se desfigurado nalgum tipo de gratidão por quem se arriscou para tirá-lo de uma encrenca gigante ao fim do jogo. "Gratidão", Mateus riu de si mesmo. "Se não quis, não quis e pronto. Vida que segue". Marcela não apareceu na aula. Coincidentemente, ou não, ela andava bem sumida. Quando na aula particular Nuno fez aquele comentário sobre a beleza dela, uma pulga passou a morar atrás da orelha de Mateus. Talvez apenas impressão, mas algo de muito desconfortável surgia em Marcela sempre que alguém dizia o nome de Nuno. Que não fosse coincidência, não sua melhor amiga.

No intervalo, ele foi se encontrar com os Excluídos. Percorrer a escola até o fim do pátio foi pura tensão. Sensação estranha de ser observado, ele abaixou a cabeça e traçou uma linha reta.

— Finalmente apareceu — gritou Espiga.

— Tá vivo, ufa. — Sthéfanny deu-lhe um abraço apertado.

— E por que não estaria? — Mateus colocou o lanche sobre a mesa.

— Meu filho, depois daquela pancadaria, quem saiu inteiro do ginásio está no lucro.

— Vocês entraram na quadra pra defender a honra e as cores do DaVinci? — Mateus riu.

— Eu e o Dado fugimos — disse Ana. — Mas a gente viu você entrar na quadra pra defender a honra e as cores do Nuno.

— Quem me dera não tivesse entrado.

— O que aconteceu?

Mateus suspirou. — Vocês são meus melhores amigos, merecem saber com detalhes...

— Não acredito que o Nuno foi capaz de fazer isso, ainda mais depois de tudo o que você já fez por ele — disse Ana.

— Ter sido enxotado como um animal cheio de doença foi uma merda. O Nuno tava fora de si, tinha apanhado que nem um cachorro. Eu senti abertura, fiz no impulso. Como pude ser tão imbecil e avaliar tão mal a situação?

— Muito otário esse cara — gritou Sthéfanny. — Não podia ter tido consideração? Você salvou a vida dele. Se não queria, tudo bem, ponto final. Não precisava te humilhar.

— Ah, deixa pra lá, pessoal. Já passou. Agora é vida nova.

— Tá cheio de caras por aí mil vezes melhores do que um otário que erra um tiro de sete metros no fim do jogo e faz as cores do DaVinci ficarem preto e branco — disse Espiga. — A partir de hoje, ele será o Nunotário.

Mateus pegou o lanche e pediu para mudarem de assunto.

De volta à sala, encontrou na mochila um bilhete e o leu com mãos trêmulas: "Se continuar rebolando pela escola vai apanhar". A letra não era de Nuno, e pelo visto a história já tinha viralizado em algum grupo. De fato, um novo tempo havia chegado para Mateus: seu próprio inferno.

Ele saiu da aula bem antes do término. Pediu um carro pelo aplicativo, que indicou o prazo de quatro minutos para a chegada. Tremia da cabeça aos pés. Os quatro minutos mais longos de sua vida, e ele não tirava os olhos do relógio no pulso, como se pudesse acelerá-lo com a mente e antecipar a chegada do carro, antes de Nuno aparecer para espancá-lo. Uma imagem surgiu vívida: o cofre no quarto do pai e o código 1970. Fechou os olhos e deu tapas na própria na cabeça, como se pudesse espantar todo sentimento de concordância com aquilo. Faltavam poucos dias para o fim do ensino médio, depois de doze anos no DaVinci. Pela primeira vez, sentiu o pavor de ser atacado em razão de sua própria natureza. Algo de que, doce ilusão, ele sempre acreditou estar blindado por sua condição social, pelos ambientes que frequentava e pelas pessoas que conhecia.

Relatório do Inquérito nº 1008451/21 - pág. 8

É possível afirmar que o tiro ocorreu entre 16h44 e 16h45, em razão de dois elementos: o primeiro, o relógio de pulso coberto de sangue, com o vidro quebrado e os ponteiros parados em 16h48 (item probatório nº 7), encontrado no chão onde se realizou o disparo; o segundo, os horários registrados entre 16h50 e 16h51, das imagens das três câmeras de segurança (itens probatórios nºs 18 e 19), que captaram o veículo com a VÍTIMA.

73
LAURA

Finais de semana passaram a significar tortura. Dois dias longe do escritório, a eternidade. As muitas mensagens trocadas com Eduardo encurtavam a distância e deixavam Laura menos louca de saudade. Cada detalhe da noite de sexta-feira se repetia indefinidamente, em especial os poemas recitados em seu ouvido, enquanto ele a penetrava do jeito que ela gostava, bem fundo e bem devagar. O buquê de seis rosas brancas sobre o teclado de seu computador, na segunda de manhã, não deixava dúvidas de que os dois ultrapassaram o limite da aventura entre colegas de trabalho. Com a proximidade do Natal, por que não retribuir? Um objeto que o fizesse pensar nela todos os minutos do dia. "Joia do escritório", ela se lembrou. Não demorou a escolher a joia na internet: um relógio suíço em aço preto, com visor em safira e ponteiros e marcadores em prata. Peça única, a tradução de um sentimento. Seis mil dólares. Para que ganhar tão bem se não para investir em pequenas extravagâncias? Antes de prosseguir, todavia, certificou-se de ter inibido o envio da fatura do cartão de crédito para sua casa. Como havia uma loja representante da marca no shopping, telefonou, passou o código do produto e fez a compra diretamente, com entrega para ela no próprio escritório. Passou os dados do cartão e o endereço do Bueno&Scorzzini. Um valor alto naturalmente demoraria um pouco para o cartão autorizar. Laura esfregou as mãos suadas até, após alguns minutos, tudo se concretizar.

Em sintonia, um convite para almoçar apareceu num *pop up*.

"Almoça comigo hoje? Mas já adianto: o almoço vai ser você."

"Defina almoço."

"Consomê, salada, prato principal e sobremesa. E eu vou comer tudo."

Aquelas frases bobas deixavam-na louca. Ajeitou-se na cadeira, sorrindo.

"Mas vai comer como?"

Se no mês anterior Laura tivesse o dom de viajar no tempo e aparecesse exatamente naquele instante, não acreditaria que seria ela própria numa conversa tão tola.

"Não espere garfo, faca ou colher..."

Não ter de aguardar a noite da próxima sexta-feira para tê-lo de novo caía como um presente em seu colo. No entanto o problema persistia: Roberto o dia todo no hospital, Mateus no DaVinci e a falta de coragem de armar outro esquema para alguém buscar Angélica.

"Hum... Bem interessante. Maaas, infelizmente, preciso pegar minha filha na escola, hoje não consigo mesmo."

"Em quanto tempo você consegue deixá-la em casa? Podemos esticar o almoço, o Bueno e o Scorzzini nem vão notar."

A hipótese pareceu factível.

"Preciso de quarenta minutos."

"Vamos nos encontrar no caminho e você passa pro meu carro."

O estacionamento de um supermercado foi o ponto de encontro escolhido. Laura não pensava nas consequências, pensar às vezes atrapalha.

Saiu correndo meio-dia em ponto. Na tensão da espera pelo elevador, pressionava o botão várias vezes, como se isso pudesse acelerá-lo.

— Doutora. — Priscila surgiu com um papel. — A senhora precisa assinar antes de sair — a voz mole da estagiária saía irritante, parecia uma mosca à beira da morte. Como alguém podia falar numa velocidade tão baixa?

— Depois, depois.

— Mas é urgente.

— Por que você não me falou antes? Tenho um compromisso agora.

— Desculpa. Doutora. Laura. — Priscila ajeitou os óculos.

— Dá logo esta papelada. — Puxou da mão da menina.

Quando conseguiu finalmente sair, já tinha perdido preciosos minutos. Acelerou para o Santa Mônica. Parou o carro em fila dupla, ligou o pisca-alerta. Voltou voando com a filha, prendeu-a de qualquer jeito no banco de trás, a tempo de ouvir um berro: "Folgada, hein, madame?".

— Por que te chamaram de folgada, mamãe?

— Por nada, filha. Depois a mamãe te explica.

— Você ligou o pisca-pisca, né?

A lentidão do trânsito parecia dez vezes maior do que a habitual. Estava no mesmo nível de todos os dias? Não, não, certeza de que, justamente naquele horário de almoço, os condutores resolveram obedecer estritamente a todos os limites de velocidade. Várias vezes Laura buzinou, em não poucas oportunidades ultrapassou pela direita ou freou bruscamente.

— Mamãe, por que a gente tá tão rápido? — perguntou Angélica, com a minicâmera na mão.

— Tenho uma reunião importante no trabalho hoje.

Atravessaram o portal do Diamond Garden em velocidade. Para configurar que ela tinha almoçado em casa e não pairasse desconfiança, prudente comer algo muito rápido. Estacionou e apertou o botão para destravar a porta da filha.

— Desce, desce.

Angélica dava língua para a minicâmera, concentrada em fazer uma *selfie*. Laura deu a volta, abriu a porta, puxou a filha e a mochila.
— Agiliza!

— Ai, mamãe, você apertou o meu braço.

— Claro, você parece que tá dormindo. Deixa de ser lerda!

Entraram em casa e Laura gritou:

— Geralda, prepare o prato da Angie. Vou comer rapidinho e sair.
— Serviu quase nada e se sentou à mesa.

— Eu vou ficar sozinha com a dona não sei o quê? Eu não gosto dela. — Angélica fez um bico.

— Taí uma boa chance para vocês se conhecerem.

— Eu quero a Naza. — Uma lágrima desceu, a boca tremia num arco para baixo. — Chama ela pra ela voltar.

— Ah, não, filha. Não começa. — A simples menção ao nome da vigarista irritou ainda mais. — Sua ex-babá é passado, tudo bem?

— Não vou ficar sozinha com essa mulher, mamãe.

— ANGÉLICA, NEM UM PIO!

Laura nunca tinha gritado com a filha daquela maneira, mas não havia tempo de administrar o melindre da menina. Geralda serviu e Angélica passou a comer devagar. Lágrimas empapavam o arroz. Laura terminou o almoço em três garfadas, cuidou dos cabelos e dos dentes, borrifou o Chanel e passou pela filha, que ainda almoçava sozinha de cabeça baixa.

Exausta sob os lençóis, em meio às silhuetas formadas pela luz vermelha por trás de um painel em motivos chineses e ao som de uma canção lenta nas caixinhas de som presas ao teto, Laura mirava-se ao lado de Eduardo através do espelho no teto, mantendo o pulso direito sob o travesseiro.

— Eu te amo — disse ele.

— Ama nada, você me conheceu outro dia.

— O amor só pode acontecer depois de muito tempo? É nisso em que acredita?

— Não sei mais no que acredito, juro. Eu não sei o que eu sinto.

Ela sabia.

Virou-se e encostou seu corpo ao dele. Braços fortes envolveram-na. Por um microinstante ela teve vontade de chorar, sem definir se tal sentimento era de arrependimento ou a mais desvairada paixão.

— Sabe do que eu acabei de me lembrar? — sussurrou Eduardo. — Ainda falta a sobremesa.

— Que, a propósito, sou eu... — Ela jogou o lençol longe.

De volta ao supermercado, Laura passou para seu carro e pediu:

— Espere uns dez minutos pra gente não chegar junto lá no escritório e dar bandeira.

74
ROBERTO

— Seu Luís, se o senhor não parar de fumar eu não sei mais o que fazer pra lhe ajudar. Me ajude a lhe ajudar, seu Luís — disse Roberto, enquanto tirava a pressão do velhinho.

— Ô, Dotô. — Luís pigarreou, encurvado. — Não dá pra mim parar. É muito difícil, Dotô.

— Taí, ó. — Roberto soltou o velcro do aparelho medidor e tirou o estetoscópio dos ouvidos. — Quinze por nove.

— Setenta anos fumando. Fumar é a...

— Fumar é a única alegria da vida difícil que o senhor leva, depois de ter criado seus filhos e os ingratos terem lhe abandonado — disse, monocórdio. — O senhor me contou nas últimas duas consultas, já sei de trás pra frente. Mas eu vou falar sem rodeios: seu coração vai de mal a pior. Vou passar outra bateria de exames. Desse jeito, vai acabar entrando na faca.

Roberto preencheu os pedidos, carimbou, assinou e entregou ao velhinho.

— O senhor é um anjo, Dotô, um ser iluminado. Quem dera tivesse mais gente santa que nem o senhor. Deus abençoe a sua família, que nada de mal venha pra...

— Vá com Deus, seu Luís. — Roberto clicou para o sistema chamar o próximo paciente e, naquele instante, uma mensagem chegou em seu celular. Vinha da administradora de cartões de crédito.

"Prezado cliente, conforme a nova política de segurança do seu pacote recém-contratado no banco, para transações em valores acima de US$ 5,000.00 passamos a realizar a confirmação de autorização. Confirma compra na joalheria Timantti, na presente data, às 11h37, com o cartão adicional terminado em 5009, em nome de Laura Carvalho Ramos?"

Roberto estranhou. Podia ser golpe, clonagem do cartão ou, de fato, Laura ter feito a compra. Imediatamente, procurou na internet o número e telefonou.

— Joalheria Timantti, bom dia.

— Bom dia, acabei de solicitar uma compra e queria apenas confirmar o produto, o valor e o endereço de entrega.

— Pois, não. Qual o nome do cliente?

— Laura Carvalho Ramos.

— Relógio masculino Jaeger-LeCoultre em aço preto, com visor em safira e ponteiros e marcadores em prata. Uma peça maravilhosa. Endereço de entrega: Edifício Central Park, Escritório Bueno&Scorzzini, 2º andar, sala 208. O valor, seis mil dólares.

Roberto quase caiu da cadeira. Se não fosse um presente de Natal para ele próprio, Laura estaria muito encrencada. Ela que não se atrevesse a traí-lo, não pensasse nem por um segundo em cometer a loucura de dar meio passo fora do casamento. As maquiagens, perfume e roupas novas, o cheiro mentolado, o celular do qual ela não desgrudava e escondera de um jeito estabanado sob a perna outro dia, as recorrentes reuniões "inesperadas" de fim de tarde, o jazz e, agora, um relógio masculino. Uma trama fajuta, que parecia ter quilômetros de pontas soltas. Roberto sabia de uma série de casos em que Laura escondera provas irrefutáveis contra seus próprios clientes, mas se ela se imaginava a advogada mais esperta do mundo e capaz de ludibriá-lo, como fazia até com juízes experientes, estava redondamente enganada. Para ver até onde iria aquela história, Roberto autorizou a compra junto à administradora do cartão de crédito.

Um garoto cardiopata e sua mãe entraram. Enquanto ela contava como haviam sido os últimos quinze dias do filho e apresentava os resultados dos exames, Roberto pensava num milhão de coisas. Os sinais da traição pareciam claros demais. Finalizou a consulta, telefonou para Laura, o celular deu desligado. O celular dela andava muito desligado ultimamente, outro ponto a ser considerado. Ligou no escritório, informaram que ela havia saído para buscar a filha na escola. Menos mal. Três novas consultas ocorreram em sequência, todas sem atenção de Roberto. Telefonou para o celular de Laura pela segunda vez e nada. No meio da quarta consulta, já perto das duas da tarde, passou uma bateria de exames para a velhinha com cardiopatia isquêmica, cancelou a agenda do resto da tarde e saiu. Voou para casa, subiu as escadas, pegou a arma no cofre e conferiu o tambor completo. Colocou-a dentro de sua maleta de médico. Caso descobrisse a traição, duas balas seriam pouco. Cruzou com a empregada na sala.

— A Laura almoçou aqui?

— Sim, senhor.

A respiração de Roberto amansou um pouco e ele seguiu para a rua onde ficava o Bueno&Scorzinni. O trinta e oito sob o banco da SUV e ao alcance da mão. No caminho, telefonou a terceira vez para Laura e o celular seguia desligado. Desceu para o estacionamento rotativo do subsolo do edifício Central Park e circulou com faróis desligados à procura do carro dela, enquanto conferia o posicionamento das câmeras de segurança. Então viu uma Mercedes-Benz grafite descendo a rampa de entrada. Espreitou, o veículo passou pelo seu. Ele aguardou o sujeito estacionar e descer em direção ao hall do elevador. Tão logo a porta do elevador se fechou, Roberto seguiu para o segundo subsolo. Após esquadrinhar em duas fileiras, finalmente encontrou o carro de Laura estacionado. Voltou o revólver para a maleta, deixou o prédio, parou sob uma árvore e ligou a quarta vez para o celular dela, sem sucesso. Bem mais calmo, fez algo óbvio: telefonou para o escritório.

— Boa tarde, a Doutora Laura, por favor.

— Quem gostaria?

— O marido dela.

— Um minutinho, vou transferir.

— Oi, meu amor.

— Oi, Laura. Eu... Tô ligando só pra dar um oi.

Um barulho de teclas de computador vinha ao fundo.

— Oi.

— Tentei ligar várias vezes no seu celular e ele está desligado.

— Ah, deixa eu ver. É verdade, desculpa. Tá sem bateria na minha mesa, nem percebi. Estou trabalhando forte num processo aqui.

— Tá bom.

— Então tá.

— Um beijo.

Ao entrar em casa, Roberto devolveu o revólver ao cofre. Laura não tinha feito nada, não naquela tarde. Ao que parecia, tudo estava em ordem. Mas ainda ficaria atento à história do relógio.

75
LAURA

De volta do almoço, Laura foi direto ao banheiro do Bueno&Scorzzini escovar os dentes e tirar o cheiro de Eduardo de seu pescoço. Estacou diante do espelho e deu uma gargalhada muda. Cerrou os olhos, recriou um rápido filme das últimas horas e o salvou numa pasta secreta no fundo da mente.

No instante em que ela fechou a porta da sala, o telefone chamou.

— Dona Laura, é o marido da senhora no telefone.

A respiração descontinuou. Ela passou a bater nas teclas do computador, sem escrever nada coerente. — Tudo bem. Pode transferir. — Atendeu num tom sorridente: — Oi, meu amor.

— Oi, Laura. Eu... Tô ligando só pra dar um oi.

— Oi.

— Tentei ligar várias vezes no seu celular e ele está desligado.

— Ah, deixa eu ver. É verdade, desculpa. Tá sem bateria na minha mesa, nem percebi. Estou trabalhando forte num processo aqui.

— Tá bom.

— Então tá.

— Um beijo.

Desligaram. A respiração de Laura seguia suspensa. Ela encostou a testa na mesa e bufou como se cruzasse a linha de chegada de uma maratona. Abanou-se com um punhado de folhas de um processo. Ligou o celular, havia quatro chamadas de Roberto. Muito estranho uma ligação para "dar um oi". Àquela altura da vida, após tantos anos de casados? Melhor ficar atenta e se organizar com mais cuidado na próxima vez. Ou nas próximas, porque não havia nenhuma intenção de abrir mão das emoções daqueles almoços.

76
MATEUS

Toda manhã Mateus encontrava um bilhete grudado embaixo de sua mesa na escola. Xingamentos, ilustrações pornográficas, fotos de homens pelados. Tortura psicológica. Passou a dispensar a carona de Roberto e a chegar ainda escuro, junto com o segurança que abria os portões, para evitar as pessoas nos corredores. Num dia, no quadro negro havia um desenho de um homem fazendo sexo oral em outro, com o nome "Mateus" e uma flecha apontada para o agachado. Imagem que ele apagou antes da chegada do primeiro aluno. Poderia denunciar à direção da escola, mas isso significaria dobrar a aposta e elevar o nível de tensão e ódio do agressor. Ou agressores. Não sabia se aquilo vinha só de Nuno ou da turma inteira dos playboys.

Parou de lanchar com os Excluídos, usando a desculpa de precisar estudar durante os intervalos. Embora estivessem na mesma sala de aula, Marcela não se envolvia. Parecia constantemente preocupada. Esconder dela as ameaças seria boa estratégia, até descobrir o que andava acontecendo e confirmar uma suspeita que a cada dia parecia se concretizar. Nazaré, por outro lado, seria alguém com quem ele dividiria os medos pelos quais estava passando. Digitou uma mensagem:

"Por que você sumiu?"

Durante a tarde do mesmo dia, a resposta chegou:

"Prometo que uma hora eu conto para o senhor."

Na sexta-feira, Mateus decidiu deixar de pensar vinte e quatro horas por dia se e em qual momento seria atacado. Pela frente? Pelas costas? Por uma pessoa? Um grupo? Tudo não passaria de paranoia, seriam apenas intimidações e nenhuma delas resultaria em agressão física? Faltavam poucos dias para o fim do ano letivo e, após a formatura, ele não mais seria obrigado a frequentar o mesmo lugar de Nuno. De uma vez por todas, depositaria toda aquela humilhação num cofre e esqueceria o código para sempre. No grupo dos Excluídos, sugeriu um encontro no Podrão. Já andava cansado de só ir lá, mas era o lugar mais seguro. Espiga, Sthéfanny e Marcela confirmaram.

— Mateus do céu, e aquela menina da foto? — perguntou Espiga, antes mesmo de se sentar. — Não vai apresentar?

— Se você quiser...

— Qual o nome?

— Nazaré.

— Meu Jesus! Faça este favor para o seu amigo Espigão.

Sthéfanny chegou, Mateus sinalizou três chopes ao garçom.

— Eu precisava estudar, Mateus. Só vim porque seu desaparecimento nos intervalos não está me cheirando bem.

— Qual é, Badu, estudar numa sexta à noite? — interveio Espiga.

— Eu não preciso repetir o motivo de ter de me dedicar três vezes mais do que qualquer um naquela escola... — respondeu Sthéfanny.

— Mais alguém vem?

— Só a Marcela.

— Outra que anda bem sumida... — ironizou Mateus.

— Sem querer alarmar, e não vamos nos alarmar porque não somos de nos alarmar com ninharias, acho que nossa noite vai ser intensa. — Sthéfanny apontou o queixo para a direita e olhou de soslaio.

Nuno e mais dois jogadores do time de handebol entravam no bar.

— Vieram atrás de mim — disse Mateus, com o coração já disparado. — O Nuno acha o Podrão uma espelunca e sabe que a gente vem sempre aqui.

— Era só o que nos faltava. — Espiga arregalou os olhos. — A gente apanhar.

— Se for pra alguém apanhar, serei só eu, podem ficar tranquilos.

— De jeito nenhum. — Sthéfanny bateu na mesa. — Nenhum Excluído briga sozinho. Muito menos contra três nunotários.

— Badu, olha o tamanho deles. — Espiga tremia. — Os caras são do time de handebol.

— Fodam-se, podiam ser até do time de jiu-jitsu e eu não ia arregar. Meu sangue é guerreiro.

— Calma, gente — ponderou Mateus. — Vai ver eles só vieram ameaçar. Eu posso ir lá pedir desculpas.

— Vai pedir coisa nenhuma. Primeiro, você não tem que pedir desculpas por nada — retrucou Sthéfanny, batendo o indicador na mesa. — Em segundo lugar, nós chegamos antes, estamos aqui numa confraternização perfeita, curtindo uma música-merda colocada pelo Ringo Starr, e não vai ser porra de time de handebol nenhum que vai acabar com a nossa noite. Muito menos um time que perde um jogo ganho daquele. Fracassados!

— Pronto, vejam só — disse Espiga. — Tão apontando pra cá e rindo. Eu falei, vai dar merda.

Um dos jogadores veio até a mesa e esbarrou com força em Mateus, que derrubou o chope no chão. Veio o segundo, num rodízio de provocações, e fez o mesmo com Espiga.

— Já tô de saco cheio. — Sthéfanny se levantou com seu copo e foi em velocidade até a mesa dos três. — Já que só falta você pra ir lá, no rodízio de babacas perdedores do handebol, eu vim antes pra te poupar o trabalho. — Virou o chope no rosto de Nuno.

— Badu, pelo amor de Deus! — Mateus colocou as mãos na cabeça.

Nuno, então, se levantou com a mão erguida e armou um soco. — Sua preta imunda! — berrou.

Foi o tempo de Mateus dar um voo e empurrar a amiga, tirando-a do raio de ação. Espiga, num movimento capaz de enganar até um hábil pivô, surgiu por trás e desferiu um soco no queixo de Nuno. Um murro tão bem dado que Nuno desmontou sobre uma mesa vazia. Os outros jogadores partiram para cima, como se atravessassem pelo meio a defesa da seleção dinamarquesa de handebol. Mateus e Espiga foram jogados em uma sequência de mesas. Passaram a tomar socos e cotoveladas, caíram no chão; Espiga levou um bico na cara. Nuno, rosto ensanguentado, ergueu-se e foi para cima berrando "viado filho da puta merece morrer". Espiga inutilmente bloqueava parte do rosto com os braços. Melhor sorte teve Mateus, num ângulo menos aberto. Garçons e clientes tentavam separar, mas a fúria com que Nuno e os outros jogadores descarregavam seu ódio parecia sem fim. Sthéfanny então quebrou duas garrafas na mesa e se colocou entre os de cá e os de lá. Mateus só conseguia ver, com os cantos dos olhos, que ela berrava feito louca e passava as garrafas de um lado para outro como espadas. Os garçons finalmente conseguiram enxotar os três do handebol, que saíram chutando cadeiras. O DJ, numa piada infame, colocou *Gonna Fly Now*, do Bill Conti. Sthéfanny se ajoelhou diante dos amigos.

— Vou sobreviver — balbuciou Mateus, com um corte no supercílio e sem conseguir se levantar.

Já Espiga, desmaiado, tinha o rosto coberto de sangue.

— Alguém chama uma ambulância, pelo amor de Deus — berrou Sthéfanny.

A madrugada foi na sala de espera da emergência do Hospital Central. Mateus tentava diminuir o estrago pressionando uma bolsa de gelo na própria cara. Espiga já estava medicado e em observação, quando seus pais chegaram. A quantidade insana de hematomas espalhados pelo rosto não o impedia de dormir com um semblante sereno. Então ele abriu os olhos e, faltando um dente superior central, sorriu para Sthéfanny:

— Pegamos eles, hein?

Apagou de novo.

Mateus mentiu para Laura que dormiria na casa do amigo. Deixou o hospital ainda escuro, logo depois das cinco da manhã. Através da janela do ônibus testemunhava a cidade acordando lenta, atormentado pelas cenas da briga. Seu melhor amigo arrebentado e sua grande amiga ouvindo aquele "preta imunda" abominável, tudo por tentarem defendê-lo. Nuno teria troco, a coisa não morreria ali. A imagem do cofre no quarto dos pais voltou à mente, ainda mais forte e nítida. Grudar o cano do revólver na testa de Nuno e mostrar o que aconteceria se fosse novamente humilhado voltava a parecer boa ideia. De uma coisa Mateus passou a ter certeza: aquela tinha sido a primeira surra e, ao longo de uma vida apenas no início, nada garantia que seria a última. A luta por se afirmar numa sociedade cada vez mais intolerante estava só no começo. Então se lembrou de um fato a fechar um óbvio ciclo de falsidade: mais uma vez, o sumiço de Marcela justamente quando Nuno aparecia. A dor da traição da amizade talvez fosse, ali, muito mais forte do que a que latejava em seu rosto.

77
NAZARÉ

O aroma do café passado no coador de pano se contrapunha ao mármore branco e frio da cozinha, atravessada pelos primeiros raios de sol. O telefone de Nazaré tocou, enquanto ela conferia no forno a quantas andava o *croissant*. Antes das seis da manhã só podia ser notícia ruim.

— Mateus?

— Só você me atenderia a esta hora. Preciso conversar com alguém. Tô num ônibus, não quero ir pra casa. Me diga onde tá e eu vou até aí.

— Na casa... do seu Lucas e do seu Marcos.

— Vou querer ouvir essa história. Me encontra no parquinho em quinze minutos?

— Combinado.

O medo de deparar com Roberto era tanto que Nazaré só ia ao quintal da nova casa durante os horários de trabalho dele. Escondera dos patrões o motivo da demissão, disse que ela própria havia saído por saudade da família. Lucas e Marcos, por óbvio, não acreditaram na ladainha, mas eram gentis demais para questioná-la. Chegaram a sugerir que ela passasse um tempo na casa da mãe, sem perda do salário. Oferta recusada.

Os *croissants* douraram, Nazaré desligou o forno e saiu em passos rápidos. Sábado, àquela hora, Roberto ainda estaria sonhando com seus demônios. Sentada no balanço, ela viu Mateus caminhar como um zumbi, a camisa rasgada, os cabelos desgrenhados e a cara imprestável. Ele se sentou no balanço ao lado e deu um impulso leve. O guincho intermitente das correntes e engrenagens se somava aos trinados de um sabiá-laranjeira pousado no flamboyant.

— Lembra quando você me disse que se sentia invisível? Hoje eu percebi que aconselhar alguém a ser forte é um milhão de vezes mais fácil do que *ser* forte.

— Quem te bateu?

— Aquele da fila do cinema. E vou dizer uma coisa: se eu tivesse um revólver ali na hora, teria descarregado no peito do cara.

Nazaré parou o balanço e encarou Mateus. — Então ainda bem que não tinha. Ia estragar a vida dele, a sua, da sua mãe, do seu pai, da sua irmã e de todos que gostam do senhor, que nem eu.

Ele olhou morto para as nuvens, lágrimas desceram. Caminhou até embaixo de um escorregador e ficou chutando pedriscos. Pegou uma folha no chão, atirou-a com força para cima e observou a lenta queda.

— O senhor não é assim, seu Mateus. Tira essa ideia ruim da cabeça.

— Tá muito difícil.

— Promete que nunca vai chegar perto daquele cofre? — Nazaré se aproximou dele e estendeu a mão. — Hoje, sou eu que peço pro senhor não soltar.

Ele segurou sem força.

— Você precisa é de um café novo. — Nazaré o puxou.

— Tá doida? O que o Lucas e o Marcos vão pensar se me virem na cozinha deles a esta hora?

— Você não conhece os dois. Podem até fazer uma festa.

78
MATEUS

— Por que você pediu demissão? — perguntou Mateus ao entrarem na casa.

— O salário aqui é melhor.

— Se o motivo fosse esse, você não teria saído sem se despedir de mim e da Angie.

— Um dia eu te conto, mas tá tudo bem. Quero só pedir pro senhor não contar pra ninguém que eu trabalho aqui.

— Pelo visto a coisa é bem mais séria do que imagino.

Nazaré apertou a boca, seus olhos se encheram. — Morro de saudade da Angie, sabia?

— Ela tem uma foto sua na cabeceira da cama.

— Tomara que a nova empregada brinque com ela.

— Não espere isso. Dali, não sai nada. A mulher fica o dia todo ouvindo coisas lá da igreja deles.

— Você precisa brincar com a Angie. Ninguém brinca, nem sua mãe. Seu pai, então, nem se fala.

Nazaré abriu o forno e o aroma do *croissant* preencheu a cozinha, junto ao do café novíssimo. Desde a tarde do dia anterior, Mateus não comia.

— Saudade das suas comidas. — Sorriu. — Me conta como é trabalhar aqui.

— Eu não fico num quartinho no fundo da cozinha, mas numa suíte aqui embaixo, maior do que a casa da minha mãe.

Mateus deu um gole no café. — E tenho certeza de que não tem sininho dourado.

— Não.

— De última categoria aquele sininho.

Nazaré gargalhou.

— E no que eles trabalham?

— São donos de uma agência de propaganda, têm um monte de funcionários. Dizem por aí que são os melhores. Vai ter até um festão de fim de ano da empresa aqui.

— Ah, meu pai vai adorar. — Mateus riu.

Lucas arrastou os chinelos pela cozinha, vestia um robe xadrez marrom. Mateus se levantou da cadeira, desconcertado. Lucas parou, olhou para um, para outra, para um, para outra e franziu a testa. — Menino do céu, que cara inchada é essa? — Pegou no congelador um saco de brócolis e o jogou de longe. — Pressione aí.

— Bom dia, Lucas. Eu...

— Relaxa, Mateus. Eu também adoro o *croissant* da Naza.

Mateus voltou a se sentar. — Eu queria... Pedir desculpas pelo que meu pai fez no jantar aqui. Foi uma vergonha, admito.

— Foi. Mas fique tranquilo, depois que vocês saíram nós comemos a sobremesa, bebemos licor, ouvimos música, dançamos e nos divertimos horrores.

— Eu queria ter ficado.

— Está convidado a voltar quando quiser. O que seu pai fez não foi novidade, é uma constante na vida de pessoas como nós dois.

— Como nós três... — balbuciou Mateus com o rosto para o chão.

— Ei, ei, jamais fale isso de cabeça baixa. — Lucas ergueu o indicador e o encarou.

Mateus concordou rapidamente com a cabeça.

Marcos entrou na cozinha, cabelos molhados e parecendo não compreender a reunião. Bocejou. Deu um beijo em Lucas, tocou o ombro de Mateus. — Gosto assim, mesa cheia. Nazaré, venha se sentar com a gente.

Ao fim do lanche, Mateus voltou para casa. O silêncio e as luzes apagadas indicavam que todos dormiam. Pé ante pé, subiu as escadas e se trancou no quarto para evitar explicações a respeito da cara inchada. Inspirado pelo café da manhã mais bacana dos últimos tempos, entrou na internet e encomendou um buquê de girassóis para ser entregue na casa dos vizinhos na véspera do Natal. Digitou um poema para agradecer a acolhida. Ali, sim, estava uma Família com F maiúsculo.

Fez uma chamada no celular.

79
MARCELA

Marcela estranhou. Um telefonema àquela hora, só podia ser notícia ruim.

— Por que você não foi ontem ao Podrão?

Perguntas de supetão costumam ser pródigas em encurralar pessoas que têm culpa no cartório. Por incrível, Marcela não se preparara adequadamente para aquele momento.

— Oi, Mateus. Bom dia, é porque... Porque não deu.

— O que tá acontecendo, Marcela?

A demora em responder não escondia que ela jamais conseguiria mentir para quem a conhecia como ninguém, embora tivesse obtido sucesso por algum tempo. Mateus apenas aguardava, chegava a ser possível escutar sua respiração. Ela inspirou e decidiu, finalmente, arrancar a culpa do peito.

— Não me odeie, Mateus. Preciso contar uma coisa que venho fazendo.

— Não preciso ouvir, já sei de tudo.

Marcela começou a chorar.

— Quer ouvir como descobri? — retomou ele.

— Não, isso não importa, Mateus. Eu só não queria que todo mundo me achasse uma...

— Ninguém vai te achar nada. Só eu notei, pode acreditar.

— Eu tô MUITO arrependida.

— E quem nunca? Amiga, você pode até insistir na história e se arriscar, mas só te digo uma coisa: ele não vale a pena.

— Eu sei, tentei me policiar, as coisas saíram do controle. Vou terminar tudo hoje mesmo. Não me ache fútil.

— Você é minha melhor amiga, eu te amo muito. Não seria uma bobagem desta que ia me fazer pensar outra coisa de você.

— Eu também te amo muito.

— Prometo nunca mais tocar neste assunto. Vamos passar uma borracha nesta história, o importante é juntar os cacos e seguir em frente.

— Virou o rei do clichê, agora? — Marcela enxugou o rosto com as costas da mão e fungou, sorrido. — Quer roubar o trono de mim?

— Isso seria impossível. — Mateus riu.

Desligaram, Marcela caiu de costas na cama. Tirar do peito a angústia foi como se livrar de um vírus que a consumia dia e noite. Agora, precisava resolver a questão de uma vez por todas. Mandou uma mensagem:

"Pra mim chega. Não quero mais, pela última vez. Cansei. Eu NÃO sou assim. NÃO sou uma hipócrita insensível"

"Prefere conversar ao vivo?"

"Não, agora é vida nova, de verdade."

"Você que sabe, Marcela. Eu gosto demais de você."

"Eu não acredito mais nisso."

"Por que não?"

"Você não vale a pena."

"E você está agindo com o fígado."

"CHEGA!"

A mensagem seguinte demorou a surgir, a tempo de, ainda deitada na cama, Marcela olhar para cada quadro e lombada de livro em suas paredes e estantes, todos carregados de significados que ela havia negligenciado, como se a vida, nos últimos tempos, tivesse sido um teatro patético, com um cenário e um só personagem. Um monólogo que recomeçava sempre que o pano fechava. Uma tragédia sem pé nem cabeça.

Ele mandou um emoji de carinha chorando, talvez ainda como última tentativa de amolecer o coração de Marcela. Mas ela não abriria mais espaço para se comover e preferiu ser direta:

"Um beijo, Dado. Fui."

Relatório do Inquérito nº 1008451/21 - pág. 7

Havia pegadas sobre a maior poça de sangue. De acordo com as conclusões da perícia técnica, as ranhuras impressas são de um chinelo comum.

80
LAURA

Desde aquele "Eu te amo", Laura passou a dormir picado, contar horas, revirar-se na cama, contar minutos, orar, contar carneiros, levantar muito cedo, contar segundos. Mal tinha coragem de encarar Roberto deitado ao lado. Um homem que salvava tanta gente, nunca tinha dado um passo fora do casamento e jamais tentaria fazer nem sequer dez por cento do que ela própria vinha fazendo. Um homem bom.

Exausta de ruminar sua infidelidade sobre a cama, levantou-se até a varanda. O despertador marcava seis da manhã. Precisava respirar, olhar um cenário diferente do teto branco de seu quarto. O nascer do sol era um espetáculo raro que incidia diariamente em sua janela fechada, um presente do Deus com quem ela andava ultimamente em conflito permanente. Uma cena, então, chamou a sua atenção. Aos primeiros raios solares sobre os brinquedos, no parquinho do condomínio um casal conversava, ela sentada num balanço e ele, em pé, embaixo do escorregador. A menina se levantou, eles se deram as mãos. Laura apertou os olhos para ver melhor. Ao notar quem eram, suas pernas tremeram, ela se apoiou no guarda-corpo para não desmontar. Madrugada romântica, imaginou os dois caminhando de mãos dadas por algum bairro boêmio da cidade. Uma rosa comprada de uma florista em um bar, carinhos à vista de outros clientes, risadas de experiências que Mateus tinha vivido e a pretinha, por óbvio, não. Transaram, certamente. Uma mulher como Nazaré não dispensaria a chance de engravidar do filho do ex-patrão, um rapaz de futuro, capaz de oferecer conforto e bens que ela jamais conseguiria pelo próprio esforço. Conhecia o tipo, já havia defendido ou acusado um sem-número de casos semelhantes: o velho golpe da barriga para, em seguida, dar um pé no traseiro do coitado e sair da relação com uma ótima pensão para o resto da vida. A vontade foi de gritar numa altura capaz de acordar o condomínio e dar conta a cada morador da existência de uma pilantra no meio deles, alguém capaz de simplesmente destruir a estabilidade de uma família honrada, como eram, à exceção dos vizinhos gays, todas as famílias por ali.

Pisando macio para não acordar Roberto, abriu o armário e digitou 1970 nas teclas do cofre. Nunca tinha segurado um revólver, sempre sentira pavor de armas. Qual seria a sensação de encostar o cano da arma no peito de alguém? E de apertar o gatilho? Qual o som, a potência do ricocheteio do revólver? E o prazer em ser a senhora do destino de outra pessoa? Ela estava disposta a pagar pra ver, em troca da recompensa de acabar com a maior humilhação jamais recaída sobre seus ombros.

Retornou à varanda para verificar se os dois estariam aos beijos, mas já não havia ninguém no parquinho. Impossível virem para o seu lar, inadmissível Nazaré ser afrontosa daquela forma e retornar "ao local do crime". Laura saiu de fininho do quarto. Do alto da escada, a visão ampla da sala facilitaria sua inabilidade como atiradora. Mirou o revólver para a porta de entrada. Apertaria o gatilho assim que a impostora entrasse. A mão tremia. Esperou, esperou, esperou. Poucos, mas suficientes minutos para recobrar a consciência. O choro desceu, ela foi ao quarto da filha, que dormia encolhida e de boca aberta. Pegou a foto da ex-empregada e, dentes travados, picou-a em pedacinhos, jogou na privada e deu descarga. Recolocou a arma no cofre e, cansada de tudo, deitou-se ao lado de Roberto com o travesseiro no rosto para abafar o choro. Ainda aos soluços, abraçou-o por trás e finalmente dormiu.

81
ROBERTO

— Senhor, abençoe o alimento que colocas em nossa mesa, para que, nutridos, possamos servir-te e amar-te — rogou Laura, com um fio de voz.

Plim Plim Plim.

Geralda deixou a travessa de lasanha e se retirou.

— Como vai o escritório? — perguntou Roberto, aguardando com o prato levantado que Laura o servisse.

— Oi?

— O Bueno&Scorzzini, não é lá onde você trabalha?

— É, por que a pergunta? — Ela franziu a testa.

— Tem alguma coisa que eu deva saber?

— Por que teria?

— Não posso perguntar?

— Mateus, por que este band-aid no seu supercílio? — Laura mudou de assunto, nitidamente desconfortável. — Tô te achando com a cara um pouco inchada.

Roberto encarou-a.

— Me cortei fazendo a barba.

— No supercílio?

— Fiz a barba com sono...

Angélica deu a primeira garfada e entortou o rosto. — Prefiro a lasanha da Naza.

— Eu também, mil vezes — balbuciou Mateus.

Laura imediatamente jogou os talheres sobre a mesa com força. — Por quê? Hein?

— Por que o quê? — perguntou Mateus.

— Por que o quê? Preciso perguntar? — Laura se levantou e saiu. — Perdi a fome.

— A mamãe tá brava porque a lasanha da Naza é mil vezes melhor do que a da Geralda? — perguntou Angélica.

— Deve ser — ironizou Mateus.

— Calem a boca os dois, não quero mais um pio nesta mesa.

Após duas garfadas, Roberto subiu ao quarto. — O que foi aquilo lá embaixo?

— Você viu o tom que seu filho usou pra falar "Eu também, mil vezes" e "Por que o quê"? Ele estava me afrontando, ele sabe que eu sei de tudo. Consegue imaginar com quem seu filho passou esta madrugada?

Consegue imaginar com quem ele transou e depois foi assistir ao nascer do sol de mãozinha dada bem aqui debaixo do nosso nariz?

— Não pode ser.

— A pretinha *não* foi pra cidade dela. Aposto que seu filho tá sustentando a vagabundinha, pagando algum quarto para ela no centro. Não se espante se, qualquer dia destes, ele inventar de morar sozinho. Meu Deus, o que nós dois — ela estapeou o próprio peito e travou os dentes — fizemos pra merecer isso?

— Como você soube?

— Se ele oficializar o namoro, você pode vender o título do clube, porque eu não vou aparecer lá nunca mais.

— Calma, Laura, vamos ficar de olho. Minha sugestão: volte pra mesa e finja que nada aconteceu.

— E se a pretinha aparecer na colação de grau do Mateus eu vou fazer um escândalo naquele auditório, pode apostar.

— O Mateus não tem coragem de me afrontar.

82
LUCIANA

A festa de fim de ano da empresa de Jorge prometia. No salão reservado de uma churrascaria, teria a presença da família do sócio e dos vinte funcionários também com seus familiares. Luciana assou fornadas de macarons de várias cores e montou três pirâmides coloridas sobre bandejas de prata. Além de adoçar o evento do marido, uma oportunidade para divulgar o negócio.

Perfumou-se com uma fragrância doce. Maquiava-se no grande espelho da sala, quando Alice entrou de maria-chiquinha e vestido de bolinhas brancas e azuis. Marcela também chegou pronta, de saia comprida colorida, miniblusa preta e uma faixa amarela na cabeça

— Cadê o Jorge? — perguntou Marcela.

— Entrando no banho. Esperem aqui, vou pegar meus batons pra gente ficar ainda mais poderosa.

— Rosa — pediu Alice.

— Vermelho — completou Marcela.

Na suíte, som de chuveiro. Luciana bateu à porta e gritou que as três já estavam prontas.

— Já vou, meu amor — respondeu ele.

Enquanto riscava alguns batons nas costas da mão para escolher os tons, Luciana encontrou o celular de Jorge sobre o assoalho do armário, com a tela virada para baixo. Uma luz piscava sobre o escuro da madeira. Ela jamais tinha vasculhado o telefone do marido. De toda forma, poderia ser informação a respeito da festa. Ao ler a mensagem na tela, "Fim da gravação. Arquivo pronto para ser exibido", a curiosidade falou alto. Um vídeo. Clicou na notificação e, ao assistir às imagens, seu coração disparou e suas pernas bambearam.

Ela e as filhas precisavam sair dali urgentemente.

83
RAFAEL

O Louco passou a incomodar os dirigentes da aldeia. As instituições estavam funcionando, mas não sabiam muito bem o que fazer. Havia certo jogo de empurra, ninguém desejava assumir responsabilidade sobre o destino do Louco. O Executivo dizia que era um problema judicial; o Judiciário, que era legislativo; o Congresso, que cabia ao executivo, por meio da polícia, fazer uma intervenção pontual; o quarto poder cogitou montar algum tipo de força-tarefa. As palavras do Louco foram consideradas explosivas, numa investigação de um comitê formado especialmente para analisar o caso e que gerou um relatório de mais de duzentos e trinta páginas com excertos literais de suas pregações. Como calá-lo? Matá-lo poderia ser um tiro que sairia pela culatra. Não precisavam criar um mártir. Chamar atenção para alguém que, por enquanto, não tinha conseguido sensibilizar ninguém, talvez não fosse a melhor estratégia. Ficariam de olho, monitorariam seus passos e, caso necessário, agiriam com vigor: uma coercitiva aqui, um conluio ali, uma delação acolá, uma enxurrada de notícias falsas em grupos e mídias sociais para reverter tendências favoráveis às suas ideias.

Rafael vinha num crescente de empolgação com as possibilidades da história. Passara a tarde inteira escrevendo, precisava largar um pouco o livro e abrir a mente para novas ideias. Leu dois comentários sobre armas postados pelo tal Beto1970 e decidiu encerrar a discussão já acalorada com outros seguidores. Aquilo estragava o clima da comunidade e ninguém parecia disposto a ceder. Mesmo que levasse o resto da vida, ninguém daria a mão à palmatória.

> **GentilezaOnline** Beto1970
> Respeito sua opinião, é legítima, ainda que eu discorde dela. A posição oficial da comunidade é ser absoluta e radicalmente contra a utilização de armas pelo cidadão comum.
> Ponto final.

Em seguida, respirou fundo e mandou para seu editor os capítulos já escritos, com o texto:

"Desisti do livro anterior. É isto o que preciso escrever."

O interfone soou.

— Oi, Josias. Manda.

— Seu Rafael, a ex-mulher do senhor e suas duas filhas estão aqui embaixo.

Luciana e Alice num sábado à noite? Marcela junto? Um milagre? Fechou o notebook, empurrou para debaixo da cama as roupas jogadas no chão do quarto, pendurou a toalha no banheiro e arrumou as almofadas sobre o sofá da sala. Despretensiosamente, fez uma pilha sobre a mesinha lateral com algumas das distopias que vinham servindo de inspiração: Laranja Mecânica, O Processo, O conto da aia, O senhor das moscas. A campainha tocou, ele escondeu o vasinho com a violeta murcha. Ajeitou a toalhinha sobre a mesa. E o cabelo.

— Já vou — gritou.

Quando ele abriu, Luciana caiu em seus braços, sem dizer nem sequer uma palavra. Marcela tinha um semblante de indignação, como se capaz de demolir tudo o que estivesse pela frente. Alice agarrava-se à perna da mãe.

— O que foi, meninas? — perguntou Rafael, assustado. — Calma, eu estou aqui.

Luciana mostrou-lhe o celular de Jorge. Um vídeo filmado de dentro do quarto de Marcela. A gravação havia sido feita menos de meia hora antes. Pegava toda a cena, a filha completamente nua, de frente, de costas, olhando-se no espelho e se vestindo para o evento da noite. A mesma roupa que ela usava naquele exato momento.

— Como assim? — gritou Rafael.

Luciana tremia, seguia abraçada à Alice. Marcela fez sinal chamando Rafael para a cozinha. Enquanto preparava um copo d'água com açúcar para a mãe, sussurrou:

— Adivinha de quem é aquele celular? O filho da puta tem uma câmera instalada no meu quarto, deve ter um monte de vídeos meus.

— Esse desgraçado nunca me enganou.

Luciana tomou o copo d'água e, enfim, conseguiu falar:

— Marcela, vá com a Alice lá pro quarto.

— Mamãe, a gente não vai mais pra festa?

— Não, meu amor. Não vai ter mais.

Tão logo as duas saíram da sala, Luciana começou a chorar. Soluçava, inspirava e expirava rapidamente. — Muitas vezes em que a Marcela ia tomar banho ou se trancava no quarto ele ia pro celular. Não foi uma, nem duas vezes. Como fui burra em não perceber? — Ela socou o braço do sofá várias vezes. — Burra, burra, idiota!

— Eu vou lá agora.

— Não, Rafael, por favor.

— Ele sabe onde vocês estão?

— Não, ele tava no banho e...

Rafael se levantou, pegou o celular de Jorge e a chave do carro. Luciana se postou entre ele e a porta.

— Não foi pra isso que eu vim aqui, Rafael.

— Você não vai me impedir de ir lá.

Ele desviou, bateu a porta com força e desceu as escadas do segundo andar até o térreo, pulando de três em três degraus.

— Josias! — Bateu com violência no vidro da guarita.

— Oi, seu Rafael. — O porteiro arregalou os olhos.

— Me dá aquele seu revólver.

— Revólver?

— Eu vou matar um desgraçado.

— Desgraçado? Tá aqui no prédio? — Josias saiu da guarita com a arma em punho.

— Não, me dá ele aqui.

— Mas...

— AGORA! — gritou, transtornado.

Josias colocou a arma nas próprias costas dentro da calça, segurou Rafael pelos ombros e o sacudiu. — SEU RAFAEL! — berrou ainda mais alto. — Eu não vou dar revólver nenhum sem saber o que tá acontecendo. O senhor nem sabe usar um revólver.

— Eu... Não... É que... — Rafael se sentou no chão, com as mãos na cabeça. — O desgraçado...

— Quem é o desgraçado?

Após algum tempo, Rafael respirou muito fundo. — Eu...

Em vez de ir ao apartamento de Luciana, Rafael foi à delegacia, abriu uma ocorrência e entregou o celular de Jorge como prova. Não queria olhar os vídeos no aparelho, deixaria a investigação a cargo da polícia. Só precisava voltar o quanto antes para casa e abraçar suas três mulheres.

84
LUCIANA

Marcela olhava a rua por uma fresta da persiana. Alice dormia no colo de Luciana, que balbuciava, com o olhar perdido:

— Por quê? Por quê?

— A polícia vai tomar as providências. — Rafael segurava a mão dela. — Ninguém vai fazer mais nada com vocês, eu não vou deixar.

— A gente pode dormir aqui na sua casa hoje? — perguntou Marcela.

— Nossa casa — respondeu ele.

Todos desligaram os celulares. Provavelmente, Jorge passaria a noite à procura das três, telefonaria para o próprio número e nem iria mais à confraternização da empresa. Josias foi orientado a dizer que Rafael não estava no prédio, caso Jorge aparecesse.

No dia seguinte, a polícia cumpriu um mandado e foi ao apartamento de Luciana e à empresa buscar e apreender provas. Recolheu computadores e celulares para averiguação. De fato, Jorge tinha outras filmagens, que seriam anexadas como sigilosas ao processo aberto, e estaria com a vida enrolada. A prova definitiva do método de gravação não demorou a ser encontrada: um porta-retratos eletrônico com uma microcâmera espiã colocado sobre a cômoda de Marcela.

Luciana conseguiu liminarmente uma medida protetiva para afastar Jorge de seu convívio. Deixou a chave na portaria, foi passear com as meninas e enviou uma última mensagem, mandando que ele recolhesse os seus pertences naquele mesmo dia. Ao retornarem, no início da noite, encontraram uma carta deixada por Jorge. Mas não havia nada dele capaz de interessá-las. Sob o olhar aquiescente de Marcela, Luciana acendeu um fósforo e queimou o envelope. Jorge desaparecia do jeito que aparecera, como se Luciana deletasse de manhã o perfil de alguém que tivesse conhecido num aplicativo de encontros na noite anterior. Uma longa noite com oito meses de duração e dezenas de vezes em que ela deixou Alice dormir entre os dois. A lição: monstros muitas vezes vestem capas de heróis. Agora, ela voltava a contar apenas consigo e a preocupação passava a ser os possíveis danos na cabeça de Marcela. Desde o incidente, a filha mais velha evitava o próprio quarto. Numa das noites, Luciana se levantou de madrugada para tomar água e a encontrou dormindo na cama de Alice, as duas abraçadas. O apartamento seguia assombrado pelo fantasma de Jorge, mas, colocado à venda, logo faria parte do passado.

— Finalmente, hein? Formando hoje. Uma nova etapa na sua vida — disse Luciana à Marcela, as duas estiradas no sofá da sala, comendo amendoim e tomando refrigerante, enquanto Alice assistia a um desenho.

— Depois os meus amigos me perguntam onde aprendi a falar tantos clichês. — Marcela deu um sorriso triste.

Ficaram algum tempo em silêncio.

— Como você está, meu amor?

— Metade revoltada, metade assustada. — Seus olhos embotaram.

Luciana acariciou os cabelos da filha. — Ele vai ter o que merece, vamos confiar na justiça. A polícia periciou o celular e os computadores, confirmou que os vídeos não foram enviados a ninguém.

— Não quero nunca mais ouvir falar naquele animal. — Marcela levantou uma sobrancelha. — Ele tentou te ligar?

— Ele não é doido de fazer isso.

— Mãe... — Marcela apertou os lábios. — Você promete que desta vez não vai...

— Pode ficar tranquila, vocês duas nunca mais vão me ver naquele estado. Eu tô vacinada, dou graças a Deus por ele não estar mais aqui. A gente vai superar isso juntas.

Abraçaram-se e Luciana seguiu:

— Então, tudo pronto pra cerimônia hoje à noite?

— Não, ainda tenho a coisa mais importante pra resolver.

Os olhos de Luciana voltaram a brilhar.

85
RAFAEL

O remorso que o mantinha acordado noites adentro, os adesivos de unicórnio que ele passou uma das madrugadas acariciando, as fotografias das três enfiadas entre a fronha e o travesseiro, as caminhadas pela cidade, trajeto só de ida, que terminaram com ele sem saber onde estava. Um pé na loucura. Se não tivesse errado lá atrás, suas mulheres jamais passariam agora por tudo aquilo. À miserabilidade por não estar ao lado delas se juntava a incerteza sobre o rumo da vida. Qual o sentido de ficar num apartamento minúsculo, sozinho, à espera de um fim de semana a cada quinze dias para abraçar apenas trinta e três por cento das melhores coisas que já teve e, só por breves momentos, sentir-se parte de uma família? A dor de ter cogitado o revólver naquele surto momentâneo andava com potencial mais devastador que as mortes-ressurreições noturnas que voltaram com frequência. Ele não era, não queria ser, jamais se transformaria num dos monstros contra os quais sempre lutou. Não tinha feito mais nenhuma postagem desde então. Só voltaria a fazer quando conseguisse elaborar respostas satisfatórias àquelas perguntas.

O e-mail do editor, em resposta à mensagem comunicando a mudança na história, permanecia parado na tela:

"Você tá literalmente louco, Rafael? Isso não vende, você vai ser massacrado! Ninguém quer saber de histórias engajadas, eu contratei aquele romance de amor cuja ideia você apresentou. O contrato está assinado, o adiantamento pago e não vou aceitar este livro sem pé nem cabeça que você mandou".

A campainha soou. Rafael não esperava visitas. Aliás, nem se lembrava da última vez em que recebera visita. Ao abrir, instantaneamente brotou diante de si a certeza de que finalmente receberia de volta parte do que ficou para trás, quando *a interminável queda começou...*

— Pedir perdão é ato de grandeza e... Bom, não me lembro do resto. Então, eu... — Marcela entregou-lhe um convite. — Só vai fazer sentido se você for hoje à noite.

Abraçaram-se com força. Ele chorou, ela também.

Quando a filha foi embora, Rafael entrou em diversos sites e colocou o velho Civic azul à venda. Caminho sem volta: devolveria o adiantamento e pagaria a multa contratual à editora.

86
LAURA

A reconhecida habilidade em manipular informações para seus clientes, construir teses impossíveis e desconstruir outras dadas como certas pelos adversários, agora Laura utilizava para escamotear seus próprios crimes, culpas, pecados ou como pudesse denominar o prazer de se sentir Mulher com M maiúsculo. Nenhum rastro, pista ou digital deixados fora de lugar. O Bueno&Scorzzini, muito mais do que o lugar onde ganhava dinheiro, tornara-se um refúgio. Após a apunhalada nas costas dada pelo próprio filho, e a permanente indiferença de Roberto, decidira separar totalmente a vida dentro e fora do escritório. Era seu direito se entregar à única pessoa que a tratava como ela merecia. Ponto final. O relógio comprado havia sido entregue pela loja diretamente em sua sala. Peça exclusiva, azul azulado como os olhos de Eduardo. Só a caixinha em imbuia flocada em bege e de cantos folheados a ouro já valia parte da fortuna paga. Laura mal esperava a hora de fazer a surpresa natalina num lugar romântico. Deixou a caixinha sobre a mesa.

Às 18h00 todo mundo saiu e veio o desejo de um beijo de despedida em Eduardo, antes de ir para a colação de grau de Mateus. A estagiária ainda conferia uma documentação.

— Pode ir para casa, Priscila.

— Obrigada, Doutora, mas isso aqui é urgente e eu preciso terminar pra senhora despachar amanhã cedo.

— Ok, vou ali resolver uma pendência com o Doutor Eduardo.

Eduardo e Laura se encontraram na copa, trancaram a porta e, em meio ao barulho da máquina preparando um café atrás do outro, beijaram-se, enquanto ele colocava a mão dentro da calcinha dela e a acariciava.

— Agora, sim, meu dia está completo — confessou Laura, com as pernas bambas e se equilibrando no pescoço de Eduardo.

Precisava correr, a tempo de se arrumar para a cerimônia. Entrou no carro, ligou Gillespie e arrancou. De repente, lembrou-se do relógio sobre a mesa. A mosca morta da estagiária poderia ser uma mosca morta, mas não deixaria de ser estagiária falida. Seis mil dólares correspondiam a dois anos e meio de salário da coitada. Laura não podia facilitar, um escândalo envolvendo um objeto naquele preço certamente vazaria até Roberto. Estacionou de volta perto do saguão e desceu rapidamente. Ao entrar no escritório, viu sua antessala apagada, e isso indicava que Priscila já tinha ido.

— Esse povo é assim, basta virar as costas e eles somem. Ela que não se atreva a ter me roubado.

Nem precisou acender a luz de sua sala para ver a caixinha sobre a mesa, no exato lugar onde tinha deixado. Pegou o relógio e então notou a sala de Eduardo acesa. Atraída como um inseto para a luz, pediria um beijo e, quem sabe, uma rapidinha inesperada. Prostrada no escuro, ela então viu, pelas paletas da persiana não totalmente fechada, Eduardo deitado no sofá sobre a estagiária. Nua, sem óculos e com os cabelos soltos, Priscila gemia junto dele. Eduardo puxava os cabelos da menina, que arqueava as costas e jogava o rosto para trás. Beijavam-se com a sofreguidão que nem Laura havia experimentado. Da caixinha de som do computador ressoava um Jazz lento e envolvente. Ela parou a centímetros da porta fechada e colocou a mão na maçaneta, a ponto de ouvir:

— Eu te amo, Pri.

Escorregou as costas pela porta e se sentou no chão. No escuro, caixa do relógio nas mãos, a joia do escritório em todos os sentidos se desmanchava na mais pura e mal acabada humilhação. Nenhum dos tantos adversários que ela derrotara em célebres vitórias nos tribunais jamais tivera a honra tão destroçada quanto a dela ali, um pedaço de nada esparramado no carpete e sem forças para se erguer, pisoteada por um desgraçado e uma mosca não tão morta quanto ela sempre acreditou. Escutou gemidos graves, gritinhos agudos, as mesmas frases outrora românticas e agora nojentas, até finalmente se levantar, arrumar o cabelo e ir embora.

Chorando.

87
ROBERTO

O DaVinci formava duzentos alunos, o Centro de Convenções da cidade estava abarrotado. Roberto encostou a SUV próximo à entrada dos formandos. Laura se virou para o banco de trás.

— Mateus, quero te dar um presente. — Abriu a bolsa, pegou um pacote embrulhado num papel prateado com os dizeres “Joalheria Timantti” e o entregou.

Roberto suspirou de alívio. Mateus desembrulhou.

— Você é uma joia, em todos os sentidos, meu filho. Esta é uma nova etapa na sua vida e eu queria marcá-la, pra você nunca se esquecer de dar valor ao que realmente tem valor.

— Maravilhoso, mãe. — Mateus o prendeu no pulso. — Sob medida.

— Agora vá lá, a noite é sua — disse Laura, enquanto Roberto acariciava o braço dela num pedido de desculpas silencioso.

Mateus desceu para pegar a beca e o chapéu no balcão do cerimonial. A SUV ficou no serviço de manobrista e a família se dirigiu para a entrada principal. Ainda na área externa do prédio, Angélica deu um grito:

— Olha lá, mamãe. — Apontou. — A Alice.

As duas, vestidinhos voando e sapatinhos chiques, correram e se abraçaram como se não se vissem havia anos.

Laura cumprimentou Luciana. — Conhecem algum formando?

— Sim, minha filha, a Marcela.

— Olha, só! Somos pais do Mateus, ele fala muito nela.

— Ah, não acredito. — Luciana gargalhou. — A Marcela também sempre conta histórias dele.

— E me parece que a coisa vai ficar ainda mais incrível — interveio Rafael. — Eu e o Doutor...

— Roberto D'Albuquerque Ramos.

— Isso, eu e o Doutor Roberto De Albuquerque Ramos nos conhecemos de pegar as meninas no Santa Mônica.

— D'Albuquerque.

— Vamos combinar alguma coisa um dia. As duas famílias — sugeriu Laura.

— Combinado — devolveu Rafael.

Após se despedirem, Roberto comentou com Laura:

— Se tem um sujeito de quem eu gosto de graça é este Rafael. Tem uma cara boa, é dos nossos. Podíamos estreitar os laços. Já pensou se o Mateus larga a pretinha e fica com a filha dele?

— Seria um sonho.

Os discursos de abertura, do professor homenageado e do paraninfo seguiram o protocolo de conselhos aos jovens sobre as dificuldades da vida e a missão de seguirem firmes na luta por um mundo melhor. Cada formando, então, passou a ser chamado pelo mestre de cerimônias, o que gerava rápidas festas particulares dos parentes. O mais aplaudido foi um tal de Nuno, anunciado como capitão do time vice-campeão metropolitano de handebol.

— O Mateus deu aulas de História pra ele. São superamigos, ele é um amor — contou Laura.

Tão logo o palco se completou com os duzentos alunos dispostos em uma arquibancada de três degraus, o mestre de cerimônias retomou a palavra.

— Agora, um momento muito especial. Vamos chamar para fazer o discurso pelo corpo discente o aluno número um de todo o DaVinci. Não que todos não sejam merecedores, mas este aluno se destacou nos três anos e terminou bem à frente do segundo colocado no quadro de notas. Peço aplausos para — fez um suspense — Sthéfanny Maia.

Palco e plateia explodiram em assobios e aplausos. Sthéfanny recebeu uma placa prateada.

— Veja só que inusitado. — Roberto entortou a boca e olhou de soslaio para Laura. — Uma negra em primeiro lugar.

— Ela é muito linda! Ela não pode ser em primeiro lugar, papai?

— Depois a mamãe te explica — interveio Laura.

Sthéfanny, com um vestido *baby doll* floral e o cabelo rastafari em preto e rosa, tirou o microfone do pedestal e passou a andar pelo palco.

— Muito obrigada a todos. É uma honra estar hoje aqui. Fazer parte deste time não é pra qualquer um. — Os alunos aplaudiram e assobiaram. — Agora é vida nova, cada um vai para uma universidade diferente, aqui no país ou no exterior, dar o seu melhor pra consertar nosso planeta tão caótico.

Deu alguns passos, elevou o suspense. — Mas reparem neste palco.

A plateia permanecia muda.

— Pois é, eu sou a única pessoa negra, dentre duzentos formandos.

— Pronto, tava demorando pra começar o vitimismo — sussurrou Roberto.

— Considerando que somos uma parcela significativa da sociedade, e se houvesse algum tipo de representatividade aqui — seguiu Sthéfanny —, boa parte deste grupo seria composta por negros. Não sei vocês, mas eu acho um absurdo inominável só ter eu aqui.

Roberto bufava, de braços cruzados. Sthéfanny praticamente hipnotizava a plateia.

— Alguns adoram o tal mito da meritocracia. Tive mérito em ser a primeira colocada? Sim, ralei demais. Agora, eu só pude ralar demais porque tenho onde estudar, moro numa boa casa, tomo café da manhã, almoço e janto. Ah, e tenho acesso ao mesmo que todos aqui atrás de mim. A competição, se vamos chamar isso de competição, não partiu desigual. Já até viajei pro exterior algumas vezes, acreditam? Mas isso não acontece com a maioria, infelizmente. Portanto, se formos usar esta coisa do mérito, que tal proporcionarmos pontos de partidas parecidos e chances semelhantes durante a caminhada?

Roberto estava doido para levantar a mão e retrucar, mas Laura segurou seu braço. — Pelo amor de Deus, Roberto — balbuciou de forma ríspida.

— A verdade nua e crua: provavelmente não haveria ninguém neste palco para lembrá-los de tudo isso, se eu não tivesse sido tirada do caminho da miséria por aqueles dois ali embaixo, pra quem eu peço uma salva de palmas.

Um casal de velhinhos de cabeça bem branca se levantou, sob muitos aplausos.

— Pai, mãe, obrigada por tudo. Obrigada por terem me escolhido, viu? Podia ser qualquer outra criança, mas eu tirei a sorte grande. A gente só tem uma rusga, aquela reclamação minha, mas é algo que só nós e meu grupo dos Excluídos sabemos o que é.

Os Excluídos gritaram: "Badu! Badu! Badu!". Os velhinhos gargalharam.

— Piada interna. — Sthéfanny sorriu. — Aliás, nós sabemos que não somos excluídos coisa nenhuma. Ninguém neste palco. Nós somos é *muito* privilegiados. Por isso, deixo um conselho a cada formando: agradeça pelo privilégio e, independentemente do caminho profissional, ajude a promover a redução das desigualdades. Seja tolerante com as diferenças, elas nos completam como seres humanos. E jamais, nunca, em tempo algum, chame alguém — ela se virou em direção ao tal Nuno — de "preto imundo" ou coisa parecida.

Um abismo surgiu ao redor do rapaz, não se ouvia um pio no auditório. Sthéfanny se dirigiu à plateia. — Muito obrigada.

A explosão foi imediata, o auditório se levantou e aplaudiu de pé. Roberto permaneceu sentado.

O mestre de cerimônias encerrou o evento e, ao som de *Don't Stop me Now* — do Queen —, os formandos jogaram os chapéus para o alto, debaixo de uma chuva de papéis prateados picados. Rodeados por familiares emocionados e fotógrafos profissionais amontoados em frente ao palco, os alunos se abraçavam, beijavam-se, dançavam sozinhos ou em grupos e comemoravam o fim de uma longa etapa e o início da vida adulta.

Roberto não conseguia se conectar, algo de estranho acontecia diante de seus olhos. Torceu o pescoço, franziu a testa. Efusivo, solto, sorridente e alegre em excesso, Mateus dançava, gritava e abraçava todo mundo. Nos rapazes, abraços longos, beijos no rosto e gargalhadas realmente exageradas. Não obstante o filho fosse um garanhão e tivesse, dentre muitas outras, emplacado até a ex-empregada, Roberto achou que, de fato, aquela euforia bem acima da média estava muito esquisita...

Relatório do Inquérito nº 1008451/21 - pág. 20

O laudo papiloscópico indicou que a arma foi manuseada por pelo menos cinco pessoas. Em razão de o artefato ter sido localizado a aproximadamente 300 metros do local onde foi baleada a VÍTIMA, configurou-se nova cena a ser analisada, iniciando-se um segundo inquérito (nº 1008463/21) para apurar as circunstâncias de mais um tiro deflagrado e que resultou na morte de nova vítima. Este segundo inquérito foi apensado ao primeiro e, consequentemente, estabelecidas todas as aparentes conexões entre ambos os eventos.

88
MATEUS

Mateus entrou na cozinha após dez da manhã. Precisaria de muita sorte para as olheiras desaparecerem a tempo da festa de formatura, no dia seguinte. Roberto lia o jornal sentado à mesa do café.

— Ué, não foi trabalhar?

— Tirei a manhã de folga. Uma das vantagens de ser dono do negócio.

Mateus serviu o leite.

— Negócio que podia ser seu um dia — prosseguiu Roberto.

— Não vou ser médico, já falei um milhão de vezes. Me passa o açúcar, por favor?

— Ainda não tirou da cabeça a história de ser historiador?

— Nem vou.

— Historiador nem é profissão regulamentada.

— Sinto-lhe informar, mas agora é.

— Não serve pra nada estudar História.

— Serve pra que erros do passado não se repitam. Também pra impedir que recontem os fatos de um jeito mentiroso e conforme visões distorcidas do mundo e da realidade. — Cortou o pão e passou geleia de amora. — Muita gente anda fazendo isso, é bom que exista quem combata.

— E você acha que isso dá futuro pra alguém?

— Depende do que se considere futuro.

— Ter dinheiro para poder abandonar esta espelunca de país e emplacar o nome numa ala de hospital, por serviços relevantes prestados à sociedade.

— Pode ficar tranquilo, eu tenho a vida inteira pra me virar financeiramente e morar onde quiser. Parabéns pela homenagem e pela placa.

Roberto não seguiu no assunto, talvez ciente de ser briga perdida, já tentada outras vezes e terminada sempre em discussões acaloradas sobre o sentido da vida.

— Por que eu nunca fui apresentado a nenhuma namorada sua? — Roberto deu um gole no café.

— Oi? — Mateus franziu a testa pela mudança repentina de assunto.

— Namorada. Por que não conheci oficialmente nenhuma?

— Oficialmente? Como assim?

— Qual das meninas da sua escola você já...? — Roberto levantou a abaixou as sobrancelhas algumas vezes.

— O que você quer dizer com "já..." e esta cara?

— Você me entendeu.

— Não, não entendi.

— Ah, Mateus, logo alguém inteligente como você?

— Falando claramente, você quer saber se eu já... — Levantou e abaixou as sobrancelhas imitando o pai. — ... comi alguma menina da escola?

— Eu não posso saber da vida do meu próprio filho? Você é um rapaz forte, bonito, com quem todas as garotas devem sonhar. A tal da Marcela, por exemplo.

Mateus mexeu o leite, deu um gole e silenciou.

— Vamos lá, responda — insistiu Roberto.

— É minha amiga. Ponto final.

— E a negrinha do discurso coitadista? Corpão. Ali, sim, seria uma aventura fácil, fácil...

— Fácil por quê? — Mateus olhou de lado.

— Você sabe — o comentário saiu junto a uma risadinha.

— Não, eu *não* sei!

— Vou falar que nem a juventude: preciso desenhar? — Roberto dobrou o jornal e o jogou em outra cadeira.

Mateus apertou o pão entre os dedos e respirou fundo. Levantou a voz:

— Vamos, fala, eu sei o que você tá insinuando, seu racista!

Roberto esmurrou a mesa. — Eu não sou racista, lava esta boca pra falar comigo, moleque!

— Então tá muito claro que nossos conceitos de racismo são muito diferentes.

— Rapaz, eu já passei muita coisa na vida que faria você mudar completamente esta sua condescendência com esse tipo de gente.

— A morte do meu avô não teve nada a ver com a cor da pele do sujeito, podia ser qualquer um. E — Mateus fez sinal de aspas — "esse tipo de gente"é o tipo de fala que me embrulha o estômago. O seu problema é outro, e ele tá muito claro.

— Então vamos lá, espertalhão, me diga qual é o *meu* problema, que não seja também o problema de *toda* a sociedade. Se você fosse minimamente conectado ao mundo e às estatísticas, se não vivesse no mundo da lua, saberia qual é a parcela da população que faz o mundo ser este lixo.

— O seu problema é nunca ter superado perder a seleção da bolsa de doutorado para aquele estudante negro, pobre e... veja só quanta ironia, gay. — Mateus forçou uma risada. — Cresci ouvindo você cuspir ódio, dizendo que ele foi beneficiado porque tiveram pena. Nunca vai admitir que ele era muito melhor do que você.

— Ele não era melhor do que eu! — gritou Roberto.

— Vai passar a vida repetindo isso, mas ele te superou. — Mateus também berrava, coração acelerado. — E, em vez de você aplaudir e reconhecer o esforço de quem veio de baixo, arranjou uma desculpa pra esconder sua própria incompetência no caso.

— Aquilo não foi esforço porra nenhuma. Foi pena, sim. A maldita esmola social que precisam dar, pra ver se estes analfabetos funcionais conseguem alguma coisa.

— Seu papo de meritocracia sempre foi da boca pra fora. Se ela não atrapalhar seu caminho, tá valendo. Eu sei que você leu na revista que o cara não só conseguiu alguma coisa, como virou Diretor-Geral do hospital mais importante da França. Tá bom pra você? Ele representa tudo o que você abomina, e deve ser doído ver tanto sucesso em quem a gente odeia, né?

— Me respeita, eu sou seu pai. Não é de hoje que reparo você defender coisas indefensáveis.

— Você não vive dizendo que defender nossas convicções é uma missão?

— Tô surpreso em saber que você tem *esse* tipo de convicção. — Roberto aplaudiu lentamente. — Me afrontando dentro da minha própria casa.

O coração de Mateus acelerou ainda mais, ele fechou os olhos. — Você quer saber mesmo quais são as minhas convicções? Saber toda a verdade? Eu não... comi nenhuma menina porque... — Abriu os olhos e gritou pausado, com os dentes travados: — EU. NÃO. GOSTO. DE. MULHER!

O silêncio caiu feito uma prensa de ferro velho esmagando junto ao chão móveis, quadros, torradeira, forno, fogão, geladeira, louças. E os dois.

— O que você tá dizendo, rapaz? — Roberto deu um sorriso nervoso.

— Prefere que eu desenhe?

Roberto se levantou de um jeito brusco e colou o nariz no do filho, que inflou o peito.

— Vai me bater? Vamos lá, faz o que tem vontade de fazer com todos os... viadinhos que você odeia. Não vai ser a primeira vez que vou apanhar por ser gay, nem a última, infelizmente, enquanto existir gente igual a você.

O tapa desferido na cara de Mateus foi tão forte que o jogou para trás, derrubando duas esculturas de vidro sobre o aparador. Ele caiu no chão em cima de milhares de cacos azuis e vermelhos, a mão passou a sangrar.

— Vai embora da minha casa! — o berro cuspido por Roberto saiu em meio a olhos esbugalhados de fogo.

Mateus cerrou os punhos, levantou-se e encarou o pai. — O que deveria escandalizar gente decente são dois homens sendo agredidos, não se beijando.

— Aqui você não fica mais, porque eu não vou olhar pra sua cara e morrer de vergonha vinte e quatro horas por dia.

— Pois é exatamente o que eu sinto há anos, desde quando entendi o tipo de pessoa que você é e a concepção que tem da vida. Parei de ir ao clube que vocês idolatram, porque não suportava mais as conversas daquele seu grupo de gente vil, intolerante e preconceituosa. E só pra você saber, eu nunca grudei porra de cartaz nenhum na escola. Joguei todos fora. Você é um doente, precisa se tratar.

Os dois seguiam se encarando, Roberto espumava.

— Eu sou incapaz de amar um filho gay. Sem hipocrisia, prefiro que você morra num acidente do que apareça com um barbudo. Para mim, você já teria morrido mesmo.

Mateus balançou a cabeça afirmativamente várias vezes, com força, afrontando o pai. Provavelmente ele nunca ouviria na vida frase mais dura. Mas não choraria diante de Roberto. Passou a mão no rosto, que se pintou de sangue.

Roberto apontou o indicador para Mateus. — Eu vou sair e quando voltar já não quero mais te ver aqui.

Ao ouvir a porta da frente da casa ser batida com violência, Mateus atravessou a sala. Angélica choramingava assustada no colo de Laura, que não abriu a boca para defendê-lo ou sequer humilhá-lo também. Ele subiu as escadas e irrompeu no quarto de Roberto. Abriu o armário, digitou 1970 no cofre, pegou a arma e foi para seu quarto. Trancou-se. Ainda mais humilhado que as piadas, socos, chutes e tapas na cara que já tinha levado, ele se olhou no espelho. As mãos trêmulas sangravam. Enfiou o cano do revólver na boca. *Prefiro que você morra.* Cada gota do sangue jorrado pintaria na memória dos pais a culpa que os acompanharia como um fantasma até o fim de suas vidas miseráveis.

— Teus, abre a porta. — Batidas frágeis, vozinha fina e chorosa.

Levou o cão da arma para trás.

— Sou eu.

Encostou o dedo no gatilho.

— Brinca comigo.

Travou o cano com os dentes.

— Por favor.

Apertou os olhos.

— Eu te amo, Teus.

O choro, então, desceu convulsivo.

Mateus tirou o revólver da boca e o desengatilhou. Escondeu a arma sob o travesseiro, abriu a porta e a irmã pulou em seu colo, como se ela quisesse fundir os dois corpos.

— Teus, não chora. Você pode ser do jeito que você quiser. Eu vou sempre brincar com você do que você achar legal.

Ele abraçava a irmã com o rosto enfiado nos cabelos dela. — Me espera lá no seu quarto? Eu já vou — balbuciou.

— Tá bom.

Lavou as mãos, fez um curativo e limpou o sangue da arma. Trancou-a de volta no cofre.

— Vamos brincar de quê? — Sentou-se no chão e secou as lágrimas.

Angélica pegou duas bonecas e apetrechos de chá. Com a mini-câmera fez uma *selfie* dos dois segurando xicrinhas plásticas de beiço lascado e lhe entregou a foto. Pela primeira vez na vida, Mateus brincava de casinha com a irmã.

Telefonou para Espiga e conseguiu abrigo temporário. Duas malas prontas, ele se despediu daquele que fora seu refúgio a vida toda. No tempo que lhe restava antes de o pai voltar, em silêncio reverenciou as medalhas de natação na parede, os romances na estante, o quadro com a foto da família numa estação de esqui, o pôster do Guerra nas Estrelas – Uma Nova Esperança. De certa forma, sabia que a hora de ir embora chegaria em não muito tempo, mas jamais daquela forma. Da gaveta da cômoda levou uma única lembrança: a flor seca de flamboyant.

Saiu arrastando as malas pela casa.

89
LAURA

Laura ergueu o queixo e virou o rosto para o outro lado, enquanto Mateus cruzava pela sala. Concordava com a atitude do marido, por coerência e princípios. Como alguém poderia trair a própria mãe? Como Mateus conseguiu esconder tanto tempo um pecado imperdoável? Ainda pior do que ter namorado a empregada, ele provavelmente já havia tido experiências com rapazes. Cenas que Laura preferiu nem realizar na mente. Com a educação exemplar de uma família tradicional, e por ter proporcionado um sem-número de oportunidades, como aulas de línguas, de esporte, viagens internacionais e acesso a locais e itens exclusivos, Laura sempre teve certeza de ter blindado Mateus das perversões da juventude atual, que experimenta de tudo, não se dá o menor respeito, faz o que dá na cabeça e desrespeita constantemente valores religiosos e familiares. Agora, sim, a vergonha perante as amigas do clube, do condomínio e da igreja seria infinita.

— Mamãe, o Teus vai viajar? — Angélica segurava uma boneca pelos cabelos.

— Sim, meu amor. Vai passar um tempo viajando.

— É por causa da briga com o papai?

— Não, filha. Um dia a mamãe te explica.

90
ROBERTO

Cartazes amarelados de velhas propagandas de cerveja, cheiro de fritura e música romântica num radinho estridente, o atendente por trás do balcão serviu a quarta dose de vodca a Roberto, que balbuciava para si: "Eu devia ter investigado a defesa do gayzismo depois daquele jantar infame. Desgraçado, meu próprio filho, sangue do meu sangue. Não, não saiu do meu sangue, não tem nada a ver comigo, isso é coisa da mãe. Meu ex-filho, não quero mais ouvir falar naquele moleque. Fez só pra me ofender, tenho certeza. Mentiu, usou meu dinheiro pra tudo, pra estudar, pra viajar, pra... transar com um monte de homens". Pelo celular entrou na comunidade GentilezaOnline. Precisava descarregar a adrenalina em alguém.

Beto1970 GentilezaOnline
A posição oficial é ser contra armas? Então que uma tragédia se abata sobre todo defensor de vagabundos nesta porcaria de comunidade. E, daí, eu quero ver qual vai ser a atitude de vocês, se vão enfrentar como homens.

Ao retornar para casa, subiu direto para seu quarto, praticamente passando por cima da filha, que brincava no chão da sala. Dormiu a tarde inteira. Laura, a responsável pelo gene defeituoso passado ao filho, que não viesse perturbá-lo.

Acordou no início da noite com uma dor de cabeça monumental. Desceu para a cozinha.

— Papai, brinca comigo? — perguntou Angélica, finalizando a sopa.

Roberto não respondeu.

Ela apontou a minicâmera para o pai. — Tira uma foto comigo?

Ele ignorou a segunda vez. Tomou dois comprimidos de paracetamol e foi saindo da cozinha.

— Me ajuda a montar a árvore de Natal no meu quarto, papai?

— Outro dia — resmungou e subiu para dormir.

Despertou assustado pelo som estridente do miado de um gato. Quatro da manhã. Cutucou Laura com força. — Eles pegaram outro gato.

— Que gato, Roberto?

— Você não tá ouvindo?

Laura não se mexeu.

— LAURA!

— Me deixa dormir.

— Tem um gato miando.

Ela se sentou na cama, manteve os olhos fechados. — Não tem gato nenhum, Roberto.

— Os dois estão me provocando. — Ele foi até a janela e examinou o quintal vizinho. — Me acusaram de dar veneno pra gata deles e, agora, pegaram outro só para me insultar e passar a mensagem de que não se abalaram.

— Eles não te acusaram.

— Eu sei muito bem o significado de ameaça.

— Você matou a gata deles?

— Já falei que não.

— Então não precisa se preocupar. Tá vendo algum gato aí na janela?

— Não.

— Nem em cima, nem embaixo do muro?

— Não.

— Se não tá vendo e a gente não tá ouvindo, só pode ser porque você tava sonhando. Vamos dormir, você tá agitado com o que aconteceu mais cedo.

— O Mateus não podia ter feito aquilo. Eu tenho certeza, a presença destes vizinhos influenciou. Eu falei, eles se mudaram pra cá pra arruinar a nossa vida e você não acreditou. Eu venho falando tem tempo: parou de frequentar o clube, parou de ir à igreja, só podia virar o que virou. Eu criei o menino pra...

— Eu sei, mas você pretende debater isso às quatro da manhã? — Laura se cobriu.

Roberto andava em círculos pelo quarto escuro. Puxava os próprios cabelos, esfregava o rosto. "Eles estão me ameaçando com este gato", balbuciava repetidamente. Foi até a varanda e ainda gastou um tempo esquadrinhando o quintal, à procura do maldito gato. Ele tinha ouvido um gato, certeza de que havia um gato por ali, só para irritá-lo.

91
MATEUS

Mateus vestia terno marrom, gravata alaranjada e gel no cabelo penteado para trás. Mão enfaixada e peito estilhaçado, os olhos se perdiam no copo de cerveja e no prato de salgadinhos. A única mesa sem convidados, dentre mais de duzentas mesas. Ele havia feito uma tentativa de se reaproximar da mãe, comunicando que estava na casa do Espiga e dizendo que, se ela quisesse aparecer com Angélica, as duas seriam bem-vindas à festa de formatura. Mas a resposta seca foi que preferiam não ir, para não gerar mais problemas. No fundo, Mateus já esperava que seus pais não admitiriam celebrar qualquer sucesso do filho homossexual. De certa forma, tinha, sim, sua família ali. Os Excluídos eram seus muito mais do que irmãos, ele não se sentiria um peixe tão fora d'água. E os convites acabaram distribuídos para três outras pessoas.

Garçons cruzavam as mesas com bebidas e salgadinhos, a banda entrou e a pista de dança foi ocupada. Em pouco tempo, os Excluídos se reuniram num canto.

— Nossa última noite juntos... — comentou Dado.

— Não começa, não posso borrar a maquiagem — devolveu Sthéfanny.

— Verdade, hoje é dia só de sorrir. — Espiga simulou um sorriso com o dente da frente faltando.

Todos gargalharam da cena.

— Não vai arrumar este dente? — Marcela apontou.

— Isso aqui é uma cicatriz de guerra, a lembrança do meu primeiro soco na cara de um idiota.

— Testemunhei — interveio Mateus e deu o punho para Espiga, que bateu de volta. — Nunca vi soco mais bem dado.

— A propósito, o Nunotário já chegou? — perguntou Sthéfanny.

— Tá lá perto do palco com os outros nunotários do handebol, todos achando que só porque vestiram terno e gravata deixaram de ser otários — respondeu Espiga.

— Entregaram aquele campeonato e serão sempre lembrados por isso, estejam de gravata ou não.

A concordância foi unânime.

— Mas não vamos passar a noite falando de quem não interessa, né?

— Isso aí, Badu. Vamos beber e dançar.

Voltando em direção à pista, Mateus finalmente viu seus três convidados. Correu até eles e os abraçou.

— Uma honra ter vocês aqui, meus amigos.

— Nunca perderíamos um babado forte deste — respondeu Lucas.

Nazaré usava vestido preto, salto agulha e gargantilha prateada.

— Caraca, tá muito gata!

— Ah, seu Mateus.

— SEU? — Ele gargalhou. — É inacreditável!

Nazaré travou os dentes e sorriu.

— Posso te apresentar a um amigo meu, Naza? Ele é o cara mais gente boa do mundo. — Mateus ficou erguendo e abaixando as sobrancelhas.

— Vai fundo, Naza. — Marcos deu um tapinha no ombro dela.

No meio da festa, Espiga e Nazaré conversavam à beira da pista. Ela gargalhava. Espiga fazia movimentos hilários, parecia um macarrão mole. A coisa mais nerd que Mateus já tinha visto, e não precisava estar lá para saber que seu amigo soltava algumas das melhores piadas-merda do repertório dos Excluídos. Sorriu. Pelo menos durante a festa ele tentaria esquecer da incerteza que sua vida começava a enfrentar. Sem casa, rumo ou segurança. Daria um jeito, só não tem jeito para a morte.

Dançando sozinho ao centro da pista apinhada, virou a cerveja e berrou o mais alto que conseguiu, porque nenhum chute na cara dado por uma paixão, tampouco uma frase absurda e bizarra dita por um pai seriam capazes de arruinar o prazer de estar vivo e no meio de grandes amigos.

92
RAFAEL

Alice parecia ter arquitetado um plano diabólico para a festa, Rafael não se iludia quanto às intenções da filha. A todo momento a menina insistia em chamá-lo junto com Luciana para dançarem e, quando os três começavam, ela fingia cansaço e voltava para a mesa, largando-os na pista.

— Você combinou isso com ela? — perguntou Luciana, com gestos.

— Combinei o quê? — Ele se fez de desentendido.

— Vocês não me enganam. Tô sacando vocês. — Luciana apontou dois dedos para os próprios olhos e para os olhos dele.

Alice, sentada à mesa e pernas balançando, fazia um bico e juntava as mãos à frente, como se rezasse para os pais dançarem juntos.

— Quando aquela ali bota uma coisa na cabeça, ninguém tira. — Rafael mandou um beijo de longe para a filha.

— Não sei quem ela puxou...

— Dança comigo? — Ele fez uma reverência.

Luciana sorriu, os rostos colaram. Alice aplaudiu, os dois mais gargalharam do que dançaram.

93 MARCELA

Ao lado de Nuno e outra formanda, que se beijavam bêbados no meio da pista, Ana e Dado dançavam de mãos dadas. De sua mesa, Marcela tentava desviar o olhar, balançava os ombros, forçava sorrisos e abraçava cada formando que passava. Esquecer-se de Dado parecia a coisa mais difícil da vida. Mas sempre há de se tirar lições dos erros e, naquele caso, o erro de ter cedido a primeira vez a algo que, no fundo, ela sempre soube não ter a menor chance de prosperar.

— Cara de morta é essa? — Mateus chegou ao lado.

Marcela apontou o queixo em direção à pista.

— Eu te falei que ele não vale a pena, minha amiga.

Um garçom passou, cada um pegou uma taça de vinho. Brindaram e se abraçaram. Choraram, parte alegria, boa parte tristeza pela saudade das coisas que começavam a ficar para trás naquela mesma noite.

Logo após as três da manhã, Alice dormia em duas cadeiras dispostas lado a lado.

— Já deu a hora de irmos, Marcela — disse Luciana.

— Acho que também já vou — interveio Rafael.

— Pai, eu... Tô muito feliz de que tenha sido você a estar aqui hoje.

Ele afastou os cabelos dela para trás das orelhas. — Eu também, minha filha. Sempre que você quiser.

Abraçaram-se.

— Você vai agora com sua mãe?

Marcela olhou a pista de dança. — Que horas são?

— Três e pouco.

— Então vou ficar.

Chamou um a um os Excluídos. — Lembram-se daquele papo do Espiga sobre a experiência memorável antes do fim do ano?

Todos concordaram. Marcela abriu um sorriso. Dado franziu a testa e disse:

— É o que eu tô pensando?

— São três e quinze. Se sairmos daqui agora, chegaremos a tempo.

— Realmente, as músicas desta festa estão boas demais pra gente — disse Ana.

— Não são músicas dos Excluídos.

— Não são músicas-merda.

— Vambora.

Gritaram e saíram em disparada. Pediram dois carros pelo aplicativo, cada um se despediu de seus convidados.

Entraram no Podrão faltando cinco para as quatro da manhã. Com todas as cadeiras já viradas em cima das mesas, apenas um casal de clientes terminava de pagar a conta. Dois funcionários varriam o chão. Por trás das *pick ups*, embriagado, o DJ dançava sozinho uma polca impossível. Os seis se prostraram ao redor dele e, pela primeira vez, escutaram sua voz:

— Que foi? — o timbre era absurdamente fino e estridente.

Espiga começou a gargalhar e a falta do dente pareceu derrubar uma barreira intransponível. O rosto do DJ se iluminou.

— Quem escolhe sempre sou eu, questão de princípio — a voz saiu mole, ele passou a mão no grande nariz e ergueu o indicador. — Mas vou abrir uma exceção.

Os Excluídos se entreolharam e, dispensando combinação, gritaram juntos:

— Ringo Starr!

O rosto do DJ se iluminou duas vezes mais, como se seis ET's tivessem acabado de descer de uma nave espacial e tentassem contato. Mateus, Marcela, Ana, Dado, Sthéfanny e Espiga. Pularam, dançaram, choraram e terminaram a música abraçados no meio do Podrão, cantando *We all live in a yellow submarine, a yellow submarine, yellow submarine...*

94
ROBERTO

A semana foi silenciosa. A expulsão de Mateus havia sido correta, não se falava mais nisso. Todos os dias Roberto chegava cedo na clínica e voltava para casa o mais tarde possível. Laura apresentou atestado médico de estresse e praticamente se trancou no quarto. Angélica, de férias escolares, brincava sozinha no chão dos cômodos. Geralda mal saía da cozinha. Silêncio durante almoços e jantares.

No início da noite de sábado, após Roberto atravessar a tarde bebendo, uma batida alta surgiu.

— Não... a... cre... di... to — gritou.

Ele havia dado inúmeras chances, engolido sapos, aguentado a humilhação de respirar o mesmo ar que as duas aberrações, sofrido uma ameaça na porta de sua própria casa e ficado incontáveis noites sem dormir, suportando miados de bichos pestilentos recolhidos na rua. Seu próprio filho, por influência inequívoca dos vizinhos, decidira sair do armário. Imediatamente subiu ao quarto batendo os pés na escada. Pegou a arma, já havia passado da hora de os odientos terem o que mereciam. Foi para a varanda, não se esconderia. De um ângulo privilegiado, via alguns poucos convidados ao redor da piscina. Uma faixa no muro oposto dizia "Feliz Natal a todos da Agência". Conferiu o tambor cheio, puxou o cão e ajustou o olho na mira, à espera de Lucas ou Marcos. *Na vida, você é caça ou caçador. E você não vai querer ser caça.* À espreita da presa, veria qual dos dois teria o azar de surgir primeiro. Apontava para um lado, para outro. As mãos trêmulas pelo efeito do álcool não impediriam um disparo certeiro. Lucas apareceu na mira, gargalhava segurando um copo. A velha gargalhada de hiena, o jeito mole de rebolar, a linguagem corporal inconfundivelmente irritante. O escolhido, a caça. Azar o dele. Quis o destino que fosse justamente o negro, e Roberto poderia vingar a morte de seu pai. *Nada acontece ao acaso.* Dali não erraria, as distâncias no clube de tiro eram bem maiores. Apertou bem o olho fora da mira, respirou fundo, o dedo firmou no gatilho.

Seus olhos, então, pegaram foco em uma personagem quase irreal. Inacreditável quem acabara de abraçar Lucas. Vestido vermelho decotado delineando suas muitas curvas, cabelos soltos e maquiagem, a força da presença de Nazaré fez as pernas de Roberto bambearem. Ela segurava um buquê de girassóis, lia uma mensagem num cartão branco junto de Lucas, os dois sorriam. Colocou as flores num vaso com água, pegou uma taça e bebeu. A menina que por três anos circulou dentro de sua própria casa vestindo roupas puídas e chinelos de borracha, ali se mostrava mulher. Roberto ofegou. Nazaré agora servia aos vizinhos que tinham aparecido para infernizar sua vida. Mais um ultraje, o maior deles. Não satisfeitos por acabarem com sua paz, roubaram algo *seu* por direito, pois tinha sido *ele* a trazê-la do interior, a oportunizar incontáveis chances para a coitada progredir na vida, a abrir sua casa sem restrições, a confiá-la parte da tarefa de educar sua própria filha. Roberto piscava lentamente, o álcool latejava na cabeça. Nazaré reaparecia na mira, participando da festa como convidada. Atordoado, por uma fração de segundo Roberto pensou em pressionar o gatilho e acabar com Nazaré, a glória de mostrar que, se não seria dele, ela não seria de mais ninguém. Porém o tesão falou mais alto e o troco podia ser mais bem dado. Como não havia mais vínculo empregatício, todas as barreiras de insinuações de assédio moral ruíram. Portas escancaradas, a história se tornava simplesmente entre um homem e uma mulher, a vida como ela é. Beleza atordoante de uma deusa, a possibilidade de tê-la ainda em sua cama lhe pareceu um desafio. Mãos flácidas e ainda hipnotizado, colocou a arma no armário. Poderia até acabar com Nazaré, mas não antes de tê-la numa cama. Passos tão leves quanto trôpegos, deitou-se, cruzou os braços atrás da cabeça, fechou os olhos e o mundo rodou ao som que entrava pela fresta da janela.

Naquela noite, as batidas do DJ podiam, sim, ser chamadas de música.

95
LUCIANA

As férias escolares e o domingo chuvoso faziam combinação explosiva para Alice repetir perguntas formuladas numa cabecinha cada vez mais confusa. "Mamãe, cadê o tio Jorge?", "Por que você chorou naquele dia?", "Vamos chamar o papai pra morar aqui?", "Ele pode ficar no meu quarto?", "Vocês se beijaram na festa?". Com o aumento no volume de pedidos para os eventos de fim de ano, administrar macarons e angústias infantis parecia uma tarefa impossível.

Logo antes do almoço, as duas montaram o presépio de personagens minúsculos em pedra-sabão, presente de Rafael para Alice trazido de Fátima, quando em busca da reconexão pós-separação. Mais preocupada com os doces, Luciana não se importou com a escolha da filha em dispor os elementos aleatoriamente na cena, na qual se destacavam uma ovelha dentro da manjedoura e uma vaca deitada em cima de Baltazar.

— Se o papai morasse com a gente, ele ia montar o presépio comigo. Não vou colocar a estrela até ele me ajudar.

As palavras da filha plantaram em Luciana a saudade dos velhos natais, quando os quatro montavam a árvore, comiam rabanada e decidiam onde ficaria cada enfeite. Mas precisava se concentrar nos macarons. Tinha uma vez salvado a tarde de Laura e não custaria pedir retribuição.

"Laura, você me socorre? Tenho uma série de encomendas para preparar e a Alice tá doida pra brincar com a Angie."

"Ótimo, a Angie também está num tédio absoluto neste tempo feio. Pode deixá-la aqui."

Em agradecimento, Luciana descongelou uma das fornadas de macarons que não levara para a confraternização da empresa de Jorge. E tão logo deixou Alice e os doces na casa de Laura, correu ao supermercado. Na seção de hortifruti, seus passos diminuíram a velocidade e o coração acelerou exatamente como da primeira vez em que ela o viu.

96
LAURA

Laura nem achou ruim a chuva ter inviabilizado o Country. Não conseguiria mesmo ouvir eventuais perguntas sobre Mateus, caso as amigas já soubessem da tragédia, tampouco encarar a esposa do empresário do setor de óleo e gás e admitir não ter seguido o conselho de não se apaixonar. Alice chegava para passar a tarde com Angélica, e Laura não mais precisaria ouvir a cansativa ladainha da filha sobre ninguém brincar com ela. Luciana a cada dia se tornava uma amiga mais fiel, a bandeja de macarons era encantadora. Tão logo a amiga se foi, Laura subiu ao quarto. Os dias seguiam tensos, pelo medo de Roberto descobrir algo em seu celular, de tal forma que o aparelho vivia no modo silencioso. Quando surgiam mensagens de Eduardo, e elas chegavam a todo instante, Laura as apagava sem responder. A mais recente, enviada havia poucos minutos, dizia: "Por que você sumiu? Quero muito te ver, Laura, de verdade. Me dê a chance de cuidar de você. Tenho um remédio infalível...". O desejo de encontrá-lo beirava o infinito, impossível negar que precisava de uma dose cavalar daquele remédio. Mirando em especial as reticências, ela cedeu:

"No mesmo lugar. Agora. Precisa ser muito rápido."

Deletou as mensagens, pegou a bolsa e nem cogitou passar perfume, para não levantar suspeitas. Passou pelas meninas com as bonecas no chão e por Roberto diante da TV. — Amor, preciso sair pra fazer umas compras.

— Vá com calma. É bom pra espairecer e reduzir o estresse — aconselhou Roberto.

Beijaram-se.

— Geralda, faça pipoca pras meninas e abra um refrigerante — ordenou Laura.

Já no carro, desligou o celular e seguiu para o estacionamento do supermercado.

97
ROBERTO

A saída inesperada de Laura caía como uma luva. Quanto mais ela demorasse na rua, melhor. Muita sorte aparecer uma chance de vigiar o quintal vizinho logo no dia seguinte ao reencontro com Nazaré. *Quando o sujeito nasce com sorte, ele sempre tem sorte.* Bastou a esposa se despedir para ele subir à varanda do quarto. Após alguns minutos sem nenhum movimento, finalmente viu que Nazaré se despedia de Marcos. Chance de ouro. Foi para o quarto de Angélica, onde a janela dava para a rua da frente, e seguiu à espreita. Um carro de aplicativo encostou e a menina entrou rápido, parecia tensa. Automaticamente, Roberto pegou a chave da SUV e desceu.

— Vou sair, Geralda. Não demoro. Se a dona Laura perguntar, diga que fui à padaria.

— Vá com Deus, seu Roberto.

Quando o veículo dobrou a esquina, Roberto acelerou, mantendo distância e controlando o tempo dos semáforos. Ajeitou os cabelos no espelho, mastigou um chiclete. Forjar um encontro inesperado, desculpar-se, simular arrependimento, dizer que Angélica andava triste, propor a reconsideração do emprego, quem sabe aventar um pequeno aumento. Uma frase improvisada com semblante consternado certamente amoleceria o coração da menina. Um convite para um café num lugar chique seria bom começo e, aposta certeira, ela não recusaria um café num lugar chique. Talvez comprasse uma joia de ouro e a presenteasse no Natal. Nazaré não recusaria uma joia de ouro. Que mulher no mundo resiste a uma joia de ouro? O veículo entrou no estacionamento de um shopping. Roberto encontrou uma vaga distante, mas correu a tempo de vê-la caminhar diante das vitrines. Quando ela diminuía o passo, ele disfarçava e garantia uma distância segura. Em algum tempo, ela se sentou em um banco, parecia admirar a decoração natalina, conferia o celular, sorria. Roberto encontrou um bom ângulo de observação. Hipnotizante. Então o telefone vibrou em seu bolso. Desconhecia o número, não atendeu.

Naquele instante, um rapaz magrelo se aproximou de Nazaré. Roberto imaginou já tê-lo visto em algum lugar, mas não se lembrava qual. O telefone chamou novamente e a ligação mais uma vez foi ignorada. Ela e o garoto se levantaram e seguiram na direção do cinema. Roberto saiu do shopping resignado, mas a pretinha não escaparia, fizesse ele o necessário e custasse o tempo que fosse para custar. A afronta de trabalhar na casa das duas pessoas que ele mais odiava naquele condomínio teve grande influência na questão de honra por subjugá-la. Gostava daquilo, aquela rebeldia chegava a ser excitante.

98
RAFAEL

O espancamento do Louco e a morte de seu cachorro com um tiro na cabeça descompensaram Rafael, mas ele bem sabia que o escritor não pode ser condescendente consigo mesmo. Relatou um momento triste e violento, transmitindo o ódio do grupo contratado para "dar uma lição" no Louco e colocá-lo em seu devido lugar. Terminou a cena, porém, reforçando a persistência própria dos lunáticos: o Louco enterrava o vira-lata num terreno baldio, erguia a cabeça e seguia em frente, trouxa e cajado nas mãos, com determinação redobrada na missão.

Assim como sua própria vida, a GentilezaOnline seguia desatualizada. A última semana havia sido intensa, temperada pelo pedido de uma revista semanal para uma matéria de seis páginas sobre aquecimento global. Se pediu um tema polêmico para animar as coisas, aí estava. Da pesquisa tanto de estudos recheados de gráficos em revistas científicas, alertando para a gravidade do problema, quanto de vídeos de jovens youtubers negando a existência desse mesmo problema, Rafael escreveu um artigo de dez páginas a ser revisado e cortado. Dois dias antes, num momento de absoluta falta de lucidez ele havia remetido as cartas antigas para Luciana. Agora já sentia o arrependimento de ter se autoconvencido com argumentos do tipo "ah, ela já me perdoou, vai achar bonito, está solteira de novo, o não você já tem, fomos felizes, temos um passado, as meninas me amam, dá pra reconstruir". Na hora, pouco se importou com a pieguice das cartas, simplesmente colocou tudo numa caixa e despachou. Uma falta de planejamento atroz. Abriu a geladeira para uma Bud e os ombros caíram. Nada além de um pote de margarina quase no fim, um ovo, uma garrafa d'água e uma caixa de papelão com duas fatias de pizza da semana anterior levemente esverdeadas.

Carrinho já abarrotado de cerveja, pães, macarrão instantâneo e guloseimas para Alice, Rafael seguiu para a seção de hortifruti. Domingo não era mesmo bom dia para frutas e verduras. Tomates moles, cebolas murchas, alfaces pouco convidativas. Uma salada com aquilo sairia tão sem graça quanto seus dias.

— Tudo o que eu precisava, agora, era bolar um comentário espirituoso numa fila, assim como um dia você fez sobre couves.

Ao escutar a voz de trinta e três por cento das melhores coisas de sua vida, Rafael se virou e abriu um sorriso. — Se eu tivesse criatividade pra um trocadilho sobre uma cebola murcha, seria quase impossível você não voltar a se apaixonar por mim.

— Isso já foi bem criativo... — Luciana sorriu de volta.

Terminaram as compras juntos, e como sentisse novamente o gosto de um beijo perdido no tempo, ao passar pela seção de vinhos ele colocou no carrinho um tinto português.

Já no estacionamento, uma Mercedes-Benz grafite passou pelos dois.

— Estranho — comentou Luciana.

— O quê?

— A Alice tá na casa de uma amiga e acabei de ter a impressão de ver a mãe dela naquele carro. Não deve ser, deixa pra lá.

— Posso te pedir uma coisa? — Rafael respirou fundo. — Eu te mandei de impulso umas cartas e...

— E...?

— É que... Ah, deixa pra lá. — Ele segurou a mão dela. — Adorei te ver.

— Eu também. — Um breve silêncio se fez, até ela acrescentar: — Bom, preciso correr, tenho encomendas urgentes pra terminar.

— Fico feliz pelo seu sucesso. — Rafael apertou os lábios. — Acho que... valeu a pena ter te dado aquele primeiro curso.

Luciana gargalhou. — Ah, eu sempre desconfiei de que aquele voucher era obra sua, mesmo a Marcela não querendo te ver nem pintado de ouro.

— Foi difícil convencê-la, mas ela aceitou em nome do pavor que andava sentindo.

— Meu orgulho estava muito ferido, mas as circunstâncias não me deixavam alternativa a não ser aceitar.

— Em cada um dos macarons que você já fez teve um pouco de mim.

— Nunca tinha pensado assim.

— De repente, a gente podia conversar mais sobre isso num café no fim da tarde...

Relatório do Inquérito nº 1008451/21 - pág. 15

A única testemunha a presenciar o tiro não dispôs de condições de falar sobre o evento nos dias subsequentes (atestado por laudo de psicólogo forense — anexo). Depoimento colhido em data posterior fechou as poucas lacunas ainda abertas e tornou inequívocas as circunstâncias e a autoria do disparo, assim como o descarte da tese de conluio entre a primeira e a segunda testemunhas a chegarem ao local. A imputação das responsabilidades foi determinada.

99
GERALDA

Toda hora os patrões inventavam alguma demanda, e se algo irritava Geralda eram interrupções no culto ao vivo pelo YouTube. Finalmente ficaria tranquila naquela tarde. Tão logo Roberto saiu, ela fez a pipoca pedida pela patroa e deixou a bacia no meio da sala, junto ao refrigerante e a dois copos. Voltou à cozinha e acessou o culto de seu pastor favorito. Além de muito espiritualizado, ele tinha dentes perfeitos e cabelos realmente alinhados. A pregação, porém, estava inaudível, atrapalhada pelas gargalhadas das meninas na sala. Geralda berrou:

— Que inferno esta gritaria! Vocês podem fazer silêncio?

As duas seguiam correndo e soltando gritinhos.

— ANGÉLICA! Eu preciso trabalhar em paz e com essa barulheira não dá.

— A Naza brincava comigo, sabia?

— É? Adivinha, só... A Nazaré foi demitida e eu fui contratada. Gostou? Vamos, vamos. — Geralda bateu palmas. — Deixem eu fazer meu serviço, vá.

Angélica e Alice subiram as escadas gargalhando. Geralda colocou o fone, aumentou o volume. Numa pregação arrebatadora, o pastor revelava que Deus havia feito um homem doar um carro à sua filha. Um carro, que benção! Aquilo, sim, era poderoso. Um dia lhe aconteceria uma tremenda graça assim, Geralda tinha certeza. Bastava manter a fé e não falhar nas contribuições para as campanhas da igreja. Ela então abriu a geladeira para uma pequena travessura: um assalto aos macarons, de fato lindos e coloridos. Para ninguém pegá-la no pulo, fechou a porta entre a cozinha e a sala. Passando a língua nos lábios, colocou num pratinho um verde, um branco, um azul e um amarelo. Acabou com o verde numa única mordida, mirou o amarelo. Voltou a assistir à pregação, hipnotizada pela força das palavras proferidas com devoção pelo pastor, que iniciou uma oração de prosperidade e derrota de problemas financeiros. Geralda fechou os olhos, espalmou as mãos para o alto e se concentrou na prece, um átimo de arrebatamento. O pastor orava e ela entremeava améns e glórias. A canção compassada a levou para longe. Passados alguns minutos, um chamado crescente e distante interrompeu o transe. Voz grave de homem. Geralda abriu um olho, depois o outro. Tirou o fone e esticou o pescoço para entender o que já se afigurava uma gritaria desesperada. A conexão com o além se desfez, o coração pulou. Batidas repetidas na porta da frente, a campainha insistentemente tocada. Certamente seu Roberto tinha voltado e deveria estar sem chave. Ela desligou o celular, jogou os macarons na lixeira, lavou as mãos e correu para a sala ajustando o uniforme.

— Já vou, seu Roberto — gritou.

Pelo olho mágico, Geralda viu um sujeito esmurrando a porta. O coração disparou, ela espreitou. Ele passava a mão no rosto, dava passos para trás e olhava para as janelas do segundo andar. Aproximava-se da porta, apertava a campainha freneticamente. Geralda não teve dúvidas: preto, num domingo, naquele condomínio? Assaltante, claro. Ela deu passos atrás e manteve o silêncio, como se não estivesse ali. As mãos tremiam, não sabia como fazer para chamar a segurança armada, ninguém tinha ensinado como mexer no aparelho instalado na parede da cozinha. Voltou a orar em pensamento.

Um berro do ladrão interrompeu a oração, enquanto a campainha era freneticamente tocada:

— Abram, por favor! Aqui é o Lucas, o vizinho.

— Vizinho? — Geralda riu de nervoso, pela fresta da porta. — E você acha que eu vou acreditar que alguém como você é vizinho do seu Rob...

— ABRE, PORRA! Eu ouvi um tiro!

— Tiro? — Geralda vacilou mais um pouco e finalmente abriu, rezando para não ser o maior erro de sua vida.

Lucas entrou correndo, manquejava, o joelho sangrava com um talho.

— Quem tá em casa?

— Só a Angélica e uma amiguinha.

— Onde elas estão?

— Angélica? — gritou Geralda. Ninguém respondeu. — Acho que lá em cima.

Lucas atravessou a sala correndo, derrubou a mesinha com a bacia de pipoca, a garrafa de refrigerante e os dois copos, subiu as escadas e Geralda veio atrás. Ele entrou e saiu dos cômodos até chegar à suíte de Roberto e Laura. Janelas abertas, luz acesa, Alice sentada encostada à parede tinha os olhos fechados e a boca mal pintada com batom cor-de-rosa. Encolhida entre as pernas, ela tremia da cabeça aos pés e as mãos tapavam os ouvidos. O choramingo se assemelhava ao miado de um gatinho. Angélica, de costas no chão, inerte, tinha os olhos fechados, um forte cheiro de perfume e a boca aberta também pintada de batom cor-de-rosa. O peito sangrava e uma poça de sangue se espalhava pelo assoalho. Caído sobre as pernas de Angélica estava um revólver.

— Pelo amor de Deus, Angie! — gritou Lucas.

Correu até ela, pisou com o chinelo no sangue e escorregou. Caiu e bateu o braço com força no chão, o vidro do relógio se quebrou e o fecho se abriu. Ele praticamente se arrastou em desespero em direção à menina e tirou a camisa polo. O relógio caiu de seu pulso. Fez um bolo com a camisa, pressionou o peito de Angélica para tentar estancar o sangue que não parava de cair. Tirou o revólver do colo dela e o jogou para o lado.

Geralda assistia a tudo com o coração disparado. Juntou as mãos à frente do rosto e começou a orar.

— ANGIE! — Lucas deu um leve tapa no rosto da menina. Os olhos abriram e fecharam de forma quase imperceptível. — Fica comigo, querida.

Mãos ensanguentadas e trêmulas, ele berrou ao telefone:

— Amor, para tudo o que tá fazendo e voa *agora* com o carro pra frente da casa do Roberto. A arma disparou, a filha dele tá sangrando muito.

Alice começou a chorar, um miado assombroso. Lucas gritou para Geralda, ao sair do quarto:

— Vou pro Hospital Central, aqui perto. Cuida desta menininha.

Geralda tirou sua corrente com crucifixo do pescoço e a pousou sobre a poça ensanguentada. Abraçou Alice. Lucas desceu as escadas com Angélica no colo, pressionando-lhe o peito e deixando um rastro de sangue pela casa.

100
ROBERTO

Imprudente voltar de mãos vazias e precisar explicar o inexplicável, então Roberto passou na padaria, ainda entorpecido pelo que presenciara. Na fila para pagar os pães, seu celular vibrou outra vez. Terceira chamada do mesmo número desconhecido. Certamente, algum paciente da clínica, daqueles que não percebem que domingo é dia sagrado de descanso. Ignorou, não estragaria seu dia. Queria só pensar em Nazaré.

Ao abrir a porta de casa, notou sangue pelo chão. Deu de cara com Geralda sentada no sofá da sala e a amiguinha de Angélica no colo. A menina, de braços cruzados, balançava para frente e para trás. Tinha os olhos arregalados e tremia.

— QUE SANGUE É ESSE? O QUE ACONTECEU? — gritou Roberto, derrubando o saco de pão. — CADÊ A ANGIE?

— Eu tentei ligar pro senhor, juro.

— CADÊ A ANGIE, GERALDA?

Geralda atropelava as palavras, com um tom de voz horrorizado:

— O tiro. O revólver. O vizinho preto.

— O VIZINHO O QUÊ?

— Ele que tá com a Angie. É que ela... A menininha aqui...

A amiga de Angélica começou a chorar. Geralda também.

— PRA ONDE A ANGIE FOI, GERALDA?

— Pro Hospital Central. Eu liguei três vezes para o senhor, juro.

Roberto correu para a SUV, saiu cantando pneu e por pouco não capotou de lado na primeira curva dentro do condomínio. Como tantas vezes, mas nunca pelo mesmo motivo, desrespeitou sinais vermelhos, ultrapassou pela direita, praticamente não tirou a mão da buzina. Pavor que turvava a vista e tremia o corpo. "Não, Angie, não, por favor, meu amor", balbuciava sem conseguir reter o choro. Na rua estreita diante da emergência do hospital público, veículos em fila dupla e pisca-alerta ligados impediam que ele se aproximasse com seu carro.

— Desgraçados! Desgraçados! DESGRAÇADOS! — Roberto esmurrava o volante.

Parou duas ruas depois, largou de qualquer jeito o carro no meio-fio e disparou até o balcão da entrada.

— Uma menininha loirinha deu entrada aqui? — gritou, ofegante.

— Sim, com sinais de um tiro no peito. Chegou há uns vinte minutos, perdendo muito sangue. Já está na mesa de operação — respondeu o atendente, exaltado. — O senhor é parente?

Roberto viu Lucas em pé diante do bebedouro. O sangue na camisa de gola polo era prova cabal. — O que você fez com a minha filha, seu preto imundo? Como ainda tem coragem de ficar aqui? — Acertou-lhe um soco na boca.

Lucas cambaleou para trás e bateu as costas no garrafão, que explodiu e inundou o chão do saguão. Marcos cerrou os punhos e partiu pra cima de Roberto. Lucas, num movimento rápido, segurou seu braço.

— O que eu fiz? — Passou as costas da mão na boca e gritou de volta: — O que VOCÊ fez?

Roberto o encarou, a boca tremia. — Você ainda vai pagar muito caro por ter acabado com a minha família. — Andou de costas até entrar correndo pela ala interna do hospital. Gritava que era médico e derrubava o que e quem via pela frente. Antes de chegar à porta de acesso à área de cirurgias, foi contido por dois seguranças, que o derrubaram no chão e o imobilizaram. Debaixo de homens armados, Roberto chorou.

101
LAURA

— Eu te amo, o escritório é muito triste sem você — sussurrou Eduardo, deitado abraçado a Laura por trás.

Ela demorou a comentar. — Triste como quando a estagiária não está?

Eduardo afrouxou o abraço e alongou o silêncio. A canção que saía das caixinhas de som do motel pareceu aumentar de volume.

— Eu...

— Amanhã eu vou demitir a menina.

— Desculpa, Laura, não vai mais acontecer — a voz dele saiu doce e quase inaudível. — É que... Você... Já descobriu o que sente por mim? Eu preciso saber, estou confuso, sinto sua falta e...

Laura reteve um olhar perdido na decoração carregada e colorida do quarto. — A gente vai conversar com calma.

— Espero o seu tempo.

— Agora eu preciso ir, Edu.

— Fica mais um pouco.

— Eu — ela fez sinal de aspas — "saí pra fazer compras" e já deu a hora.

Para não despertar suspeitas, na volta ao supermercado ela fez uma compra-relâmpago de produtos que não sabia se faltavam ou não na despensa. Entrando no condomínio, viu pelo retrovisor o carro de Luciana e autorizou a entrada junto aos porteiros. Estacionaram em frente à casa, Laura estranhou a ausência da SUV. Desceu com as compras e religou o celular. Havia doze chamadas de um número desconhecido. Clicou para chamar de volta.

— Surpresa boa, querida. — Laura sorriu em direção à amiga.

— Desculpe-me vir sem avisar, mas consegui terminar as encomendas antes do previsto e surgiu um compromisso agora pro fim da tarde. Preferi já vir buscar a Alice.

Laura começou a escutar outro celular tocando. Franziu a testa. — Vamos tomar um café, enquanto as meninas acabam de brincar? Dei uma saidinha rápida pra umas comprinhas.

O volume do outro telefone parecia cada vez mais alto, como se estivesse por ali.

— Pois é, eu achei até que tinha te visto no estacionamento do supermercado há uma hora, mais ou menos.

Laura pigarreou. — Não, não... Não devia ser eu. Saí tem pouco tempo.

O telefone desconhecido parecia agora tocar dentro de sua própria casa.

Luciana sorriu. — Foi confusão minha, mesmo. Aceito o café.

Laura abriu a porta e viu uma trilha de sangue no chão, misturada com pipoca, vidro e um líquido que parecia refrigerante. Ao lado de Geralda no sofá, Alice balançava para frente e para trás com os olhos esbugalhados. O celular da empregada tocava. Luciana correu até a filha e a pegou no colo.

— O que foi, meu amor? — a voz saiu apavorada.

Laura jogou as compras e o telefone no chão, começou a gritar por Angélica. Foi então que Alice atropelou palavras choramingadas:

— Não fui eu mamãe a gente tava brincando no quarto da tia Laura e a Angie foi pegar o batom no armário que a gente tava se maquiando de batom e... e... e... a mala de maquiagem e a gente tava brincando de batom eu juro mamãe. A gente passou o perfume da tia Laura e a Angie também achou o brinquedo que tava do lado e os meninos da escola que brincam e a gente pode brincar das mesmas coisas que os meninos, né mamãe? A gente achou que era um brinquedo e ela apertou e...

— Calma, meu amor, calma. Shhhh. — Luciana tentava, sem sucesso, colocar tranquilidade na voz, enquanto ninava a filha. — Ninguém tem culpa de nada. Foi só um susto. Calma.

E aquele foi o instante em que Laura desmaiou.

102
ROBERTO

Roberto acordou num leito da emergência do hospital. Olhou para o lado e viu Rafael numa cadeira.

— Eu quero a minha filha. — Começou a chorar, voz mole pelo calmante que tinham lhe aplicado.

— Calma, meu amigo. — Rafael foi até a beira do leito. — Vai ficar tudo bem. Ela já foi operada.

— Por favor, chama o cirurgião que fez a operação.

Rafael telefonou para a enfermaria.

— Não podia ter acontecido, não podia. — O choro fazia o peito subir e descer na maca.

— Foi uma fatalidade, Roberto. Ela e a minha filha estavam...

— A sua filha, ela também...?

— Não.

— E a Laura, cadê?

— Não teve condições de vir. Entrou em estado de choque, mas já foi medicada.

— Você devia estar com a sua filha, Rafael. Não aqui.

— Ela está com a minha esposa e já com acompanhamento psicológico. Eu estava lá até agora.

— Você é uma boa pessoa.

— Fiz questão de vir, Roberto, imagino o tamanho da sua dor.

— Ninguém consegue imaginar, ninguém.

— Olha, eu tenho uma comunidade e o lema dela diz que a gentileza é a mais poderosa arma já inventada. A gente precisa...

— Você? — interrompeu Roberto, sentando-se na cama e encarando Rafael. — Eu não acred...

O cirurgião cardíaco entrou no quarto, Roberto se levantou.

— Pelo amor de Deus, me diz que minha filha tá bem.

— Roberto, você é cardiologista e deve imaginar o quadro. Tivemos que fazer uma esternotomia, a parte de trás do coração parecia uma gelatina e estava queimada pela pólvora. A cirurgia levou quatro horas.

Se fosse possível, naquele exato instante Roberto trocaria seu coração, que batia a milhões por hora, pelo da filha, que precisava da ajuda de aparelhos para respirar.

— Quantos por cento de chance ela tem?

— Numa previsão otimista, arrisco menos de cinco. E isso só foi graças ao fato de ela ter chegado muito rápido à emergência. As próximas quarenta e oito horas serão cruciais, você sabe dos riscos de infecção. Ela está na UTI à base dos antibióticos mais fortes.

Roberto voltou a chorar feito criança.

103
LAURA

Laura abriu os olhos deitada na cama de Angélica e, ao ver as amigas do Country Club, o choro desceu. — Eu quero a minha filha, por favor. Me levem pro hospital.

— A Angie já foi operada, minha linda, está em observação. — A dona do hotel-fazenda acariciava seus cabelos. — Está em boas mãos e vai sair desta, tenhamos fé. As intenções do culto ontem foram todas para cobrir a Angie com um manto de proteção.

— Por favor, me deixem sozinha aqui — sussurrou Laura e as três saíram do quarto. Ela pegou um crucifixo e se ajoelhou. — Eu sei que o Senhor está testando a minha fé. Isso tudo é um castigo por eu ter desobedecido todas as promessas que fiz. Eu acredito nelas, juro, mas falhei, falhei. Quem nunca vai falhar? Eu jamais vou fazer aquilo de novo se o Senhor me ajudar.

Do varal colorido sobre a escrivaninha puxou uma foto tirada com a máquina da filha e a pressionou contra o peito. Um murmúrio frágil surgiu, um canto com o fio de voz que lhe restava: *toc toc toc, quem é, é Deus, onde ele está, no coração, e em sete dias o que ele fez? Um, a luz, dois, o céu, três...* O choro roubou-lhe o ar, ela não conseguiu prosseguir. Lutando contra os próprios fantasmas, pela primeira vez Laura não teve plena certeza de que Ele a segurava no colo dentro daquele quarto ou que, de fato, tivesse coberto sua filha com manto algum.

104
ROBERTO

Não havia nada a fazer a não ser esperar, rezar e confiar na medicina. Roberto, todavia, não acreditava em nenhum procedimento para aquele caso. Sua larga experiência, toda a literatura estudada, cada caso acompanhado nos quase trinta anos de faculdade, residência médica, clínica e hospital, além dos resultados apontados pelos exames de monitoramento realizados na filha de hora em hora, tudo indicava que, quando o cirurgião dissera que as chances eram menores do que cinco por cento, elas eram, na verdade, nulas. Só um milagre salvaria Angélica. Roberto se enxergava à beira de um penhasco de pedras soltas e prestes a rolarem sob seus pés, para derrubarem-no abraçado a todas as teses que passou a vida pregando e agora não faziam mais nenhum sentido. Com a prerrogativa de médico, passou a noite na UTI velando a filha entubada, ao som dos aparelhos que ainda mantinham seus frágeis sinais vitais.

Plim... plim... plim...

Saiu no início da manhã, para deixar a visita com Laura. Ele não conseguiria encará-la. Nenhum pedido de perdão, por sincero que fosse, diminuiria um milímetro a dor que ele estava causando. No saguão frio do hospital, Mateus dormia encolhido em dois bancos de plástico. Roberto parou, admirou a beleza do filho, teve a súbita e humilhante vontade de acariciar-lhe os cabelos. Mas também não conseguiria encará-lo. Entrou na SUV e dirigiu feito um morto-ainda-vivo para o Hospital Alberto Lins.

A cerimônia de inauguração da nova ala "Cardiologista Dr. Roberto D'Albuquerque Ramos" havia sido planejada com pompa pelos funcionários e pelo corpo médico do hospital. Alguns ex-pacientes atendidos por Roberto também presenciavam o auge da carreira de um profissional. Todos aplaudiram quando ele entrou no moderno saguão. Olhar catatônico, mudez absoluta, andar curvado, ele não sabia exatamente o motivo de ainda ter ido ali. Uma faixa presa na parede atrás de um pequeno palco trazia a inscrição "Doutor Roberto, vinte anos de dedicação e amor ao próximo". A palavra foi dada ao Doutor Alberto Lins, que fez um discurso emocionado, com elogios ao profissionalismo e à humanidade de Roberto, concluindo:

— Encerro este tributo com uma frase do próprio homenageado e que me marcou profundamente: "Nada acontece ao acaso. Tudo na vida vem para revelar a verdadeira natureza de quem somos". Senhoras e senhores, Doutor Roberto D'Albuquerque Ramos.

Aplausos, fotos. Uma menina foi até a frente da comitiva perfilada e lhe entregou uma placa de prata e um buquê de flores do campo. Roberto cortou a fita vermelha e alguns gritaram "discurso", mas ele apenas balbuciou:

— Obrigado.

No instante em que os garçons começaram a rodar salgadinhos e refrigerantes, ele saiu sem se despedir de ninguém.

No portal do Diamond Garden, coberto de *leds* natalinos dourados e vermelhos, os três seguranças que garantiam que os moradores jamais seriam submetidos a dissabores intramuros sorriram para Roberto, provavelmente na intenção de sensibilizá-lo para a caixinha de Natal estrategicamente ao lado da cancela. Ele passou direto, sem dar as habituais buzinadas curtas. Entrou em casa com o buquê, os raios difusos que varavam as janelas davam à sala um ar fantasmagórico. Ao atravessar a porta do quarto da filha, adentrou um universo que nunca tinha se permitido conhecer em detalhes. Bonecas, roupas, livrinhos, um neon azul de peixinho, um varal em barbante amarelo, onde pequenos pregadores de roupa coloridos seguravam uma sequência de fotos em filme polaroid. Sorrisinho aberto, olhinhos brilhantes, o cabelinho dourado que ele teve incontáveis oportunidades de pentear e não; a pele de seda, que poderia ter acariciado e não; os bracinhos, que abraçado e não; a vozinha muda nas fotos, que já não conseguia repetir na mente. Deu tapas na própria cabeça e a vozinha ainda assim não veio. Ele não estava em nenhum registro, não participara de nenhuma *selfie*. Tudo ficou para depois, nunca teve tempo para coisas menores, ocupado em combater os inimigos invisíveis que o assombravam. Ao lado da cama, uma caixa guardava a pequena árvore de Natal de plástico. Desmontada. Olhar perdido nas bolas prateadas, que tal como um espelho devolviam a imagem deformada de um ser humano desprovido de emoções, montou a árvore e então arrastou os pés para seu quarto, onde o chão cobria-se de um sangue velho, escuro e duro. Sangue do seu próprio sangue. Pousou então as flores sobre o contorno irregular da maior poça. Próxima a um relógio e a uma corrente com um crucifixo estava a arma. Abriu o tambor e, dos cinco cartuchos que restavam, tirou quatro e os jogou no chão. Colocou a arma no bolso da calça. Arrastou os pés dali, impossível respirar aquele ar contaminado de saudade e culpa. Finalmente abriu a garrafa do 30 anos, guardado por mais de cinco para uma ocasião extraordinária, e tomou um demorado gole, derrubando parte do líquido no pescoço e na roupa. Cambaleou. Saiu com a garrafa na mão.

Acelerou a SUV até a beira da lagoa que margeava o condomínio, os patos azuis da Nova Zelândia grasnavam. A chuva fina e o céu preenchido por nuvens negras prenunciavam uma tempestade para o fim da manhã, ilustrando ainda mais o ar quase nórdico dado pelos pinheiros do canteiro central. Ligou o rádio na estação mais à esquerda. Lennon cantava que então era Natal e a frase voltou a atormentá-lo: "O que VOCÊ fez?". O choro, então, finalmente rompeu todas as barreiras e desceu convulsivo. *Homem não chora, rapaz!* Aumentou o volume até as caixas de som gritarem. Matou o uísque até quase a metade da garrafa. Olhar preso nas gotas que escorriam pelo para-brisa embaçado, a mão trêmula tirou o revólver do bolso.

Averdadeiranaturezadequemsomos... A verdadeira natureza de quem somos... A... verdadeira... natureza...

No banco do carona, a placa de prata com linhas em relevo nas bordas, repousada num estojo de veludo azul marinho e almofada de cetim cinza, trazia, em uma fonte rebuscada, os dizeres:

Ao Dr. Roberto D'Albuquerque Ramos - Cardiologista
Profissional dedicado, pai amoroso, um ser de luz

Uma homenagem de cada um dos milhares de
pacientes que o senhor ajudou a salvar

Sete meses depois

105
MATEUS

Londres.

Mateus desceu no metrô da Tower Hill e caminhou sem pressa. Bermuda de sarja, tênis, camiseta, óculos *Ray Ban* aviador espelhado, ele respirava a beleza da perfeita simbiose entre História e modernidade. O verão londrino veio ameno aquele ano, nenhuma nuvem no céu. Marcadores na rua informavam a temperatura de 23 graus para quase o meio-dia. Atravessou a Tower Bridge, tirou perto de meia centena de fotos e escolheu um café do outro lado do Tâmisa, com *wi-fi* grátis e ângulo privilegiado para a ponte.

Na última escala da *tour* europeia em que ele embarcara após todos os acontecimentos do fim do ano anterior, a incerteza sobre o futuro vinha ainda mais forte do que no primeiro dia de viagem. Adiar os planos da faculdade e mochilar pela Europa sozinho durante seis meses havia sido a forma escolhida para compreender o rumo que sua vida tomara e enxergar tudo por outra perspectiva. O dinheiro da venda do relógio que, a ele, nunca fizera sentido algum, como se Laura o tivesse comprado apenas para fingir algum tipo de sentimento maternal obrigatório, deu para o gasto. Albergues, cafés da manhã em mercados, caronas, aplicativos, coupons de desconto, trabalhos temporários em restaurantes em troca de comida, livros devorados em praças e parques. Nove países, todos diferentes na cultura e na aparência, todos semelhantes no preconceito às vezes velado, às vezes escancarado. Se não chegou a apanhar, em muitos momentos recebeu olhares atravessados de desprezo. Mas fez amigos, namorou, aprendeu, foi querido aqui e acolá. O mundo seguiria assim, ele já havia se conformado com a luta diária por respeito.

Em meio ao *brunch* de torradas de abacate, fatias de bacon nada crocantes, laranjada e café expresso, Mateus fez uma chamada de vídeo no celular e a amiga não demorou a surgir na tela. O ambiente simplório e aconchegante contrastava com a imensidão cinematográfica da casa de Marcos e Lucas.

— Naza, do céu, que saudade!

— Oi, Mateus. — Nazaré abriu um sorriso enorme. — Da última vez que lembrou de mim tem dois meses. Tava na Espanha, sei lá onde.

— Na Grécia.

— E tá onde, hoje?

— Em Londres. — Apontou o celular para a Tower Bridge. — Última cidade, infelizmente. E você?

— De férias, na casa da minha mãe, enquanto o Lucas e o Marcos decoram a casa que compraram. Toda de madeira, perto de uma reserva.

— Eu imaginei mesmo que vocês não ficariam no condomínio.

— O Lucas sempre acordava no meio da noite ouvindo aquele tiro. Mudar tá sendo bom pra todo mundo.

— E os estudos?

— Foi suado, mas deu tudo certo. Agora vou prestar vestibular de marketing. Se eu passar, tem um estágio me esperando na produtora.

— Nunca mais invisível.

Nazaré sorriu.

— Você me enche de orgulho, mulher.

— Devo tudo a você. — Os olhos embotaram.

— Deva tudo a si mesma. Lembre-se de nunca abaixar a cabeça, tenha muito orgulho de ser mulher, negra, forte e infinitamente mais sábia do que qualquer um possa imaginar. Infelizmente, minha amiga, o mundo seguirá cruel e você precisará ficar atenta. Não pense que vai ser mais fácil daqui pra frente.

— Não tenho essa ilusão.

— Acho que outros conselhos são desnecessários, então vou deixar um pedido: use tudo que aprender pra ajudar a melhorar a vida dos outros.

— Você é cheio de palavras bonitas.

Mateus gargalhou. — Mas eu quero saber mesmo é do Espigão.

— Dou muita risada.

— Cuida dele, hein?

— Pode deixar. E o seu coração?

— Sempre dilacerado e um pouco apaixonado.

— Me conta.

— Ah, é um português lindo, mas te conto na volta. Tô até planejando tentar vaga numa universidade em Lisboa...

Mateus finalizou o café e pediu a conta. Na carteira, em meio às últimas cédulas de libras que ainda lhe restavam, destacava-se a flor seca de flamboyant e a foto que o acompanhou durante toda a viagem e o ajudou a seguir adiante, da pessoa de quem ele mais sentia saudade no mundo, aquela que o impedira de cometer a maior besteira da vida e que teria colocado na boca de tanta gente o gosto amargo de uma vitória que jamais lhes pertenceria. O rosto da irmã vinha em destaque, com duas xicrinhas de plástico e um pedaço do rosto desfocado de Mateus ao lado. *Eu vou sempre brincar com você do que você achar legal.* Deu um beijo na fotografia, guardou-a de volta na carteira, pagou o que devia e saiu sem destino certo.

De cabeça erguida.

106
LAURA

Laura caminhava cabisbaixa pelo parquinho de grama sintética e brinquedos de plástico do conjunto de edifícios Portal do Sol. Recordava-se do parquinho de areia do antigo condomínio e da sombra do velho flamboyant, que poucas vezes ela tinha aproveitado. Lembranças que já lhe pareciam parte de um passado muito, muito distante. Sete meses de solidão que passaram voando. Mudar do Diamond Garden havia sido necessário, assim como pedir demissão do Bueno&Scorzzini e vender o título do Country Club. Respirar novos ares, conhecer outras pessoas, admitir como verdadeiros conceitos que pareceram mentira a vida inteira. A monumental culpa por ter fugido naquela tarde de domingo; por ter forçado a demissão de Nazaré, que jamais largaria Angélica e Alice sozinhas; por não ter impedido a expulsão de Mateus; por ter comprado a maleta de maquiagem e o perfume, e não perceber que eles jamais poderiam ficar ao lado de onde se guardava a maldita arma; por nunca ter questionado a desnecessária presença de um revólver em casa e que poderia um dia não ser trancado no cofre. A linha de dominós caindo um a um, o quebra-cabeças encaixado peça a peça até o horrível quadro final, o castelo montado carta a carta diante da iminente chegada do vendaval. Erros em sequência, dizem que é sempre assim. Erros que, claro, só acontecem com a família dos outros. Sequência que nem sua vasta experiência como advogada foi capaz de prever. Ela ainda acordava às três da manhã com esses demônios sorrindo aos pés de sua cama. "Defender o patrimônio", piada de mau gosto com final infeliz e que ela só entendeu quando já era tarde demais.

Sentada no balancinho em que quase não cabiam seus quadris, ela entrou em seu recém-criado perfil no Facebook e digitou "Frederico Benedetti". Olhou o nome durante alguns segundos, desistiu de clicar na lupa. Bobagem, aquilo não fazia o menor sentido. Sorriu triste e procurou o perfil de Mateus. A última postagem havia sido feita antes mesmo de ele ser expulso de casa. Correu por várias fotos do filho, achou-o lindo. Não fazia ideia de por onde ele andava, nos últimos seis meses as inúmeras ligações caíram todas na caixa postal. Apesar de tudo, Mateus era seu filho, sangue do mesmo sangue. De repente, era ela mesma quem deveria mudar, passar por cima dos princípios, ter novos princípios, ultrapassar uma linha pungente e admitir abraçar novamente o filho. Sem medo, sem dor, sem... preconceito, palavra que ardia sua espinha. Por que ele jamais se sentou para conversar, desabafar, chorar em seu ombro? Apesar de tudo, ela era sua mãe, sangue do mesmo sangue.

— Mamãe — chamou Angélica, do alto do escorregador. A voz, doce como nunca.

A pequena acenava, o sol por trás recortava a aura que significava seu nome. Laura contemplou a cena, uma lágrima escorreu por sua bochecha. Ela – a joia do escritório em todos os sentidos, temida por sua verve afiada e lógica argumentativa poderosa, a estrategista processual – poderia escrever um milhão de peças do tipo obras de arte, vencer milhares de processos e derrotar um milhão de advogados experientes, mas jamais comporia algo tão perfeito quanto sua filha.

A pequena desceu o escorregador e caminhou com dificuldade. Sobre uma toalha estirada na grama estavam uma cestinha de vime, dois cheesebúrgueres, um saco de batatas fritas e duas latas de Coca-Cola. Angélica mordeu o sanduíche, seguido de um demorado gole no refrigerante.

— Quando a pessoa morre, pra onde ela vai, mamãe?

Laura refletiu por longo tempo, talvez não soubesse a melhor forma de abordar um tema tão difícil e presente na vida da filha. — Hum... Depois a mamãe te explica.

A menina deu de ombros, largou o sanduíche sobre o pratinho e saiu devagar em direção ao roda-roda. Ao ver a filha se distanciar, Laura teve a súbita certeza de que não deveria nunca mais deixar para depois aquilo que um dia poderia ser tarde demais.

— Angie — gritou e a menina se virou —, venha cá, sente-se no meu colo que a mamãe vai explicar e é agora...

107
RAFAEL

JAMAICA.

Estirado em uma espreguiçadeira sob um guarda-sol, na estreita faixa de areia da Seven Mile Beach, Rafael mal conseguia prestar atenção às várias tonalidades azuis e verdes de uma das mais belas praias do mundo. Escrever o capítulo final tinha o dom de bloquear a atenção a tudo ao redor. Se um avião caísse no mar à frente, provavelmente Rafael nem notaria. O *glamour* de finalizar o livro num café à meia-luz e ao sabor de um copo de bourbon, assim como seus ídolos literários, era uma concepção que realmente não tinha nada a ver com ele. Quanto mais luz, sol e calor, melhor. Nunca imaginaria escrever tão rápido uma história, muito menos uma com aquela quantidade de palavras e tal sem-número de reviravoltas capazes de tirar o fôlego dele próprio. Mas, conceito que bateu cabeça até aprender, um escritor deve falar sobre o que grita n'alma, mesmo sob pena de ser massacrado pela escolha. Ainda que vendesse um único exemplar, se esse exemplar provocasse algum tipo de reflexão no leitor, já teria valido a pena. Demonstração de força da palavra "liberdade", um regato capaz de arrebentar comportas e despejar em mar aberto suas águas. De fato, Rafael havia falhado no talento de expressar no papel o amor de casal, mas vinha aprendendo e finalmente começava a enxergar o fim da queda infindável. O livro que agora se concretizava trazia outro tipo de amor, o de todas as pessoas por todas as pessoas. Gentileza On e Offline.

Seguia na missão da comunidade, mas com menor pressão. Uma postagem a cada três ou quatro dias, apenas as inspiradoras, o que acabou por aumentar a quantidade e modificar o perfil dos seguidores. Por sorte, usuários como o tal Beto1970 sumiram, ou quem sabe aparecessem, lessem as postagens, refletissem e optassem por não responder. Quem sabe até aprendessem algum tipo de lição. Rafael seguia um otimista incorrigível.

Como se ele próprio tivesse armado uma trilha sonora para acompanhar suas últimas linhas, no alto-falante de uma barraca de praia, Bob Marley cantava: "Um só amor, um só coração. Vamos ficar juntos e nos sentiremos bem. Assim como foi no início, um só amor, assim será no final, um só coração". Então, a voz que o guiara por vinte anos conseguiu interromper sua viagem:

— Vai ficar a vida toda neste computador?

Próximas à água, suas três mulheres acenavam e dançavam. Noventa e nove por cento. O um por cento restante, ele, era a peça a torná-los um inteiro para sempre indivisível. Um time suficientemente bom para superar o desafio de colocar a vida de Alice novamente no rumo. Desde o tiro, ela nunca mais foi a mesma: voltou a fazer xixi na cama, desenvolveu uma leve gagueira e ainda tinha pesadelos recorrentes com a cena. Rafael também presenciou um tiro, sabia da potência devastadora da imagem e não conseguia ainda dimensionar o tamanho do estrago na cabecinha da filha. Mas um dia tudo se ajeitaria, tudo sempre se ajeita. Eram muito mais fortes juntos. Ele não precisava mais "esperar" nada, o verbo agora era "viver". E inspiração nunca mais seria problema. Olhando para as três, soube exatamente o que escrever:

O Louco já tinha sido rotulado pelas autoridades como um mero e inofensivo louco, ninguém mais se importava. Mas ele não se dava por vencido. Pelo tempo necessário, seguiria propagando a ideia de que valia demais a pena cada um lutar diariamente para não emburrecer ou embrutecer. A missão da vida? Convencer uma pessoa por vez de que a matéria-prima das revoluções é a loucura de acreditar no que parece impossível. No coreto da praça, diante da costumeira indiferença dos transeuntes, ele pregava: "Não há medo que não se esvaia, raiva que não se acabe, dor que doa para sempre, opressão que não se vença, esperança que se destrua, maldade que seja eterna, diferença que não se acerte, pureza que se consuma, amor que pereça num bom coração. Venham todos, sejam bem-vindos! Venham, deem as mãos! Coragem!"

Uma menininha e um menininho então pararam diante do Louco. Ninguém jamais havia parado.

Os dois sorriam.

E genuinamente prestavam atenção.

Digitou *Fim*, fechou [illegible] foi dançar com as três.

Citações

– *Tanto problema no mundo, tudo o que você tem a fazer é dar um pouco* – So Much Trouble in the World - Bob Marley & The Wailers, do álbum Survival, 1979.

– *Não se preocupe com qualquer coisa, pois cada pequena coisa vai ficar bem* – Three Little Birds - Bob Marley & The Wailers, do álbum Exodus, 1977.

– *Um só amor, um só coração. Vamos ficar juntos e nos sentiremos bem. Assim como foi no início, um só amor, assim será no final, um só coração* – One Love/People Get Ready - Bob Marley & The Wailers, do álbum Exodus, 1977.

– *We all live in a yellow submarine, a yellow submarine, yellow submarine* – Yellow Submarine – Lennon/McCartney, do álbum Revolver, 1966.

– *Uma mentira pode dar a volta ao mundo no mesmo tempo em que a verdade calça seus sapatos* – Mark Twain.

Agradecimentos

A você, leitor, que chegou até aqui. Se também parou para ler os agradecimentos, isso significa que você é uma pessoa legal.

À editora Simone Fraga e a todos da Qualis a concretização de mais um de meus sonhos literários.

À Luciana Villas-Boas, Anna Luiza Cardoso, Yasmim Ribeiro e Miguel Sader o cuidado com a minha carreira.

Ao meu irmão Pedro Fernando a parceria sempre certeira na comunicação visual.

Aos queridos Ana Maria Ferreira, Marcus Ligocki Jr., Robson Batt e Viviane Holmes os comentários e sugestões ao texto.

Ao Sérgio Abranches a gentileza das palavras sobre a minha história.

Aos tantos blogueiros e parceiros literários a empolgação com que sempre me ajudam a divulgar meu trabalho.

Por fim, à minha família M, todos os dias, horas e minutos da minha vida.

*Este livro é dedicado a todos os que, de uma forma ou de outra,
também sonham com o mundo do Louco.*